创业融资管理

主　编　李杰善　吴凤娥
副主编　黄仁新　王立杰　周晓曼　邢绍丽

北京理工大学出版社
BEIJING INSTITUTE OF TECHNOLOGY PRESS

图书在版编目（CIP）数据

创业融资管理 / 李杰善，吴凤娥主编 . -- 北京：
北京理工大学出版社，2024.12.
ISBN 978 - 7 - 5763 - 4617 - 6

Ⅰ. F275.1

中国国家版本馆 CIP 数据核字第 2025CV6327 号

责任编辑：徐艳君　　　**文案编辑**：徐艳君
责任校对：周瑞红　　　**责任印制**：施胜娟

出版发行 / 北京理工大学出版社有限责任公司
社　　址 / 北京市丰台区四合庄路 6 号
邮　　编 / 100070
电　　话 / (010) 68914026 （教材售后服务热线）
　　　　　　 (010) 63726648 （课件资源服务热线）
网　　址 / http://www.bitpress.com.cn

版 印 次 / 2024 年 12 月第 1 版第 1 次印刷
印　　刷 / 涿州市新华印刷有限公司
开　　本 / 787 mm × 1092 mm　1/16
印　　张 / 16
字　　数 / 348 千字
定　　价 / 85.00 元

前言
Preface

2024年10月，习近平总书记给中国国际大学生创新大赛参赛学生代表的回信中指出："全社会都要关心青年的成长和发展，营造良好创新创业氛围，让广大青年在中国式现代化的广阔天地中更好展现才华。"

创业融资管理是现代企业发展中一个至关重要的环节。在全球经济迅速变化和市场竞争日益激烈的背景下，青年创业者面临着许多挑战，包括资金的获取、资源的有效配置以及风险的管控等。因此，系统地学习和掌握融资管理的相关知识，对青年创业者而言显得尤为重要。

本教材以习近平新时代中国特色社会主义思想为指导，贯彻落实党的二十大精神，围绕创业者的融资流程展开，重点介绍创业者如何撰写融资文件、如何寻找资金来源、如何与投资者进行沟通、如何处理融资过程中的风险等，并通过大量案例帮助创业者认识融资的过程，助力有梦想的创业者打开融资之门，开启创业之路。

本教材在整体设计上主要突出了以下特色：

1. 本教材针对大学生认知特点，在内容设计上突出新颖性和趣味性，以最大限度地激发学生的学习兴趣与参与感。结合学科最新发展，吸收前沿研究成果与真实案例，让教材内容与时俱进，确保适应现代教育需求。

2. 本教材用二维码链接的方式，为学生提供了创业融资管理的动画和微课，供学生使用电子设备扫描二维码学习。

3. 本教材将课程思政融入案例中，加强学生的爱国情怀、职业操守、诚实守信、法治意识、民族自信、严谨求真、勤俭节约等方面的育人内容，使学生在学习过程中，能够树立远大理想目标，培养正确的世界观、人生观、价值观。

4. 本教材依托职业教育"互联网中小企业商务价值提升资源库"建设中《创业融资管理》核心课程，使用智慧职教平台，构建起一整套规范的课程标准、教案、教学计划和数字化教学资源，供学生、教师使用和留言互动，便于实现线上线下混合式教学和反转课堂。

本教材由山东商业职业技术学院李杰善、吴凤娥担任主编，山东商业职业技术学院黄仁新、山东浪潮科苑数字科技有限公司王立杰、济南职业学院周晓曼、东营科技职业学院邢绍丽担任副主编。李杰善负责全书通稿、编写大纲和前言、确定编写计划等，吴凤娥负责编写样章、统筹各类配套教学资源的制作等。具体编写分工如下：李杰善负责编写项目一、二，吴凤娥负责编写项目三、四、五，黄仁新负责编写项目六、七，周晓曼负责编写项目八，邢绍丽负责编写项目九。吴凤娥、黄仁新负责本书基础资料的收集工作，李杰善、王立杰负责企业实际案例、工作任务的设计与融入。

因编者水平所限，本教材难免存在不足之处，请各位读者不吝批评指正。

编　者

目 录
Contents

项目一

创业融资入门

知识目标

1. 了解创业融资的含义；
2. 熟悉创业融资的原则；
3. 掌握创业融资的流程。

能力目标

1. 能够根据要求对相关案例进行分析解读；
2. 能够区分不同融资阶段要求具备的融资条件；
3. 能够按照融资流程完成创业融资。

素养目标

1. 通过创业融资案例分析，培养创新创业意识；
2. 通过创业融资原则学习，培养诚信价值观和职业道德；
3. 通过创业融资过程学习，培养团队意识和合作精神。

思 维 导 图

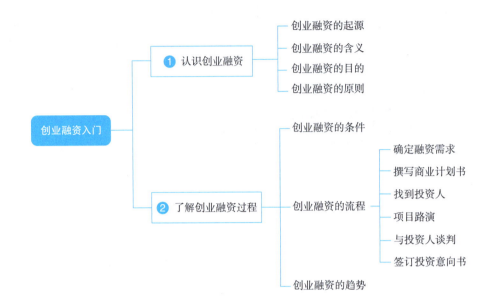

案 例 导 读

任正非的创业故事

任正非，中国共产党党员，华为技术有限公司主要创始人兼总裁，现任华为技术有限公司董事、CEO。他是中国最杰出的企业家之一，也是世界最具影响力的商界领袖之一。

任正非1944年10月25日出生于贵州省镇宁县一个贫困的小村庄，从小就经历了战争、贫困、三年自然灾害的磨炼。成年后他当过建筑工程兵、做生意被坑过、失业过，直到不惑之年才开始创业。

1987年9月15日，43岁的任正非找朋友凑了2.1万元在深圳注册成立了华为技术有限公司，成为香港康力公司的HAX模拟交换机的代理商。任正非将公司起名为"华为"，寓意"中华有为"，并愿为中华的崛起而为之。

1991年9月，华为租下了深圳宝安区蚝业村工业大厦三楼，开始研制程控交换机。最初公司员工仅50余人。12月，首批3台BH-03交换机包装发货。当时公司已经没有现金，再不出货，直接面临就是破产。幸运的是，这三台交换机很快回款，公司得以正常运营。

1992年，任正非孤注一掷投入C&C08交换机的研发。1993年年末，C&C08交换机终于研发成功，其价格比国外同类产品低三分之二，为华为占领了市场。1996年3

月，为了和南斯拉夫洽谈合资项目，任正非率领一个十多人的团队入住贝尔格莱德的香格里拉。他们订了一间总统套房，每天房费约 2 000 美元。不过，房间并非任正非独享，而是大家一起打地铺休息。

军人出身的任正非具有强烈的爱国热情和保卫领土的敏感和决心，他认识到"技术是企业的根本"，从和员工吃住在一起打地铺的"床垫文化"发展至今，他深知创新是企业生存和发展的根本。他说，"创新是我们生存之本""创新是我们赢得市场之道""创新是我们超越竞争之法"。他鼓励所有华为人都要敢于创新，勇于冒险，善于学习，持续改进。他投入大量资源支持研发和技术创新，并建立了开放合作的创新生态系统。

（资料来源：https://www.sohu.com/a/192402790_99970508，有删改）

思考：上述案例中，华为创始人任正非的创业历程对你有何启发？

任务一　认识创业融资

工作任务一　创业融资的起源

认识创业融资管理

◎ 任务情景

《思归·其二》：躬耕海上奈无田，乍可经营买钓船。未有人供令狐米，欲从鬼借尉迟钱。回头归路三千里，藉手还乡五百篇。幸遇太平时节好，白云深处了残年。

◎ 任务描述

上述古诗中，提到了融资——欲从鬼借尉迟钱（借贷）。请大家思考一下，古人的借贷和当代的创业者借贷有何不同？

◎ 相关知识

中国早在春秋战国时期，便有了最早的信贷行为，俗称"借钱"，也就是现在说的融资。西汉时期是我国古代商业发展的黄金时期，中国信贷行业出现第一次大繁荣。一方面因创业或商业周转等需要催生了大量借方，另一方面富商巨贾成为资金的供给方，这种民间借贷就是早期的创业融资或企业融资方式。

1985 年至今，我国创业融资经历了从无到有、从慢到快、从弱到强的发展历程。中国现代的创业融资大致经历了四个阶段，每个阶段都催生了一批创业者和企业，每个阶段都有不同的融资方式，具体如图 1-1 所示。

图 1-1　创业融资的四个发展阶段

（一）起步期（1985—1998 年）——以政府直接投资为主

1985 年，国务院正式批准成立了第一家创业投资机构"中国新技术创业投资公司"，主要股东为国家科委和财政部，职能是为高新技术开发进行投资或提供贷款，该公司的成立标志着我国创业投资步入起步期。一些地方性创业投资机构，如江苏省高新技术创业投资公司、广州技术创业公司等也相继成立，个别境外投资基金如 China-Vest、IDG 等也开始进入我国创业投资领域。据不完全统计，截至 1994 年年底，我国各类创投机构已达 24 家。

（二）发展期（1999—2005 年）——多元化投资格局逐步形成

20 世纪 90 年代，美国风险投资事业的成功对我国创业投资业的发展起了巨大的触动和引导作用。1999 年，科技部联合七部委共同出台《关于建立风险投资机制的若干意见》，科技部"科技型中小企业技术创新基金"正式启动。2000 年 5 月，国务院研究证监会关于设立创业板市场的请示。一系列政策利好，极大地激活了我国创业投资市场，截至 1999 年年底，各类创业投资基金达到 118 家。2000 年下半年，美国互联网泡沫的破灭也降低了我国创业投资发展的热度，在此后的四年里创业投资机构增长速度回落。这一时期，我国创业投资机构的性质出现分化，政府资金占比逐步下降，民营及混合所有制企业参与创业投资的资金不断增加，外资和金融机构资金也呈现增长态势。

（三）扩张期（2006—2011 年）——组织模式不断创新

2006 年的股权分置改革，中小板开市，《国家中长期科学和技术发展规划纲要（2006—2020 年)》《中华人民共和国公司法》《中华人民共和国合伙企业法》《中华人民共和国证券法》相继出台或修订，对创业投资从设立、投资、退出的全链条环境加以改善。2009 年创业板的开启，以及创业投资行业相关税收优惠政策的出台，也极大地促进了创业投资的发展。在众多政策利好下，我国创业投资迎来黄金发展期，到 2011 年，各类创业投资机构总量突破 1 000 家，管理资本总量达到 3 198 亿元。这一时期，创业投资的组织模式不断创新，呈现出伞形化、集团化发展趋势，采取设立母基金、与地方政府或其他投资主体合作等方式，形成了具有中国特色的创业投资资金供给网络。

（四）理性发展时期（2012 年至今）——行业发展日益规范

2012 年以来，受国内外经济增长速度放缓的影响，资本市场低迷不振，传统产业举步维艰，投资阶段逐步前移。特别是 2014 年经济进入"新常态"，科技进步和改革创新成为培育经济新增长点的重要力量。随着行业竞争不断加剧，政府对创业投资的引导力度不断加大，多层次资本市场更加完善，促使我国创业投资业进入了理性发展的快车道，行业发展更加规范。仅 2015 年新设立的创投基金就有 721 只，新增可投资资本量 2 200 亿元，增长接近 80%。投资人的类型也不断丰富，以个人投资为主体的天使投资人队伍日益壮大。2015 年我国天使投资案例数为 2 075 起，增幅超过 170%。

工作任务二　创业融资的含义

◎ 任务情景

2024 年，刚毕业的大学生小张想开一家猫咖店，希望成为爱猫人士的天堂，同时提供各种饮品。于是小张制订了一个详细的商业计划，并估算了所需的启动资金。根据他的估算，他需要约 100 万元来租赁、装修店铺，以及运营和推广。然而，由于他是一名大学生，自身资金有限，无法满足项目的资金需求，于是她决定外部融资。

◎ 任务描述

大学生小张的融资便是创业融资，创业融资仅指创业初期的融资吗？

◎ 相关知识

（一）创业

创业，就是创办一项事业，不仅包括学习、模仿或者重复别人或其他企业的生产经营模式，也包括在创新的基础上兴办一项新的事业。

比如：马云创办淘宝电商平台是创业，属于在创新的基础上兴办一项新的事业；大学生小张开一家超市也是创业，属于重复别人的经营模式。

（二）创业融资

融资，是货币资金的融通，指企业根据自身的生产经营状况、资金拥有状况以及企业未来经营发展需要，通过科学的预测和决策，采用一定的方式，从一定渠道向企业的投资人和债权人筹集资金，组织资金的供应，以保证企业正常生产需要、经营管理活动需要的理财行为。

创业融资，指创业企业根据自身发展的需求，结合生产经营、资金需求等现状，通过科学的分析和决策，借助企业内部或外部的资金来源渠道和方式，筹集生产经营和发展所需资金的行为和过程。

简单来说，创业融资，是指为了创业而筹钱，包括创业之初资金的注入和创业过程中资金的追加，总之筹措的资金是为了应用于创业过程中，具体如图 1-2 所示。

创业之初资金注入　1　创业融资　2　创业过程中资金追加

图 1-2　创业融资的类型

课堂讨论：作为一名当代大学生，你有创业梦想吗？未来你想创办一个什么样的企业？

工作任务三　创业融资的目的

任务情景

有一天晚上，张旭豪和其他室友玩游戏，肚子饿了却叫不到外卖。彻夜深聊之后，他们决定专做代店送餐业务，取名"饿了么"，只需在宿舍电话接单再调度送餐员，每单抽成15%。2011年3月，饿了么接受了金沙江100万美元的A轮投资，解决了公司扩张的资金问题。之后饿了么模仿Facebook的运营策略，依靠地推团队的强大执行能力，迅速占领了全国十几个城市的高校市场。

（资料来源：https://www.sohu.com/a/254426910_693282）

任务描述

根据上述资料，说说融资的目的是什么。

相关知识

创业企业在创业初期和发展过程中都需要一定的资金，因此创业融资的目的是帮助创业者筹集资金，以支持创业企业的发展和扩张，具体如表1-1所示。

表1-1　创业融资的目的

序号	创业融资的目的
1	购买设备、雇用员工、研发产品、市场推广以及扩大业务等
2	弥补自己或创业团队的资源缺口，确保企业能够存活并增长
3	吸引投资人的注意，并建立稳固的合作关系，为企业未来的发展提供更多机会
4	实现创业者的商业愿景，并为企业的成功奠定基础

课堂讨论：我们应如何正确地看待创业融资，树立正确合理的融资目标？

工作任务四　创业融资的原则

任务情景

电视剧《小巷人家》中的向鹏飞，高考失利后去考了驾照，成为一名货车司机。他利用开车的便利，倒卖食品和日用品，挣到了第一桶金。后来他又向林栋哲、庄图南借款，承包了客运线路，办起了运输公司。运输公司正常运营后向鹏飞将林栋哲、庄图南二人的借款转成了股份，他是大股东，具有运输公司控制和决策权，林、庄二人是小股东，只分享收益，不参与经营决策，并协议林、庄二人如果退出公司，其股份由向鹏飞买回。向鹏飞凭借着自己的坚韧品质、积极乐观的性格和知恩图报的美德，成功实现了人生的逆袭，逐渐成为一名成功的商人。

任务描述

根据上述资料，说说向鹏飞向林、庄二人融资体现了哪些融资原则。

相关知识

在创业期，好的投资人，有资源又有钱，能帮助创业者建立业务上的关系、渠道、团队。在发展期，特别是对于"地派"创业者来说，一定要主动找钱，不要觉得自己有钱就不需要找投资，你不找竞争对手也会找，而且合适的资本可以助力企业发展得更快更好。在企业进入稳健期以后，钱要更多地用在产品、品牌上，要走差异化战略，要思考如何规模化、规范化，如何持续增加市场份额。但创业融资盲目性很大，抱着侥幸的心理误打误撞，对投资方不加鉴别全面接触，有可能导致企业蒙受重大损失，影响企业的正常发展。因此，创业企业在正式融资前要制订一个指导企业融资行为的融资计划书，包括融资决策的指导原则和其他一些融资行为准则，目的在于确保企业融资活动顺利进行，具体如图1-3所示。

图1-3 创业融资的原则

(一) 收益与风险相匹配原则

创业融资的目的是将所融资金投入企业运营，最终获取经济效益，实现股东价值最大化。在每次融资之前，企业往往会预测本次融资能够给企业带来的最终收益，收益越大往往意味着企业利润越多，因此融资总收益最大似乎应该成为企业融资的一大原则。

然而，"天下没有免费的午餐"，实际上在融资取得收益的同时，企业也要承担相应的风险。对企业而言，尽管融资风险是不确定的，可一旦发生，企业就要承担百分之百的损失了。

创业企业的特点之一就是规模小，抗风险能力低，一旦风险演变为最终的损失，必然会给企业经营带来巨大的不利影响。因此创业企业在融资的时候千万不能只把目光集中于最后的总收益如何，还要考虑在既定的总收益下，企业要承担怎样的风险，以及这些风险一旦演变成最终的损失企业能否承受，即融资收益要和融资风险相匹配。

(二) 融资规模量力而行原则

确定企业的融资规模，在创业融资过程中也非常重要。融资过多，可能造成资金闲置浪费，增加融资成本；或者可能导致企业负债过多，使其无法承受，偿还困难，增加经营风险。而如果企业融资不足，又会影响企业投融资计划及其他业务的正常开展。因此，企业在进行融资决策之初，要根据企业对资金的需要、企业自身的实际条件，以及融资的难易程度和成本情况，量力而行来确定企业合理的融资规模。

（三）控制融资成本最低原则

融资成本是指企业实际承担的融资代价（或费用），具体包括两部分：融资费用和使用费用。融资费用是企业在资金筹集过程中发生的各种费用，如向中介机构支付中介费；使用费用是指企业因使用资金而向其提供者支付的报酬，如股票融资向股东支付的股息、红利，发行债券和借款向债权人支付的利息。企业资金的来源渠道不同，则融资成本的构成不同。一般情况下，按照融资来源划分的各种主要融资方式的融资成本，由低到高的排列顺序为：财政融资、商业融资、内部融资、银行融资、债券融资、股票融资。

（四）遵循资本结构合理原则

资本结构是指企业各种资本来源的构成及比例关系，其中债权资本和权益资本的构成比例在企业资本结构的决策中居于核心地位。

在一家创业公司里，创业者一直为公司工作而没有收入，公司利用外部融资获得了一定发展，已经开始营利；但由于股权分配以出资比例为标准，创业者因过度使用股权融资而丧失对公司的控制权，使创业者权益受损。因此合理的资本结构对保护创业者权益和企业发展至关重要。

（五）测算融资期限适宜原则

企业融资按照期限来划分，可分为短期融资和长期融资。企业究竟是选择短期融资还是长期融资，主要取决于融资的用途和融资成本等因素。

从资金用途来看，如果融资是用于企业流动资产，由于流动资产具有周期短、易于变现、经营中所需补充数额较小及占用时间短等特点，企业适宜选择各种短期融资方式，如商业信用、短期贷款等。

如果融资是用于长期投资或购置固定资产，这类用途要求资金数额大、占用时间长，因而适宜选择各种长期融资方式，如长期贷款、企业内部积累、租赁融资、发行债券或股票等。

（六）保持企业控制权原则

企业控制权是指相关主体对企业施以不同程度的影响力。控制权的掌握具体体现在：

（1）有控制权者拥有进入相关机构的权利，如进入公司制企业的董事会或监事会。

（2）能够参与企业决策，并对最终的决策具有较大的影响力。

（3）在有要求时，利益能够得到体现，如工作环境得以改善、有权参与分享利润等。

在现代市场经济条件下，企业融资行为所导致的企业不同的融资结构与控制权之间存在着紧密联系。融资结构具有明显的企业治理功能，它不仅规定着企业收入的分配，而且规定着企业控制权的分配，直接影响着一个企业的控制权争夺。比如在债权、股权比例既定的企业里，一般情况下，股东或经理是企业控制权的拥有者；在企业面临清算、处于破产状态时，企业控制权就转移到债权人手中；在企业完全是靠内源融资维持生存的状态下，企业控制权就可能被员工所掌握（实际中股东和经理仍有可能在控制企业）。由此可见，上述控制权转移的有序进行，依赖于股权与债权之间一定的比例构成，而这种构成的变化恰恰是企业不同的融资行为所导致的。

企业融资行为造成的这种控制权或所有权的变化不仅直接影响到企业生产经营的自主性、独立性，而且还会引起企业利润分流，损害原有股东的利益，甚至可能会影响到企业的近期效益与长远发展。比如，发行债券和股票两种融资方式相比较，增发新股将会削弱原有股东对企业的控制权，除非原股东也按相应比例购进新发行动股票；而债券融资则只增加企业的债务，并不影响原有股东对企业的控制权。因此，在考虑融资的代价时，只考虑成本是不够的。创业者开办企业一个很大的初衷就是要把"自己"的企业做大做强，如果到头来"为他人做了嫁衣裳"，则不是创业者所愿意看到的。

因此，创业者在进行融资时一定要掌握各种融资方式的特点，精确计算各种融资方式融资量对企业控制权会产生的影响，这样才能把企业牢牢地控制在自己的手中。

（七）选择最适合的融资方式原则

创业融资时通常有很多种融资方式可供选择，每种融资方式由于特点不同，给企业带来的影响也是不一样的，而且这种影响也会反映到对企业竞争力的影响上。

企业融资通常会通过以下途径给企业带来影响：

（1）通过融资，壮大了企业资本实力，增强了企业的支付能力和发展后劲，从而增加了与竞争对手竞争的能力。

（2）通过融资，能够提高企业信誉，扩大企业产品的市场份额。

（3）通过融资，能够增大企业规模和获利能力，充分利用规模经济优势，从而提高企业在市场上的竞争力，加快企业的发展。但是，企业竞争力的提高程度，根据企业融资方式、融资收益的不同而有很大差异。

比如，通常初次发行普通股并上市流通融资，不仅会给企业带来巨额的资金，还会大大提高企业的知名度和商誉，使企业的竞争力获得极大提高。

再比如，企业想开拓国际市场，通过各种渠道在国际资本市场上融资，尤其是与较为知名的国际金融机构或投资人合作，能够提高自己的知名度，这样就可以迅速被人们认识，无形之中提高了自身形象，也增强了企业的竞争力。这种通过选择有实力融资合作伙伴的方法来提高企业竞争力的做法在国内也可以运用。

（八）把握最佳融资机会原则

所谓融资机会，是指由有利于企业融资的一系列因素所构成的有利的融资环境和时机。企业选择融资机会的过程，就是企业寻求与企业内部条件相适应的外部环境的过程。从企业内部来讲，过早融资会造成资金闲置，而如果过晚融资又会造成投资机会的丧失。从企业外部来讲，由于经济形势瞬息万变，这些变化又将直接影响中小企业融资的难度和成本。因此，中小企业若能抓住企业内外部的变化提供的有利时机进行融资，会使企业比较容易地获得资金成本较低的资金。

一般来说，中小企业融资机会的选择要充分考虑以下几个方面：

（1）由于企业融资机会是在某一特定时间出现的一种客观环境，虽然企业本身也会对融资活动产生重要影响，但与企业外部环境相比，企业本身对整个融资环境的影响是有限的。在大多数情况下，企业实际上只能适应外部融资环境而无法左右外部环境，这就要求企业必须充分发挥主动性，积极地寻求并及时把握各种有利时机，努力寻找与投资需要和融资机会相适应的可能性。

（2）由于外部融资环境复杂多变，企业融资决策要有超前性，为此，企业要能够及时掌握国内和国外利率、汇率等金融市场的各种信息，了解国内外宏观经济形势、国家货币及财政政策以及国内外政治环境等各种外部环境因素，合理分析和预测能够影响企业融资的各种有利和不利条件，以及可能的各种变化趋势，以便寻求最佳融资时机。

（3）企业在分析融资机会时，还必须考虑具体的融资方式所具有的特点，并结合本企业自身的实际情况，适时制定出合理的融资决策。比如，企业可能在某一特定的环境下，不适合发行股票融资，却可能适合银行贷款融资；企业可能在某一地区不适合发行债券融资，但可能在另一地区却相当适合。

总之，中小企业必须善于分析内外环境的现状和未来发展趋势对融资渠道和方式的影响，从长远和全局的视角来选择融资渠道和融资方式。此外，对于企业而言，尽管拥有不同的融资渠道和方式可供选择，但最佳的往往只有一种，这就对企业管理者提出了很高的要求，必须选择最佳的融资机会。

任务二　了解创业融资过程

工作任务一　创业融资的条件

◎ 任务情景

2025 年 1 月 6 日，北京超级爸爸教育科技有限公司（以下简称"超级爸爸公司"）完成天使轮融资。

超级爸爸成立于 2023 年 6 月 30 日，2024 年 9 月，该公司推出一款针对家庭场景的智能硬件产品"小窗 AI 问答机"，其外观采用问答机形态，背后则基于大语言模型技术，能够用回答用户提出的各种问题，涵盖了科学、艺术、历史等多个学科领域。

2024 年 9 月，超级爸爸公司与中央电视台动漫集团（简称"央视动漫"）签约合作，将央视动漫集团旗下的经典 IP《新大头儿子和小头爸爸》与超级爸爸的小窗 AI 问

答机相结合，推出大头儿子（超级博士）、围裙妈妈（英语陪练）、小头爸爸（写作助手）等 IP 角色。

根据介绍，小窗 AI 问答机还有家长后台，家长可以了解到孩子使用的动态。根据超级爸爸公司披露，小窗 AI 问答机仅一个季度销售近万台，并保持盈利状态。

（资料来源：https://news.qq.com/rain/a/20250107A007T500，有删改）

任务描述

根据上述资料，说说超级爸爸公司具备了 A 论融资的什么条件。

相关知识

在创业企业的成长过程中，融资是至关重要的一环。通过不同轮次的融资，企业能够获得更多的资金支持，以推动业务发展和扩张。创业企业在天使轮、A 轮、B 轮和 C 轮融资中应具备以下条件，具体如图 1-4 所示。

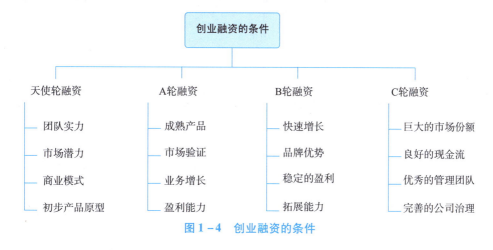

图 1-4 创业融资的条件

（一）天使轮融资的条件

天使轮融资通常是创业企业的第一轮融资，主要目的是支持创业企业的产品原型设计和市场调研。在这一阶段，企业需要具备以下条件：

（1）团队实力。投资人会关注创业团队的背景、经验和技能，以评估他们是否能够将想法付诸实践。

（2）市场潜力。企业需展示所处行业的市场规模和增长潜力，以证明自身发展前景。

（3）商业模式。企业需要有清晰的商业模式和盈利计划，以便投资人了解企业如何实现收益。

（4）初步产品原型。具备一定的技术基础和原型，能够证明产品的可行性和创新性。

（二）A 轮融资的条件

A 轮融资主要用于优化产品、拓展市场和初步实现盈利。在此阶段，企业应具备的条件如图 1-5 所示。

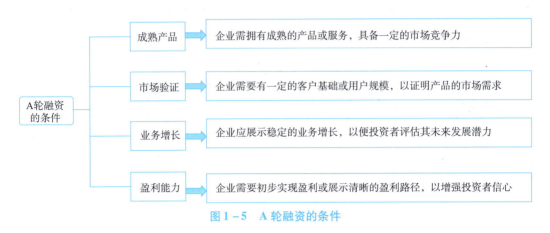

图 1-5　A 轮融资的条件

（三）B 轮融资的条件

B 轮融资主要用于加速业务增长、扩大市场份额和加强核心竞争力。在这一阶段，企业需要具备的条件如图 1-6 所示。

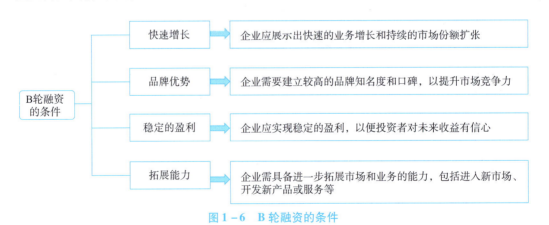

图 1-6　B 轮融资的条件

（四）C 轮融资的条件

C 轮融资主要用于进一步扩张业务规模、加强公司治理、提升运营效率，为上市或更高级别的融资做准备。在此阶段，企业应具备的条件如图 1-7 所示。

创业企业在不同融资阶段需要具备不同的条件。天使轮融资主要关注团队实力、市场潜力、商业模式和初步产品原型；A 轮融资注重成熟产品、市场验证、业务增长和盈利能力；B 轮融资看重快速增长、品牌优势、稳定的盈利和拓展能力；C 轮融资则需要巨大的市场份额、良好的现金流、优秀的管理团队和完善的公司治理。企业在各

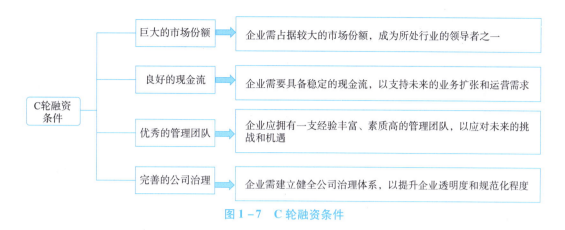

图1-7　C轮融资条件

个融资阶段应充分了解投资人的要求，做好准备，以确保顺利完成融资。

课堂讨论：作为一名大学生，你的身上具备哪些融资条件？

工作任务二　创业融资的流程

◎ 任务情景

　　小米科技是一家中国知名的科技公司，它在成立初期也经历了创业融资的过程。2010年，小米进行了天使轮融资，由创投机构领投，融资金额为700万美元。之后，小米陆续完成了A、B、C、D、E和F六轮融资，最终于2014年完成了F轮融资，融资金额达到了10亿美元。

◎ 任务描述

　　根据上述资料，说说融资前要做好哪些准备工作。

◎ 相关知识

　　资金是企业正常生产经营运转所必需的"血液"或"润滑剂"。创业融资的流程如图1-8所示。

图1-8　创业融资的流程

（一）确定融资需求

　　无论是何种融资，创业者首先要在企业内部测算一下企业的资金缺口到底有多少，这个测算一定要非常认真、全面、准确，绝对不能"假、大、空"。

　　投资人的资金不是风刮来的，他们希望创业者把资金用到企业最需要的地方。如果创业者的测算不准确，投资人就无法对这笔投资产生信心。

（二）撰写商业计划书

创业者应该根据企业实际情况及融资需求，撰写商业计划书。

商业计划书包含了投资决策所关心的全部内容，例如企业商业模式、产品或服务模式、市场分析、融资需求、运作计划、竞争分析、财务分析、风险分析等内容。撰写商业计划书不仅是一个企业包装和表达的过程，也是一个厘清产品思路的过程。

（三）找到投资人

创业者需要主动寻找潜在的投资人，可以通过参加行业相关的活动、专业投资机构的介绍、社交网络等方式进行联系。同时，也可以考虑寻求创业加速器、天使投资人或风险投资基金的支持。

（四）项目路演

路演是指在公共场所进行演说、演示产品、推介理念，向他人推广自己的企业、团队、产品、想法的一种方式。

融资路演是一件非常重要的事情，一旦获得投资人的青睐，就能帮助创业企业腾飞。据说，当年马云只用了 6 分钟时间，让孙正义在对阿里巴巴完全没有实地考察的情况下决定对其投资 4 000 万美元。

诚然，现在的创业者可没有这么好的机遇了。现在要想打动投资人，前期准备工作要做足，商业计划书及路演是创业者表达创业想法的很好载体。

（五）与投资人谈判

融资谈判是企业成功融资过程中的关键一环，充分发挥融资谈判技巧，能帮助企业更好把握融资的主动性，争取更多有利自己的条件。融资谈判包括沟通准备、补充完善资料与政策征询、实质性谈判三个阶段。

（六）签订投资意向书

投资意向书是双方当事人就项目的投资问题通过初步洽商，就各自的意愿达成一致认识表示合作意向的书面文件，是双方进行实质性谈判的依据，是签订协议（合同）的前奏。

确定投资人后，创业者和投资人应协商意向文件的内容，以确定投资意向。投资意向书一般约定投资目标的范围、价格（即估值，多少钱占多少股份）、借款（或投资或可转换债券）、信息披露及保密、投资人尽职调查、融资人陈述保证、交割前提和条件、投资相关的其他主要商业条款、竞业禁止范围和期限、独家谈判期限等。

工作任务三　创业融资的趋势

任务情景

近年来，人工智能公司 SenseTime 在几轮融资中筹集了多达 50 亿美元的资金，这

反映了科技行业的高投资热度和投资人对人工智能技术潜力的信心。

任务描述

上述资料中说明了科技行业的热度，未来什么类型的企业更容易获得投资？

相关知识

创业融资的趋势在过去几年中一直在快速演变，以下是创业融资未来发展的趋势：

（一）技术驱动创业融资变革

1. 人工智能在创业融资中的应用

人工智能（AI）通过分析大量数据，能够快速识别潜在的高增长企业，提高投资效率；还能辅助进行风险评估，减少人为判断的主观性，增加创业融资决策的精准度。此外，智能合约等区块链技术的应用，正逐步简化创业融资流程，降低交易成本。

2. 大数据对融资决策的影响

大数据技术使得投资人能更全面地了解创业企业的运营状况和市场潜力。通过挖掘和分析企业数据，投资人可以评估其盈利能力、成长速度和风险水平，从而做出更为明智的投资决策。大数据还帮助企业优化融资策略，提高融资成功率。

3. 金融科技的融资创新

金融科技的发展推动了融资模式的创新，如股权众筹等新型融资方式，为创业企业提供了更多融资渠道。金融科技还通过智能投顾等技术，为投资人提供个性化的资产配置建议，促进资本的有效流动。

4. 生物技术带来融资机遇

随着生物技术的快速发展，生物医药、基因编辑等领域展现出巨大的市场潜力。这些领域的创新企业吸引了大量资本关注，推动了生物技术融资的快速增长。同时，政府对生物技术的支持力度加大，为相关企业提供了更多融资机遇。

（二）绿色融资成为未来发展趋势

1. 可持续发展与融资需求

可持续发展已成为全球共识，绿色产业因此迎来了巨大的融资需求。投资人越来越注重企业的环保和社会责任表现，绿色融资成为企业获取资金的重要途径。

2. 碳交易市场的融资潜力

碳交易市场的建立为减少温室气体排放提供了经济激励。企业可以通过参与碳交易，实现碳排放权的买卖，从而获取融资支持。碳交易市场的发展将推动绿色融资的进一步创新。

3. 绿色债券的融资机会

绿色债券作为一种专门用于绿色项目的融资工具，近年来发展迅速。绿色债券不仅有助于企业筹集资金，还能提升企业的社会形象和声誉。随着绿色债券市场的不断完善，其融资机会将持续增加。

4. 环保产业的融资前景

环保产业作为绿色经济的重要组成部分，发展前景广阔。随着政府对环保政策的加强和公众环保意识的提高，环保产业将获得更多融资支持，推动技术创新和产业升级。

（三）社交与网络将影响创业融资

1. 社交媒体的融资渠道拓展

社交媒体已成为企业展示自身形象和宣传产品的重要平台。通过社交媒体，企业可以吸引潜在投资人的关注，拓展融资渠道。同时，社交媒体上的互动和反馈也有助于企业优化融资策略，提高融资成功率。

2. 网络平台的融资信息传播

网络平台如新闻网站、财经论坛等，为融资信息的传播提供了便捷渠道。企业可以通过这些平台发布融资需求，吸引投资人的关注。投资人也可以通过这些平台了解企业的运营状况和融资进展，做出更为明智的投资决策。

3. 线上社区的融资资源整合

线上社区如投资论坛、创业者社群等，聚集了大量投资人和创业者，这些社区不仅为企业提供了融资资源，还为企业与投资人之间的交流和合作提供了平台。通过参与线上社区，企业可以拓展人脉资源，提高融资效率。

4. 虚拟社交的融资合作可能

随着虚拟现实和增强现实技术的发展，虚拟社交将成为未来社交的重要形式。在虚拟社交环境中，企业可以创建自己的虚拟空间，展示产品和融资项目，吸引潜在投资人的关注。此外，虚拟社交还为企业提供了与投资人进行实时互动和合作的机会，推动融资合作的创新和发展。

◎ 拓展阅读

"空中出租车"头部企业获第四轮亿元级融资，加速商业化

上海沃兰特航空技术有限责任公司（以下简称"沃兰特航空"）成立于2021年6月，是一家专业从事电动垂直起降飞行器研制的高科技公司，以客运级 eVTOL 技术研发、设计、制造为核心业务，核心团队来自中国商飞、GE、霍尼韦尔等全球一流航空企业，主要发展低空经济。

作为一门新兴产业，低空经济产业链企业投资回报周期较长，因此在成立初期需要较大的资本储备，投入技术研发、产品迭代、设备更新等领域。"空中出租车" eVTOL 被视为掀起新一轮城市交通革命、"解锁低空经济最大增量中的关键变量"，今年以来尤其备受资本青睐。

沃兰特航空在 2024 年 3 月、4 月、6 月先后完成了 1 亿元 A 轮融资、亿元级 A +、A ++轮融资。投资机构除了专业的基金公司、投资机构，还有地方政府的参与。例如 2024 年 3 月的 A 轮融资，自贡市财政局持股 100% 的自贡创新发展投资集团旗下自贡创新资本投资公司也深度参与。

6 月份的 A ++轮融资，深圳市南山区政府设立的国有独资有限责任公司"南山战

新投"亦参与其中。南山战新投认为，得益于得天独厚的自然条件，大湾区是有望最早为eVTOL提供丰富应用场景的区域，定位于"安全""皮实""好用"的沃兰特航空首款产品VE25，以最高等级的研制标准、宽阔的客舱空间，可以实现低空旅游、短途运输、应急救援、航空物流等全场景覆盖。

"作为先进空中交通的典型代表，eVTOL将改变人类出行方式、提升社会运行效率，是典型的市场规模大、企业发展周期长、技术难度高（大、长、难）但极具未来想象空间的赛道之一。"作为本轮融资的独家投资方，君联资本执行董事纪海泉表示，"沃兰特团队有良好的航空背景和适航经验，秉承正向研制理念，产品定义准确，商业化策略清晰，是真正有望实现载人eVTOL商业化闭环的企业之一。期待未来5年内可以迈入eVTOL改善人们出行效率的新时代。"

据悉，2023年9月，VE25-100已进入型号合格审定程序，是中国民航华东局受理的首个载人eVTOL项目。按照沃兰特航空的计划，2025年年底，该型号将进入商业演示性飞行，并在2026年年中获得型号合格证。一旦取得相关证书，便能开启大规模的商用计划，届时可进行客运载人项目的运行。

（资料来源：南方都市报 https://news.qq.com/rain/a/20240708A06B5000，有删改）

项目小结

1. 创业，就是创办一项事业，不仅包括学习、模仿或者重复别人或其他企业的生产经营模式，也包括在创新的基础上兴办一项新的事业。

2. 创业融资，指创业企业根据自身发展的需求，结合生产经营、资金需求等现状，通过科学的分析和决策，借助企业内部或外部的资金来源渠道和方式，筹集生产经营和发展所需资金的行为和过程。

3. 创业企业在创业初期和发展过程中都需要一定的资金，因此创业融资的目的是帮助创业者筹集资金，以支持创业企业的发展和扩张。

4. 创业企业在正式融资前要制订一个指导企业融资行为的融资计划书，包括融资决策的指导原则和其他一些融资行为准则，目的在于确保企业融资活动顺利进行。

5. 创业融资包括确定融资需求、撰写商业计划书、找到投资人、项目路演、与投资人谈判、签订投资意向书六个基本流程。

项目检测

一、单选题

1. 创业，就是创办一项事业，不仅包括学习、（　　）或者重复别人或其他企业的生产经营模式，也包括在创新的基础上兴办一项新的事业。

A. 模仿　　　　　B. 盗用名牌　　　　　C. 不正当竞争　　　　　D. 恶性竞争

2. 以下不属于创业融资目的的是（　　　）。

A. 购买设备、雇用员工、研发产品、市场推广以及扩大业务等

B. 弥补自己或创业团队的资源缺口，确保企业能够存活并增长

C. 实现创业者的商业愿景，并为企业的成功奠定基础

D. 为自己购置房屋、娱乐等

3. 以下不属于创业融资原则的是（　　　）。

A. 收益与辛苦付出相匹配原则　　　　B. 融资规模量力而行原则

C. 控制融资成本最低原则　　　　　　D. 遵循资本结构合理原则

4. 以下不属于创业融资流程的是（　　　）。

A. 确定融资需求　　　　　　　　　　B. 撰写商业计划书

C. 找到投资人　　　　　　　　　　　D. 召开股东大会

二、简答题

1. 什么是创业？收集身边同学创业案例，总结他们创业的经验。

2. 试述创业融资的流程。

三、案例分析题

创新创业学院 2024 届毕业生小王，实习期间创办山东仁智教育科技有限公司，主要服务于专科院校致力于专升本的学生。虽然在山东市场上已经有智博、师大等十多家名牌专升本机构，但他还是顶住压力和创业团队共同把公司做了起来，并做出了自己的特色。目前正准备进一步融资，将公司做大做强。

根据上述材料，回答以下问题：

1. 2024 届毕业生小王的创业属于模仿其他企业吗？

2. 小王在下一步的融资过程中应遵循什么原则？

项 目 评 价

学生自评表

序号	素质点自评	佐证	达标	未达标
1	创业融资前的准备工作	能根据投资人要求准备好融资材料，测算出公司所需资金数额		
2	职业道德、法律意识	能够掌握融资相应的融资原则，遵守职业道德和法律法规		
3	团队领导能力	能够组建团队，树立团队核心领导力		

教师评价表

序号	素质点评价	佐证	达标	未达标
1	创业融资前的准备工作	能根据投资人要求准备好融资材料，测算出公司所需资金数额		

续表

序号	素质点评价	佐证	达标	未达标
2	职业道德、法律意识	能够掌握融资相应的融资原则，遵守职业道德和法律法规		
3	团队领导能力	能够组建团队，树立团队核心领导力		

企业评价表

序号	素质点评价	佐证	达标	未达标
1	创业融资前的准备工作	能根据投资人要求准备好融资材料，测算出公司所需资金数额		
2	职业道德、法律意识	能够掌握融资相应的融资原则，遵守职业道德和法律法规		
3	团队领导能力	能够组建团队，树立团队核心领导力		

项目二

创业融资类型

学 习 目 标

知识目标

1. 了解股权融资的方式；
2. 了解债权融资与股权融资的区别；
3. 了解众筹的模式；
4. 了解类金融的特点。

能力目标

1. 能利用股权为企业融资；
2. 能利用债权为企业融资；
3. 能在平台上发布众筹信息；
4. 能利用类金融融资。

素养目标

1. 遵守股权融资法规，熟悉股权交易规则；
2. 培养法律意识，用法律手段保护自己的权益；
3. 辨别融资类型差异，具备融资社交能力。

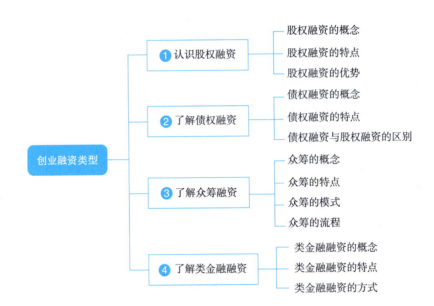

思 维 导 图

创业融资类型
- ① 认识股权融资
  - 股权融资的概念
  - 股权融资的特点
  - 股权融资的优势
- ② 了解债权融资
  - 债权融资的概念
  - 债权融资的特点
  - 债权融资与股权融资的区别
- ③ 了解众筹融资
  - 众筹的概念
  - 众筹的特点
  - 众筹的模式
  - 众筹的流程
- ④ 了解类金融融资
  - 类金融融资的概念
  - 类金融融资的特点
  - 类金融融资的方式

案 例 导 读

2024年2月26日，中科科乐完成数亿元A轮融资，本轮融资由锦沙资本、襄禾资本联合领投，航源基金、科大硅谷、阳光仁发投资、东方嘉富、架桥资本、基石资本、英飞尼迪资本、开投瀚润资本、清新资本、讯飞创投等机构跟投，老股东合肥高投、合肥天使基金持续跟投，华兴资本担任此次融资的牵头财务顾问。合肥中科科乐新材料有限责任公司成立于2022年8月，聚焦聚烯烃领域的研究与技术产业化，产品涉及聚烯烃弹性体、光伏封装材料、环烯烃共聚物和超高分子量聚乙烯等领域。

（资料来源：微信公众号"合肥新经济观察"，《江淮融资月报》第38期）

思考：中科科乐此次融资属于什么融资类型？

任务一　认识股权融资

工作任务一　股权融资的概念

股权融资

任务情景

小华想开一家火锅店，在济南宽厚里看上了一间店铺，想租下来，但因资金不够，犯了愁。

任务描述

根据上述资料，请为小华设计一种合适的股权融资方式。

相关知识

（一）股权融资的含义

股权融资是指企业的股东出让部分企业所有权，通过企业增资的方式引进新的股东，同时使总股本增加的融资方式。

（二）股权融资的方式

股权融资有三种方式，具体如图 2 - 1 所示。

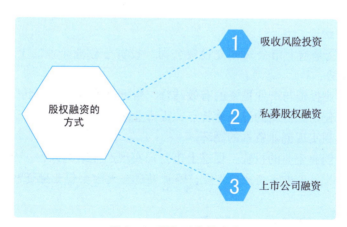

图 2 - 1　股权融资的方式

1. 吸收风险投资

风险投资是指风险基金公司用他们募集到的资金投入他们认为可以赚钱的行业或产业的投资行为。

风险投资的运作过程，可以概括为"三个主体、三大过程、四个阶段"，具体如

图 2-2 所示。"三个主体"，是指风险投资的市场主体主要是"投资者、风险投资公司、风险企业"；"三大过程"，是指风险投资的运行过程主要是"进入、经营、退出"；"四个阶段"，是指风险投资的发展阶段主要分为"种子期、创建期、扩展期、成熟期"。

图 2-2 风险投资运作的过程

2. 私募股权融资

私募股权融资（Private Equity，简称 PE）是指通过私募形式对私有企业，即非上市企业进行的权益性投资，在交易实施过程中附带考虑了将来的退出机制，即通过上市、并购或管理层回购等方式出售股权获利。私募股权融资已成为越来越多的中小企业融资之首选。

3. 上市公司融资

上市公司融资是指上市公司创立投资公司，投资于创业企业。上市公司融资在我国有着特有的优势：

（1）实现创业投资与产业投资的有效结合，帮助创业企业"茁壮"成长。

（2）使上市公司获得新的经济增长点，提升业绩，促进股价上升。

（3）能够顺利实现创业资本的循环。

（4）借助对创业企业的投资，促进上市公司实现产业结构调整。

课堂讨论：以上几种股权融资方式，哪种更适合大学生创业融资？

工作任务二 股权融资的特点

任务情景

2024 年 3 月 1 日，智己汽车宣布成功获得超 80 亿元的 B 轮股权融资，为企业深入智能化战略，构建高阶智驾、智舱、智控科技优势，提供雄厚的资金储备。资金将被用于新一代智能化车型开发、高阶智能驾驶和未来智舱技术研发、市场渠道加速拓展，

以及进军海外市场，打开更广阔的发展空间。

智己汽车B轮融资由中国银行旗下中银资产领投，农银投资、临港集团等共同参与投资，宁德时代、Momenta、清陶能源等科技公司跟投，持续扩大公司生态圈；同时，上汽集团、工银投资、交银投资继续追加投资。此次，智己汽车成功获得十多家知名机构和科技企业的投资，这表明，智己汽车依托"大厂国家队"优势，坚守智能化科技破局新赛道的长期主义，赢得投资者们更广泛的信心和大力支持。

（资料来源：搜狐网 https://news.sohu.com/a/761361568_121718785）

任务描述

根据上述资料，说说智己汽车股权融资的特点。

相关知识

股权融资是一种企业融资的方式，其特点如图2-3所示。

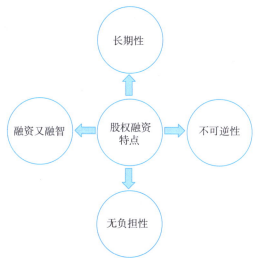

图2-3 股权融资的特点

（一）长期性

企业通过股权融资筹措的资金可以长期使用，具有永久性、无到期日、不需归还的特征。

（二）不可逆性，但退出条件苛刻

企业通过股权融资筹措的资金，无须还本，投资人欲收回本金，需要借助股权退出机制退出，但退出条件对于企业来说一般比较苛刻。

（三）无负担性，但面临控制权风险

企业通过股权融资筹措的资金没有固定的股利负担，但会稀释企业的股权比例，

从而面临失去企业控制权的可能性等。股权融资可以为企业提供大量的资金实现扩张、投资或其他需求。相比债务融资，股权融资可以减少企业的财务负担和偿还压力。

（四）融资又融智

企业通过股权融资与投资人一起，通过提升管理水平、优化治理结构，将企业打造成为值钱的企业，共同分享企业成长、盈利与增长的价值。

总体而言，股权融资是一种可以为企业提供大量资金、吸引风险资本参与并分享企业成功的方式。然而，它也涉及一些风险和对股东权益的管理与平衡。

工作任务三　股权融资的优势

📍 任务情景

2024年3月6日消息，近日，质子汽车完成最新一轮A轮融资，融资总金额3.8亿元。本轮融资参与方包括西投控股、榆林城投、新电互通、德载厚汽车基金、陕汽基金、北京橙叶，老股东中科创星持续加注。本轮融资资金将主要用于研发投入和产品开发，以及市场推广等。

成立至今，质子汽车备受投资人认可，已引入诚通混改基金、清华海峡研究院、香港嘉瑞集团等投资人，累计融资超6亿元。

（资料来源：投资界 https://news. pedaily. cn/202403/530745. shtml）

📍 任务描述

根据上述资料，想一想，在融资过程中，股权融资有什么魔力成为许多创业企业融资的首选？

📍 相关知识

相比其他融资方式，股权融资的优势如图 2 - 4 所示。

图 2 - 4　股权融资的优势

（一）资金规模大

股权融资可以吸引大量的投资人参与，从而获得较大规模的融资额度。这对于需要大量资金来扩大生产、开展新项目或并购重组的企业来说是非常有吸引力的。

（二）资金门槛低

相比贷款等债务方式，股权融资不需要抵押担保，也不需要偿还本金和利息，企业只需按照约定分配利润给股东即可，且投资人可以为企业后续发展提供持续的资金支持。这样可以减轻企业的还款压力，增加企业的经营灵活性，尤其在创业初期或经营困难时期更具优势。

（三）分散风险

通过发行股权，企业可以将风险分散给多个股东，降低了企业单个股东对企业决策和经营的影响。这样可以避免某个股东离场或出现问题时对企业造成的重大影响，实现风险的共担。

（四）价值引导

股权融资可以通过定价机制反映企业的价值，如果企业的发展和业绩好，股票价格将会上升，股东也能从中获得更高的回报。这可以激励企业更加努力地发展，增加企业的市值。

（五）提供经营资源和经验

股权融资往往能够吸引具有丰富经验和资源的投资人入股，他们可以为企业提供对业务的指导、资源整合、市场拓展等方面的支持，帮助企业更好地发展。

需要注意的是，股权融资也存在一些挑战和风险，比如可能涉及股权稀释、管理层与股东利益的冲突等问题。因此，在进行股权融资时，企业需要谨慎考虑，并结合自身情况做出明智的决策。

◎ 拓展阅读

大仕城完成数千万元 A + 轮融资，深创投领投

2024 年 3 月 7 日消息，美瞳供应链解决方案提供商深圳市大仕城光学科技有限公司（以下简称"大仕城"）于近期完成数千万元 A + 轮融资，本轮由深创投领投。融资所得将用于加速美瞳生产线扩产建设、新产品新材料的研发与全球化合规市场的布局。此前，公司曾获得坚果资本和九派资本投资。

大仕城由中韩两国资深美瞳行业精英联合成立，是一家专注于彩色隐形眼镜研发与生产的医疗器械公司。公司致力于成为全球领先的一站式彩瞳供应商，拥有全球领先的第三代全模压隐形眼镜生产技术、自产模具、新材料、油墨技术等优势。除整合行业产能、推动美瞳生产的数字化和柔性生产化转变外，公司还提供定制化的 OEM 服

务，满足客户从镜片设计、品牌打造、材料包装、证照申请的多元化需求。

据大仕城创始人李珈仪介绍，目前国内彩瞳产能仍以半模压半车削工艺为主，掌握全模压量产工艺的国内产能较为稀缺。大仕城采用韩国最先进的第三代全模压工艺，相较于第二代半模压半车削工艺，全模压工艺产品在色彩表现以及佩戴体验方面更具有优势。而升级后的全模压工艺的生产灵活性更强，更适合于小批量、多款式的订单需求，同时可将出货周期缩短30%以上。

此外，大仕城还进一步创造性地优化了生产流程，将生产环节拆解实现了相互独立排单排产，在可自动化部分增加机械手，提高生产效率和良品率。

对于本次融资，大仕城创始人李珈仪表示："我们希望通过专业合规的美瞳一站式柔性供应链服务，降低品牌方的入门门槛，让更多正规化、高质量化的美瞳产品进入全球市场，为中国及全球的消费者提供安全、时尚的美瞳产品，让每位消费者都能体验到健康、舒适且美丽的视觉享受。"

深创投红土医疗基金田立博士表示："美瞳产品虽然外观简单，却蕴含着精密的制造技术，技术门槛较高。我国美瞳生产长期受到供应链瓶颈的制约，亟待实现自主可控的优质供应链替代。大仕城作为中国大陆唯一持有FDA注册证的美瞳生产企业，得到了国内外众多美瞳品牌的广泛认可，产品畅销全球。我们认为大仕城在国内美瞳供应商中堪称稀缺，未来有望发展成为国内外领先的美瞳生产巨头。"

（资料来源：投资界 https://news.pedaily.cn/202403/530802.shtml）

任务二 了解债权融资

工作任务一 债权融资的概念

债权融资

任务情景

小明大学毕业后开了一家宠物店，经营状况良好。为扩大经营规模需进行融资，于是向银行借款20万元，3年期，到期一次还本付息。

任务描述

根据上述资料，说说小明运用了哪种融资方式。

相关知识

（一）债权融资的含义

债权融资，又称债务性融资，是企业通过借钱的方式进行融资，这是最传统，最常用的融资方式之一。用这种方式进行融资，所得资金将构成企业负债，需要按期偿还约定的本金和利息。

（二）债权融资的方式

债权融资的方式如表 2 - 1 所示。

表 2 - 1 债权融资的方式

序号	资金形式	具体说明
1	银行贷款	银行贷款是债权融资的主要形式，企业可以向商业银行、政策性银行等金融机构申请贷款。通常需要提供抵押品或担保，按照协议约定的利率和还款方式进行偿还。但对创业企业来说，获得银行的低息贷款是有一定难度的
2	租赁融资	企业可以通过租赁方式来融资，例如租赁设备、房地产等。企业支付租金作为债务偿还的方式，从而获得使用权
3	应收账款融资	企业将其应收账款转让给金融机构或其他投资人，以获得资金。这种方式可以帮助企业提前回收账款，提高资金流动性
4	项目融资	针对特定项目的融资方式，通过项目的未来收益来偿还债务。这种方式常用于基础设施建设、能源等大型项目
5	贸易融资	企业可以通过进出口贸易融资来筹集资金。例如，使用信用证和托收付款方式来获得出口货款或进口信贷
6	发行债券	企业可以发行公司债、可转债、短期融资券等债券，向投资人募集资金。债券持有人作为债权人，享有债券上所载利息和本金的收益权。
7	民间借贷	企业向自然人、法人或其他组织借款属于民间借贷，是民营企业债权融资的独特方式，也是最不规范的企业融资方式，稳定性难以确定。与银行贷款一样，除了有借贷双方，一般会有抵押、质押、第三人作为保证人等来保障第三人的资金安全

工作任务二　债权融资的特点

◎ 任务情景

小明是一位大学生，他有一个创业项目，想要筹集资金来实施自己的创业项目。由于资金需求较高，他决定通过债权融资来获取资金支持。首先，小明撰写了一份商业计划书，详细介绍了他的项目、市场分析、预期收入和支出等信息。接着，他开始寻找潜在的债权人，例如银行、投资公司或个人投资者。

小明与一家银行进行了谈判，并成功地获得了一笔贷款。根据协议，小明需要按照约定的利率每月偿还利息，并在一年后全额偿还借款本金。此外，他还提供了一定的抵押品作为担保，以确保银行的债权得到保障。

通过债权融资，小明获得了所需的资金来购买设备、租赁场地、采购原材料等，顺利开始了他的创业生涯。随着生意的发展，小明稳定地偿还债务，并使企业获得良好的运营状况。

上述资料说明大学生可以利用债权融资的方式来筹集资金，并通过与债权人的协商达成贷款协议。债权融资为他们提供了一种相对稳定和可控的资金来源，使他们能够实现创业梦想并扩大业务规模。请分析一下债权融资的特点。

◎ 相关知识

（一）债权融资的特点

债权融资是一种企业通过向债权人发行债券或借款等方式筹集资金的融资方式。它具有以下几个特点：

1. 按期还本付息

债权融资取得的资金形成公司的负债，在形式上采取的是有借有还的方式。对于负债，公司不仅要向债权人支付利息，即资金使用费，而且在债务到期时还要向债权人偿还本金。

2. 杠杆性

债权融资具有财务杠杆作用，在企业经营业绩向好时，能够提高公司所有权资金的回报率。

3. 税盾效应

债权融资的成本计入公司财务费用，冲减应税所得额，具有税盾效应（Tax-Shield）。税盾效应是指因债务成本（利息）在税前支付，而股权成本（利润）在税后支付，因此企业如果要向债权人和股东支付相同的回报，那么实际上向股东支付要比向债权人支付相同的回报需要产生更多的利润。

4. 无控制权要求

债权融资形成债权人对公司的债权控制。债权控制是一种相机控制。若公司不能清偿到期债务且未能与债权人达成新的协议的情形下，债权人享有对公司的固定收益索取权、破产优先清偿权、代位权、撤销权等民事经济权利，但债权人对公司无直接控制权，不经司法等权力机关的裁决，控制权不会自动转移到债权人手中。

需要注意的是，债权融资也存在着一些风险。如果企业无法按时偿还债务，债权人有权采取法律手段追索债务，并可能导致企业破产。因此，在选择债权融资时，企业需要评估自身还款能力和承受风险的能力。

工作任务三 债权融资与股权融资的区别

◎ 任务情景

小张是一家制造企业的老板，因要扩大生产规模需要进行融资，企业高层就进行股权融资还是债权融资争论不休，几天都没结果，小张心急如焚。

◎ 任务描述

根据上述资料，说说股权融资和债权融资的区别，并为小张做出合理决策。

◎ 相关知识

债权融资和股权融资是两种不同的融资方式，它们有以下几个主要区别：

（一）所有权方面

在债权融资中，企业通过向债权人发行债券或借款的方式筹集资金，但企业的所有权不会发生改变，仍然由原始股东持有。而在股权融资中，企业通过发行股票的方式，将一部分所有权转让给新股东，新股东成为企业的股东之一。

（二）分配权方面

债权融资只是企业与债权人之间的借贷关系，债权人只享有对债务的利息收入和本金偿还权利，没有对企业经营决策和利润分配的权利。而股权融资使投资人成为企业的股东，拥有对企业一定的决策权和利润分配权。

（三）资金回报方面

债权融资是以支付固定利息为回报的，债权人根据借款合同约定的利率收取利息。而股权融资的回报是根据企业盈利情况和股票价格的涨跌而变化，投资人可以通过股票升值和分红等方式获取回报。

（四）偿还责任方面

在债权融资中，企业有义务按照合同约定的时间和金额偿还债务，未偿还债务可能导致法律诉讼和财务困境。而股权融资中，投资人不对企业债务承担责任，即使企业经营不善，也不会直接导致投资人负债。

需要注意的是，债权融资和股权融资并不是非此即彼的选择，企业可以根据自身需求和目标来综合考虑使用不同的融资方式。一般来说，债权融资适用于企业追求稳定、可预测的融资成本和资金结构优化；而股权融资适用于企业寻求更多的资本注入、分享风险与利润，并吸引投资人参与经营决策。股权融资与债权融资的区别如表 2-2 所示。

表 2-2 股权融资与债权融资的区别

序号	区别	股权融资	债权融资
1	所有权方面	改变原有股东所有权	不改变原有股东所有权
2	分配权方面	有决策权和利润分配权	无
3	资金汇报方面	按持股比例分享收益	只收取固定利息
4	偿还责任方面	永久使用，无须偿还	按约定还本付息

任务三　了解众筹融资

众筹融资

工作任务一　众筹的概念

◎ 任务情景

　　近日，诞生了一个小区众筹成功案例。位于钱江新城核心区的新城国际花园公告了业主大会的最新表决结果，小区外立面改造升级方案获高票（支持率约87%）通过。新城国际花园成为杭州首个通过业主众筹方式成功升级外立面的已交付商品房小区。

　　从去年底开始，开设账户启动众筹。截至目前，业主众筹资金已到账近900万元，到款率已超过82%，并且最近还有不少业主主动联系业委会打算交款。目前已到账的业主众筹资金再加上物业维修基金，已完全具备开工条件。

　　（资料来源：微信公众号"钱江晚报"，2023 - 12 - 21）

◎ 任务描述

　　根据上述资料，想一想什么是众筹？

◎ 相关知识

（一）众筹的含义

　　众筹，翻译自国外 Crowdfunding 一词，即大众筹资或群众筹资，我国香港译作"群众集资"，我国台湾译作"群众募资"，是指融资者借助互联网上平台或社群，向大众募集资金、资源或支持，为其项目向广泛的投资人融资，每位投资人可从融资者那里获得预计产物或股权回报，用于资助各种创意、项目或企业的一种融资方式。

　　现代众筹指通过互联网方式发布筹款项目并募集资金。相比传统的融资方式，众筹更为开放，能否获得资金也不再是由项目的商业价值作为唯一标准。只要是网友喜欢的项目，都可以通过众筹方式获得项目启动的第一笔资金，为更多创业者提供了无限的可能。

　　众筹的实质就是很多人出钱支持一个项目或企业。随着互联网的发展，现在的众筹大多是通过互联网中介来进行的，众筹通过互联网有效匹配了资金的供给与需求，为创业企业提供了一种全新且低成本的融资方式，可谓是对传统金融系统的一种重要补充。

（二）众筹的参与者

　　众筹参与者如图2-5所示。

　　（1）项目筹资人，就是发起人，可以是一个人，也可以是一个组织或者团体。

　　（2）项目投资人，又叫支持者，是指为众筹项目提供资金的人，可以是普通的自

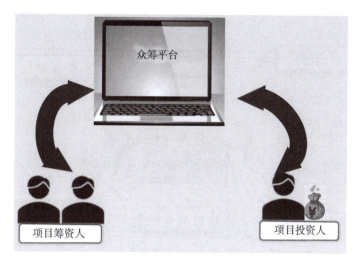

图2-5 众筹参与者

然人，也可以是企业或投资公司。

（3）众筹平台，就是众筹项目所赖以实现的中介、桥梁，为筹资人和投资人提供相互交流的场地，是投融资双方的资金中介和信息桥梁。众筹平台主要通过收取手续费获利。

工作任务二 众筹的特点

◎ 任务情景

2024年1月，台湾烧水果预调酒世界烧在众筹网上发布项目，设置了49元、99元、199元、399元、2 999元、7 999元六个等级，每个等级都有相应的世界烧旗下产品作为回报。项目筹资目标29 999元。在规定时间内，该项目众筹成功，获得了100多人支持，其中近半参与者融入了产品设计环节中。

（资料来源：白晨、刘彬，微信公众号"椰子财经"）

◎ 任务描述

根据上述资料，说说众筹的特点。

◎ 相关知识

众筹的特点如图2-6所示。

（一）多元化

众筹平台提供了各种各样的项目供人们选择，包括艺术、科技、音乐、影视等领域，这使投资人可以根据自身兴趣和风险偏好选择最适合的项目。

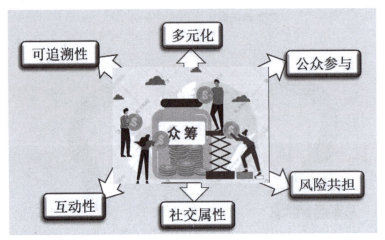

图 2-6　众筹的特点

（二）公众参与

众筹是一种公众参与的融资方式，任何人都可以成为投资人，无论其财力或地位，这为有创意但缺乏传统融资渠道的人提供了机会。

（三）风险共担

众筹项目的成功与否与所有投资人的共同努力密切相关。投资人愿意承担一定的风险，希望通过投资项目取得回报。

（四）互动性

众筹平台提供了筹资人和投资人之间的交流渠道，使得双方能够进行沟通和互动。投资人可以对项目提出建议和意见，筹资人可以及时获取反馈和支持。

（五）可追溯性

众筹项目的进展和资金使用情况通常会公开透明，投资人可以随时追踪项目的进展。

（六）社交属性

众筹平台通常具有社交功能，投资人可以在平台上与其他支持同一个项目的人进行互动，形成社群。

总体来说，众筹通过创新的融资方式，促进了项目的实施和创意的转化。它不仅为创业者提供了融资机会，也为投资人提供了多样化的投资选择。但众筹也存在一定的风险，投资人需要谨慎评估项目的可行性和风险，同时注意规避潜在的诈骗风险。

拓展阅读

国内有哪些众筹网站

目前国内有以下非股权众筹网站：

1. 点名时间

点名时间支持创新力量，是中国最早也是最深入了解智能硬件产业的专业平台。自 2012 年起，点名时间与北京、上海、杭州、深圳等地的硬件团队进行深度交流，并深入分析国内外数千个智能产品在众筹平台、销售渠道的数据表现，通过线下"点名时间 10×10 大会"和大家分享，帮助硬件团队了解市场需求，掌握未来趋势，在业界已经建立起一定的口碑。

2. 人人天使

人人天使，即人人天使众筹平台，是一个专注于消费众筹的综合性众筹平台，通过创客空间为线下创业者和天使投资人搭建一个开放、专业的投融交流平台。

3. 众筹网

众筹网是为支持创业而生、后起而领先的综合类众筹平台，有很多"高大上"的项目，合作资源很丰富，从项目数量、筹资额度及整体质量上看增长很快。

4. 淘宝众筹

作为淘宝的一个子页，在首页给了一个很隐秘的入口。最早为面向名人的众筹平台，现已向所有人开放项目发起。淘宝众筹项目种类很多，偏综合，但还是以预售为主。

5. 京东众筹

京东众筹作为创业融资平台，为有梦想、有创意的人服务。京东众筹是京东金融在 2014 年 7 月推出的京东金融第五大业务板块，旨在打造出门槛极低、新奇好玩、全民都有真实参与感的众筹平台。目前，众筹主要有产品众筹、公益众筹、股权众筹、债权众筹四大类。京东主打产品众筹，由出资人对众筹项目进行投资，获得产品或者服务。

6. 酷望网——大学生实现愿望的平台

酷望网是一个由众筹功能、招募功能、社交功能构成的网络平台，是一个供大学生在网站上实现创业和提高就业机会的网络平台。作为首家运用新概念模式让大学生实现愿望的平台，酷望网配合"百盈投资"愿望资助计划，与院校、企业组建的导师队伍共建一个携手并进的愿望实现环境。

（资料来源：搜狐网 https://www.sohu.com/a/53890086_335173，有删改）

工作任务三　众筹的模式

任务情景

宝生园休闲农场

福建省厦门市宝生园，除了蜂蜜，其最大特色是体验式农场，如今已经发展成为养蜂、加工、生产、科研、批发和零售为一体的蜂业龙头。园区主要以养蜂为主，附带开发的一个都市农民休闲乐园，园区可出租菜地供游客体验。

2014年，宝生园采用股权众筹的方式，厦门知名企业家共同以众筹的模式每人分别招募若干个代持股东，计划分期投资5 000万人民币来缔造宝生园农场，之后又按照固定管理模式，吸纳土地入股合作社，社员已经超过百人，同时股东还转介绍亲朋好友来农场消费。宝生园帮助股东及其亲朋好友体验农耕生活、休闲游玩，并且获得园区生产的水果蔬菜。

（资料来源：李帛帅，《中国农业股权众筹的分析和探索》）

任务描述

根据上述资料，宝生园休闲农场以"共推体验农耕生活"为共同理想，以股东持股众筹的方式，实现股东及其亲朋好友的农耕梦想，同时农场定期满足股东们农产品的"刚需"。请说说宝生园采用了什么众筹模式。

相关知识

作为快速发展的领域，众筹有很多分类的方式。目前比较普遍的认知是将众筹分为债权众筹、股权众筹、回报众筹、捐赠众筹四种模式，每一种模式运营的方式、适合的项目、目标人群都不一样，如图2-7所示。

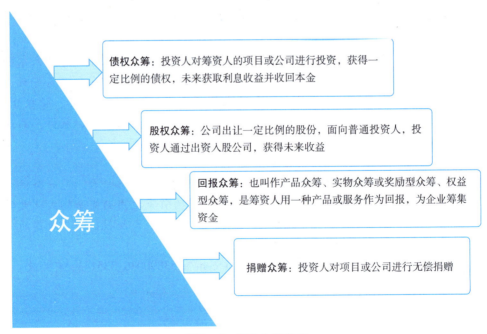

图 2-7　四种众筹模式

（一）债权众筹

债权众筹，是指投资人对筹资人的项目或公司进行投资，获得一定比例的债权，

未来获取利息收益并收回本金，即"我给你钱，你之后还我本金和利息"。

债权众筹实质就是借钱进行投资，只不过与传统的向金融机构或个人借钱不同，其债权人多为自然人，并且人数相对较多。债权众筹是各类众筹中操作比较简单、直观的众筹方式。

1. 筹资人的义务

债权众筹投资人一般都是小额投资人，所以债权众筹的投资人主体主要是自然人，而筹资人通常是法人。筹资人的义务如下：

（1）依照约定的借款用途使用借款的义务。借款用途是投资人决定是否投资的关键，也是确保合同期满后，筹资人能否还本付息的客观要求。所以，如果筹资人没有按照合同约定的用途使用款项，投资人可以提前收回投资或者解除合同。

（2）依约支付利息的义务。

（3）依约返还借款的义务。

2. 投资人的义务

投资人的主要义务就是借款的利息不得预先在投资款项中扣除。

3. 债权众筹的关键环节

对于一个成熟的债权转让运营模式而言，主要有表2-3所示的几个关键环节。

表2-3　债权众筹的关键环节

序号	关键环节	具体运作
1	项目筛选	从产品模型上规避系统性风险。结合行业信息和专业团队的行业投资与研究经验，综合安全性和收益率，从而选择成功率高的项目标的物
2	债权转让	对于债权转让模式的众筹平台，从项目和资金的匹配上而言，需要遵循点对点的业务逻辑，以投资人的资金对接所筛选的众筹平台项目
3	资金筹集	在项目端筛选和投资后，平台需要将这部分债权放到网站上，以便投资人选择，同时，也要保证足够的匹配能力和调度能力
4	风险控制	平台需要在债权转让的环节中保持一定的平台风险准备金，对于出现坏账的项目，需要及时补足投资人收益
5	信息透明	对于具有一定开放式基金或者私募特色的众筹分包模式而言，持续的信息披露能够保证平台的稳定运营

（二）股权众筹

股权众筹在我国最早开始于2011年，2014年和2015年股权众筹平台数量迅速增加，大量融资项目上线。截至2023年1月中旬，我国在运营状态的众筹平台共有444个，其中股权众筹平台约有200个，占平台总数的45%。

1. 股权众筹的概念

股权众筹是指投资人对项目或公司进行投资，获得其一定比例的股权，可以简单理解为"我给你钱，你给我公司股份"。股权众筹具有公开、小额、大众的特征。

2. 股权众筹的分类

股权众筹从是否担保来看，可分为两类：无担保股权众筹和有担保股权众筹。

（1）无担保股权众筹。无担保股权众筹是指投资人在进行众筹投资的过程中没有第三方公司提供相关权益问题的担保责任。目前国内基本上是无担保股权众筹。

（2）有担保股权众筹。有担保股权众筹是指股权众筹项目在进行众筹的同时，有第三方公司提供相关权益的担保，这种担保是固定期限的担保责任。但这种模式国内目前只有贷帮的众筹项目提供担保服务，尚未被多数平台接受。

股权众筹的分类如图2－8所示。

图2－8　股权众筹的分类

3. 股权众筹的构成要素

股权众筹运营当中，主要参与主体包括筹资人、投资人和众筹平台三个组成部分，部分平台还专门指定了托管人。

（1）筹资人。筹资人通常是指融资过程中需要资金的创业企业或项目，他们通过众筹平台发布企业或项目融资信息以及可出让的股权比例。

（2）投资人。投资人往往是数量庞大的互联网用户，他们利用在线支付等方式对自己觉得有投资价值的创业企业或项目进行小额投资。待筹资成功后，投资人获得创业企业或项目一定比例的股权。

（3）众筹平台。众筹平台是指连接筹资人和投资人的媒介，其主要职责是利用网络技术支持，根据相关法律法规，将筹资人的创意和融资需求信息发布在虚拟空间里，供投资人选择，并在筹资成功后负有一定的监督义务。

（4）托管人。为保证各投资人的资金安全、投资人资金切实用于创业企业或项目、筹资不成功及时返回，众筹平台一般都会指定专门银行担任托管人，履行资金托管职责。

4. 股权众筹的运作流程

目前，股权众筹的运作流程在具体操作过程中，由于项目、平台等差异，或有程

序上的变更，但大多数股权众筹的基本流程如图 2 - 9 所示。

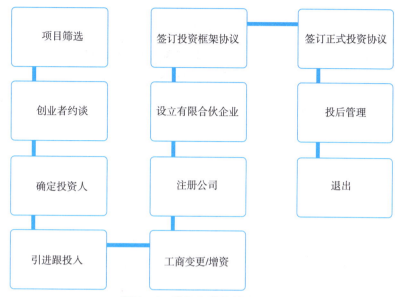

图 2 - 9　股权众筹的基本流程

5. 股权众筹项目的具体设计

一般而言，股权众筹项目在平台上融资，需要从以下几个方面事先做好设计：

（1）融资额及出让股权比例。项目方应当合理确定其融资额及拟出让的股权比例，并根据企业发展要求确定融资成功目标，一般多为目标资金的 80%；同样，也应对融资的上限做出规定，超出部分不再接受，因为涉及股权稀释问题。

（2）众筹时间。众筹期限一般为项目商业计划书正式对外公布后 2 个月内，如果提前完成融资目标则及时终止；如果时间到期而融资额未完成时，是否支持延长众筹时间、延长多久，最好都要有明确说明。

（3）领投人和跟投人的要求。众筹项目筹资人会对领投人的行业经验、相关职务、产业链关系等提出要求，另外筹资人还会根据实际情况对领投人和跟投人各自的认购范围做出专门约定。

（4）投资人特定权益。对于投资人的特定权益，也是项目众筹设计时的一个关键部分，既要能打动投资人的投资心理，又要能巧妙利用不同投资人的资源。

（三）回报众筹

1. 回报众筹的概念

回报众筹，是指投资人对项目或公司进行投资，从而获得产品或服务，即"我给你钱，你给我产品或服务"。

需要注意的，回报众筹不允许以股权或者资金作为直接回报，也不能承诺给予投资人以任何资金上的收益，必须以实物、服务或者其他创意产品等作为回报。

2. 回报众筹的价值

回报众筹是目前最受关注的融资方式，其直接表现形态类似于"团购"或者"预售"。但由于其本质不同，其价值提供和价值传递的方式有显著的区别，具体如表2-4所示。

表2-4　回报众筹的价值及其传递方式

回报众筹的价值	回报众筹的价值传递方式
发现创意	众筹处于产业链最前端，可以最快速地发现和发掘有潜力的产品项目
需求验证	通过用户拿真金白银的投票支持，可以验证项目是否符合市场需求，大大降低项目失败风险
粉丝获取	提供天然的路演平台，帮助筹资人获得第一批忠实粉丝
融资背书	众筹后的数据结果，将为项目获得进一步融资提供最强有力的说明
融资合作	众筹平台也会根据项目筹资表现的数据，提供借贷、孵化或投资等金融服务

因此，回报众筹的核心诉求并不是直接的融资，而是"筹人、筹智、筹资"的过程。

3. 回报众筹的特点

虽然回报众筹与团购都是产品的批量购买和销售的方式，但两者有着截然不同的特点。回报众筹的特点如表2-5所示。

表2-5　回报众筹的特点

序号	回报众筹的特点	表现
1	颠覆了传统商品生产与流通的固有流程	把"生产—销售—回笼资金—再生产"的传统模式变为"募集资金—试制—生产—发货"
2	回报众筹平台具有包容性，创业者可以实现真正的创新	创业者得到充足的资金和热情的支持，在宽松的氛围下可以更好发挥自己的才能
3	回报众筹平台具有社交性	用户可以把个人喜欢的项目分享到QQ空间、微博、微信等社交平台，带动更多的人支持项目

（四）捐赠众筹

捐赠众筹是众筹的一种模式，与债权众筹、股权众筹不同的是，捐赠众筹是一种不计回报的众筹。

1. 捐赠众筹的概念

捐赠众筹是指投资人对项目或公司进行无偿捐赠，即"我给你钱，你什么都不用给我"。

2. 捐赠众筹的特征

（1）低门槛。无论基金会、注册机构、民间组织，只要是公益项目就可以发起众筹。

（2）多样性。公益众筹的方向具有多样性，公益项目类别包括助学、助老、助残、关爱留守儿童等。

（3）大众力量。投资人可以是普通的草根民众，也可以是企业。

3. 捐赠众筹平台的运营方式

捐赠众筹主要用于公益事业领域。捐赠众筹模式下投资人对某个项目的出资支持更多表现的是重在参与的属性或精神层面的收获，投资人几乎不会在乎自己的出资最终能得到多少回报，他们的出资行为带有明显的捐赠和帮助的公益性质。

捐赠众筹平台的运营方式如图 2 - 10 所示。

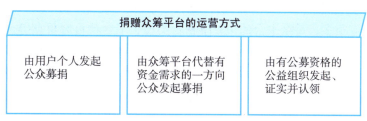

图 2 - 10　捐赠众筹平台的运营方式

工作任务三　众筹的流程

任务情景

三亚共享农庄众筹

三亚红花生态园共享农庄，占地面积 2 220 亩，是一个以红花和龙文化为主题，集热带火龙果园、百香果园、稻虾共生、瓜果蔬菜、生态养殖、亲子研学、自然教育、垂钓、农家乐、民宿树屋、康养旅居等为一体的大型综合型共享农庄。

目前，该农庄采用众筹模式，以"人人都可以成为庄主，人人共享，人人受益"的理念，共同建设美好农庄，共同分享快乐和财富。

以该农场的火龙果众筹为例，火龙果众筹一经推出便吸引了众多人的眼球。权益设置如下：每亩火龙果只需投入 5 万元，即可享受 7 年的收益，以及各项庄主福利。每年的销售收入扣除运营维护成本，收益全部归庄主，并且承诺 2 ~ 6 年内保底退出。

（资料来源：李帛帅，《中国农业股权众筹的分析和探索》）

任务描述

根据上述资料，三亚红花生态园共享农庄以"人人可以成为庄主"为主题开展项目众筹，围绕产品、消费为众筹产品，满足消费者实现"农场主"的梦想。请讲解众筹的流程。

相关知识

（一）债权众筹的流程

1. 项目前期准备

项目前期准备就是筹资人将筹资项目的创意、构思或想法做成方案的过程，即撰写商业计划书，一般包括团队的初步组建、项目的市场调研、项目实施计划、市场预估、资金准备等内容。一个具有吸引力的项目方案对于筹资成功和项目成功具有很重要的意义。

2. 筹资人选择适合自己的平台，并向众筹平台递交项目申请

众筹平台有很多，每个平台的声誉、平台类型、平台项目侧重点等会有一定差异，所以筹资人需要根据自身项目的特点和需求，选择适合自己的众筹平台，其实类似一个"量体裁衣"的过程。选择合适的平台后，筹资人根据平台的要求填写相关表格、递交项目申请。

3. 众筹平台审核通过后，将信息发布到众筹平台上进行资金筹集

众筹平台要对项目的真实性、风险、筹资人情况等进行审核，审核通过后也可以对众筹项目进行一定的包装再在平台上推出，从而使众筹项目筹资进展更顺畅。

4. 项目上线筹资，投资人注册会员并选择项目进行投资

投资人需要先在众筹平台注册成为会员，才能够浏览在该平台上线的项目，并选择心仪的项目进行投资。投资人也可以通过平台与筹资人直接交流、沟通，了解项目的具体情况，甚至可以对项目提出一些意见、建议。

5. 筹资结果处理

如果筹资成功，平台可以将所筹款项一次性交给筹资人，也可以委托第三方代管，将资金分期交给筹资人。如果筹资不成功，则需要将已筹集的资金退还投资人。

6. 筹资后项目运行

平台在筹资满额将资金交给筹资人后，一般可以寻求小贷公司担保，并对项目运行进行持续关注，监控风险。筹资人收到款项后，将资金用于项目运行，到期偿还本息。

债权众筹的流程如图 2－11 所示。

（二）股权众筹的流程

股权融资与债权融资的业务流程基本一致，只是具体操作中有一些差异。

（1）筹资人向众筹平台提交的项目策划书中要写清筹资总金额及可让渡的股权比例。

（2）筹资成功后，要确定投资人的股权分配方式，包括确定股份比例及股东相关权益。

（3）众筹项目运行后，投资人将按照项目约定获得股息红利及其他权利，如优先认购权、清算优先权、信息获取权、否决权等。

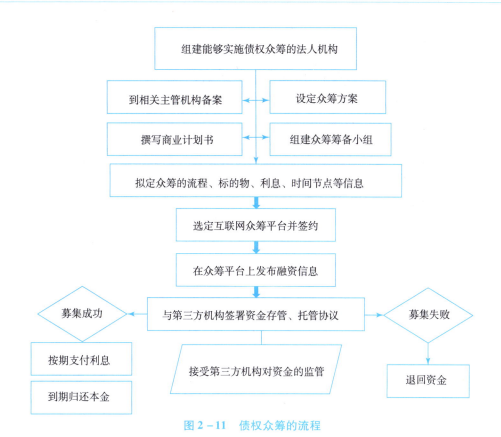

图 2 - 11　债权众筹的流程

股权众筹的流程如图 2 - 12 所示。

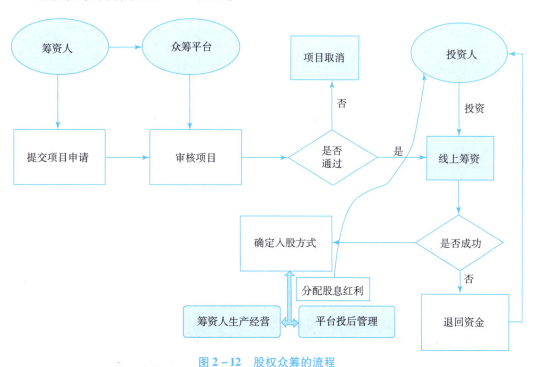

图 2 - 12　股权众筹的流程

（三）回报众筹的流程

（1）筹资人通过线上或线下向众筹平台提交项目申请。

（2）众筹平台线上或线下对项目进行审核，审核通过后发布到众筹平台进行资金筹集。

（3）筹资过程中，筹资人与投资人互动、沟通。针对还未面世的产品，投资人参与到新产品的设计中去，对新产品的性能或服务提出自己的意见，从而满足潜在客户的个性化需求。

（4）当投资人的购买总量超过了预设数额，则众筹成功，预购的资金支付给筹资人投入生产；众筹不成功，则已筹集资金返还给投资人。

（5）众筹成功后，筹资人向投资人寄送产品或服务作为回报。

回报众筹的流程如图2-13所示。

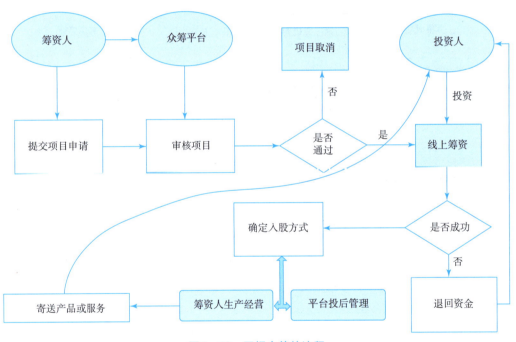

图 2-13 回报众筹的流程

（四）捐赠众筹的流程

捐赠众筹的成功运行一般要经过四步：

（1）筹资人向相关众筹平台提交项目申请；

（2）项目平台对捐赠众筹的筹资人、项目真实度等进行审核。这个审核程序可以确保捐赠众筹项目的真实性，并据此确定筹资额度。一般情况下，平台会要求筹资人提供筹资人资料、捐赠对象相关资料等。

（3）项目审核通过后，平台发起募集。

（4）执行项目。将募集的捐赠款送交捐赠对象，或者在平台上反馈捐赠情况并结项。

捐赠众筹的流程如图 2-14 所示。

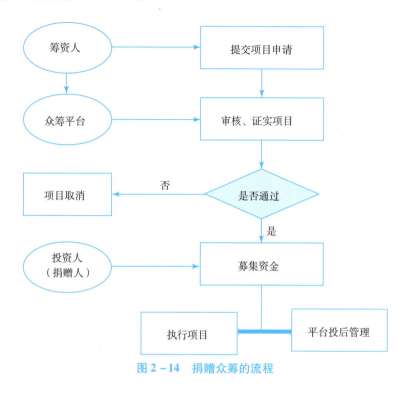

图 2-14 捐赠众筹的流程

小知识

京东股权众筹流程

京东众筹领投+跟投模式的股权众筹流程如图 2-15 所示。

（1）初步审核：由平台对拟融资项目进行初步审核，通过内部投决委确定是否允许其上线。

（2）预热阶段：领投人选择感兴趣的项目，通过尽职调查和与融资人沟通确定是否领投。

（3）项目上线：领投人帮助融资人完成商业计划书，确定估值、融资额、最低单笔投资额等投资条款，协助项目路演等。

（4）股权众筹成功：领投人与跟投人将众筹资金转入平台委托的第三方机构的资金托管账户，成立有限合伙企业，与融资人签署投资协议。融资人办理工商变更手续，投资资金转入融资项目公司。

（5）股权投资失败：融资人与领投人可对项目进行完善后重新提交上线。

（6）投后管理：领投人代表投资人跟踪项目进展、参与项目公司重大决策，为项目提供有价值的帮助。

（7）退出：领投人代表投资人选择合适的时机以合理公允的市场价格退出。

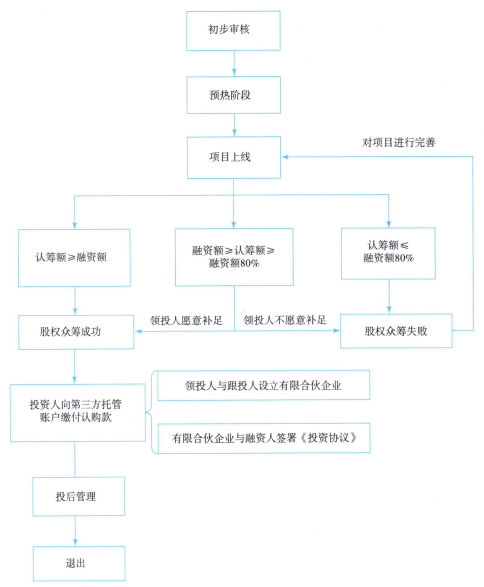

图 2-15 领投+跟投模式的股权众筹流程

任务四 了解类金融融资

工作任务一 类金融融资的概念

◎ 任务情景

当下，连锁超市是一种常见的零售模式。超市通过同城开店实行统一结算，将供

货商账期分为 15 天、30 天、45 天、60 天、90 天等，主要由采购和供应商谈判时确定，当然越长越对超市有利。这种账期运作模式，实质在于占用供应商一段时间的资金，主要好处是减少前期投入开店资金，使超市有资金实力不断开店，达到以店开店的目的。

◎ 任务描述

根据上述资料，说说利用账期运作模式对超市经营有什么好处。

◎ 相关知识

（一）类金融融资和类金融机构融资的含义

类金融融资是利用零售行业作为上下游供应链中间环节的优势，通过延期支付上游供应商货款和预收下游消费者货款的形式占用上下游资金的一种融资方式。

类金融融资具有成本低或无成本的特点，占用供应链上各方资金并通过滚动的方式供自己长期使用，从而得到快速扩张发展的营商模式。类金融融资主要应用于零售行业，在苏宁云商和国美零售两大家电类零售得到了广泛的应用。

类金融机构融资通常指的是非持牌金融机构提供的金融服务，这些机构在法律上并不被视为正式的金融机构，但它们提供的服务与传统金融机构相似，包括但不限于融资租赁、融资担保、商业保理、典当及小额贷款等业务。

（二）类金融的期限

通常情况下，企业可以延期 6 个月之久支付上游供货商货款，占用的拖欠行为令其账面上长期存有大量浮存现金，大量的拖欠现金方便了企业的扩张。也可以说，企业像银行一样，吸纳众多上游供货商的资金并通过滚动的方式供自己长期使用。

类金融机构的融资期限可根据期限的长短分为短期、中期和长期融资。

（三）类金融的运作

1. 应付运作模式

应付运作模式是指利用缓期付款方式占用上游供货商货款进行短期融资。

2. 预付运作模式

预付运作模式是指消费者通过一次性预先付费可以获得价格方面的优惠或者折扣，同时，经营者可以通过此方式快速回笼资金，满足其资金周转等方面的需要。

3. 类金融机构运作模式

企业通过类金融机构贷款方便快捷，这是银行贷款的一种补充。

工作任务二　类金融融资的特点

◎ 任务情景

苏宁推出了一种面向中小微企业的电子商务金融业务，称为苏宁小贷。凡是苏宁经、代销供应商均可以与苏宁易购操作的结算单应收账款作为抵押物进行融资贷款，此项业务单笔融资额最高可达 1 000 万元。

（资料来源：微信公众号"朱耿洲 ccp"，2017 - 01 - 17）

任务描述

根据上述资料，说说这种应收账款抵押融资的好处。

相关知识

类金融融资的特点如图 2 - 16 所示。

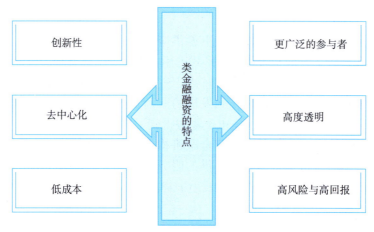

图 2 - 16　类金融融资的特点

（一）创新性

类金融融资通常采用新兴的技术手段和创新的商业模式，以实现融资的目的。例如，通过区块链技术进行去中介化融资，通过众筹平台进行集体融资等。

（二）去中心化

类金融融资通常不依赖传统金融机构作为中间人，而是通过智能合约、分布式账本等技术手段直接连接融资人和投资人，实现点对点的交易。

（三）低成本

由于类金融融资采用了数字化技术和自动化处理，减少了中间环节和人工干预，降低了交易成本，同时提高了效率。

（四）更广泛的参与者

类金融融资可以吸引更多的参与者，包括小微企业、个体经营者和普通投资人等。通过类金融融资，更多人可以参与到投资和融资的活动中，实现资金的共享和流动。

（五）高度透明

类金融融资通常采用公开的分布式账本技术，实现了交易的透明度和可追溯性。参与者可以随时查看和验证交易记录，增加了信任度和安全性。

（六）高风险与高回报

由于类金融融资通常涉及新兴领域和创新项目，因此具有较高的不确定性和风险，但同时也带来了更大的投资回报潜力。

需要注意的是，虽然类金融融资具有诸多特点，但也存在一定的风险和挑战。投资人和融资人在参与类金融融资活动时需要进行充分的风险评估和尽职调查，确保自身的合法权益和风险控制能力。

工作任务三　类金融融资的方式

◎ 任务情景

文化传媒行业从制片到发行上映所需的时间短则一年，长则 5～10 年。一部电影所需时间可能相对较短，但是一部电视剧，甚至是一部分季上映的电视剧，所需时间较长。比如《无心法师》自 2015 年上映以来，在第三季完结时，已经是 2020 年，这 5 年的时间里，《无心法师》所需投入的时间、精力等成本都是非常巨大的，再加上投入资金进行拍摄录制，时间周期之长，对于资金链供应构成了很大的考验。一部影片的上映还需进行国家监管部门的审核与批准，这其中的时间投入成本很大，而获得收益却有很大的延迟。对于以影视拍摄发行作为主营业务的文化传媒行业来说，利润的延期过长，资金极易出现吃紧，股权质押的融资渠道很好地解决了文化传媒行业的资金融通问题。

◎ 任务描述

根据上述资料，想一想，股权质押融资属于类金融融资吗？还有哪些类金融融资方式？

◎ 相关知识

类金融融资的方式如图 2－17 所示。

（一）商业保理

商业保理指供应商将其与采购商订立的货物销售/服务合同所产生的应收账款转让给保理商，由保理商为其提供应收账款融资、应收账款管理及催收、信用风险管理等综合金融服务的贸易融资工具。

（二）融资租赁

融资租赁又称设备租赁或现代租赁，指出租人根据承租人对租赁物件的特定要求

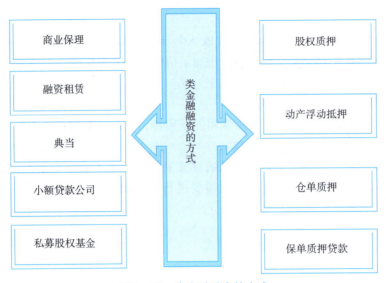

图 2－17　类金融融资的方式

和对供货人的选择，出资向供货人购买租赁物件，并租给承租人使用，承租人则分期向出租人支付租金，在租赁期内租赁物件的所有权属于出租人所有，承租人拥有租赁物件的使用权。

（三）典当

典当是指当户将其动产、财产权利作为当物质押或者将其房地产作为当物抵押给典当行，交付一定比例费用，取得当金，并在约定期限内支付当金利息、偿还当金、赎回当物的行为。

（四）小额贷款公司

小额贷款公司是由自然人、企业法人与其他社会组织投资设立，不吸收公众存款，经营小额贷款业务的有限责任公司或股份有限公司。它们专注于为小微企业、个体工商户、农户等提供快速便捷的贷款服务，满足其短期、小额的资金需求。

（五）私募股权基金

私募股权投资是指投资于非上市股权，或者上市公司非公开交易股权的一种投资方式。从投资方式角度看，私募股权投资是指通过私募形式对私有企业，即非上市企业进行的权益性投资，在交易实施过程中附带考虑了将来的退出机制，即通过上市、并购或管理层回购等方式，出售持股获利。

（六）股权质押

股权质押是指出质人（公司股权所有人）以其所拥有的股权作为质押标的物而设立的质押，以担保主债权实现的一种融资担保方式。

（七）动产浮动抵押

动产浮动抵押是指特定的抵押人以其现有的和将来所有的生产设备、原材料、半成品、产品等动产为债权人设定抵押权担保，当债务人不履行债务时，债权人（抵押权人）有权以抵押人对抵押权对应财产实现优先受偿。

（八）仓单质押

根据我国票据法规定，仓单除了具有所有权凭证作用，还可以通过背书转让的方式进行流通，从而作为一种衍生的金融工具使用。同样，仓单作为票据，存货人可以作为出质人与质权人订立质押合同，以仓单作为质押物进行融资，存货人在仓单上背书并经过保管人在上面签字或盖章，将仓单交于质权人后，质押权产生效力，这就是仓单质押的雏形。相比传统的实物抵押、质押或者是第三人保证贷款，仓单质押融资很大程度上是对典型融资担保方式的突破。

（九）保单质押贷款

保单质押贷款是投保人把所持有的保单直接抵押给保险公司，按照保单现金价值的一定比例获得资金的一种融资方式。若借款人到期不能履行债务，当贷款本息积累到退保现金价值时，保险公司有权终止保险合同效力。

保单本身必须具有现金价值。人身保险合同分为两类：一类是医疗费用保险和意外伤害保险合同，此类合同属于损失补偿性合同，与财产保险合同一样，不可以作为质押物；另一类是具有储蓄功能的养老保险、投资分红型保险及年金保险等人寿保险合同，此类合同只要投保人缴纳保费超过一年，人寿保险单就具有了一定的现金价值，保单持有人可以随时要求保险公司返还部分现金价值以实现债权，这类保单可以作为质押物。

项 目 小 结

1. 股权融资是指企业的股东出让部分企业所有权，通过企业增资的方式引进新的股东，同时使总股本增加的融资方式。它包括吸收风险投资、私募股权融资和上市公司融资三种方式。

2. 债权融资，又称债务性融资，是企业通过借钱的方式进行融资，这是最传统，最常用的融资方式之一。用这种方式进行融资，所得资金将构成企业负债，需要按期偿还约定的本金和利息。

3. 众筹是指通过网络平台或社群，向大众募集资金、资源或支持，用于资助各种创意、项目或企业的一种融资方式。众筹融资的类型如表2-6所示。

4. 类金融融资是利用零售行业作为上下游供应链中间环节的优势，通过延期支付上游供应商货款和预收下游消费者货款的形式占用上下游资金的一种融资方式。

表 2－6　众筹融资的类型

众筹类型	平台功能	回报方式	人群
产品众筹	平台实现筹资人和投资人对接，提供预购功能	获得产品或服务	无限制
股权众筹	平台帮助用户投资创业企业	以股权作为回报	认证投资人
债权众筹	发行企业债券的平台，投资人获得其一定比例的债权	获取利息收入	无限制
捐赠众筹	通常是慈善类活动等，投资人进行无偿捐赠	不求回报	无限制

项 目 检 测

一、单选题

1. 优先众筹体系市场最高的领导是（　　　）。

A. 机构管理部　　　　　　　　　B. 营运部

C. 策划部　　　　　　　　　　　D. 优先众筹管理委员会

2. 股权众筹投资人应进行（　　　）。

A. 股权投资　　　B. 适度投资　　　C. 小额投资　　　D. 大额投资

3. 下列哪些平台是捐赠模式的众筹平台？（　　　）

A. 腾讯公益　　　B. Causes　　　C. YouCaring　　　D. 以上都是

4. 根据《私募股权众筹资融资管办法（试行）（征求意见稿）》，股权众筹平台净资产不低于（　　　）万人民币。

A. 100　　　　　B. 200　　　　　C. 500　　　　　D. 1 000

5. 由于股权众筹所涉及的投资人人数众多，在股权众筹项目公司是有限责任公司的情况下，股东人数受到《公司法》的限制，即发起人不得超过（　　　）且当股东人数超过（　　　）人时则触发了《证券法》所规定的公开发行

A. 100，150　　　B. 50，100　　　C. 100，200　　　D. 50，200

二、简答题

1. 股权融资有哪些种类？

2. 债权融资有哪些种类？

三、案例分析题

莆田平海湾海上风电项目是中国福建省首个海上风电场项目，一期 50 兆瓦工程已于 2017 年全部投产，二期 246 兆瓦工程获得新开发银行贷款 20 亿人民币，原计划 2019 年年底建成。项目建成后，预计可以贡献 250 兆瓦的海上风力发电能力，预计每年有效发电 3 500 小时，每年可产生 873 兆瓦·时的电力，相当于每年减少近 90 万吨二氧化碳排放。

新开发银行坚持本地货币融资，为莆田平海湾海上风电项目提供 20 亿人民币的贷款，自 2020 年开始分 30 期每半年等额本金还款，为期 15 年，宽限期为 3 年。本次融

资是新开发银行价值主张的关键组成部分，已纳入其战略目标。这不仅有助于减轻借款人的汇率风险敞口，也可以支持成员国资本市场纵深发展。

该笔贷款践行了关于联合国可持续发展目标中关于可负担清洁能源的倡议，每年减少约31.4万吨的煤炭消耗，避免约87万吨的碳排放。新开发银行坚信知识和经验分享是能源向低碳经济平稳过渡的关键因素，致力于促进海上风能生产方面的技术进步和领先。

根据上述材料，回答以下问题：

1. 上述材料运用了哪种融资方式？
2. 这种融资方式有何特点？

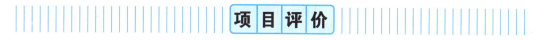

项 目 评 价

学生自评表

序号	素质点自评	佐证	达标	未达标
1	融资方式选择能力	能根据创业者所处的内外环境和创业者的自身条件选择合适的融资方式		
2	职业道德、法律意识	能够掌握融资相应的法律法规，规避与非法集资相关的敏感内容，严格守法		
3	资源查找、整合能力	能够借助网络资源，查找相应的融资渠道		
4	协作精神	能够和团队成员协商，共同完成企业融资		
5	自我学习能力	能够运用网络资源，自我学习融资渠道的相关知识		

教师评价表

序号	素质点评价	佐证	达标	未达标
1	融资方式选择能力	能根据创业者所处的内外环境和创业者的自身条件选择合适的融资方式		
2	职业道德、法律意识	能够掌握融资相应的法律法规，规避与非法集资相关的敏感内容，严格守法		
3	资源查找、整合能力	能够借助网络资源，查找相应的融资渠道		
4	协作精神	能够和团队成员协商，共同完成企业融资		
5	自我学习能力	能够运用网络资源，自我学习融资渠道的相关知识		

企业评价表

序号	素质点评价	佐证	达标	未达标
1	融资方式选择能力	能根据创业者所处的内外环境和创业者的自身条件选择合适的融资方式		
2	职业道德、法律意识	能够掌握融资相应的法律法规，规避与非法集资相关的敏感内容，严格守法		
3	资源查找、整合能力	能够借助网络资源，查找相应的融资渠道		
4	协作精神	能够和团队成员协商，共同完成企业融资		
5	自我学习能力	能够运用网络资源，自我学习融资渠道的相关知识		

项目三

创业融资策略

学 习 目 标

知识目标

1. 了解内源融资策略的优缺点；
2. 了解机构融资策略的特点；
3. 了解政策性融资策略的支持内容；
4. 了解租赁融资策略的特点。

能力目标

1. 能根据不同融资策略的特点，为企业选择合适的融资策略组合；
2. 能根据企业不同发展阶段，确定不同的融资策略。

素质目标

1. 遵守融资规则，具备规范意识；
2. 培养创新精神和创业融资能力；
3. 培养处理问题的辩证思维能力。

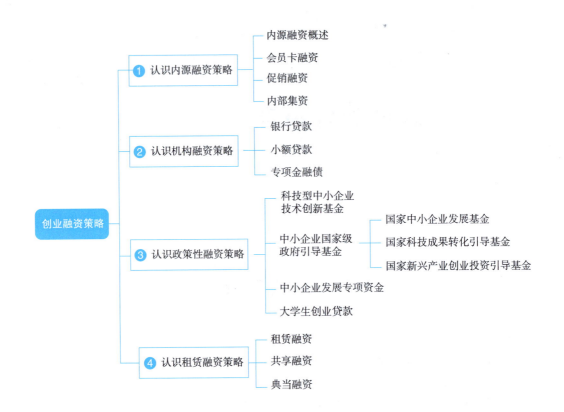

邮储银行大同市分行创业担保贷款缓解融资难题

　　创业担保贷款是邮储银行落实"六稳""六保"政策，助力大众创业、万众创新，进一步促进创业、扩大就业的拳头产品。创业担保贷款由政府创业担保基金提供担保，银行发放，财政部门给予贴息，主要面向城镇登记失业人员、就业困难人员（含残疾人）、复员转业退役军人、高校毕业生、网络商户、脱贫人口、自主创业农民等 10 类就业群体，提供创业融资服务，最高可贷 30 万元，单笔贷款期限最长 3 年，不收取任何费用。2023 年以来，邮储银行大同市分行已累计发放创业担保贷款 528 笔，金额9 960 万元。

　　　　　　　　　　　（资料来源：微信公众号"大同新闻网"，2024 - 03 - 07）

　　思考：大学生申请创业贷款需要准备哪些资料？

任务一 认识内源融资策略

工作任务一 内源融资概述

内源融资策略

任务情景

华为没上市，是如何融资的?

华为的股权结构是员工持股，这是华为创始之初既定的企业制度，也是华为发家之本。经过这么多年的发展，华为内部融资制度越来越完善，华为内部慢慢地形成了一个小型股票市场，华为的员工可以购买公司的内部股票。

这样一来，公司内部就可以扩大融资，要知道华为的员工数量是十几万，每人融资 1 万，就已经是一个天文数字了。而华为的实业非常强大，每年的营收非常高，给员工的回馈也是非常大的，所以，员工们都不愿轻易出售自己手中的股票，这就进一步稳定了华为的资金流。

（资料来源：微信公众号"码不停蹄"，2023 – 03 – 02）

任务描述

根据上述资料，分析员工内部持股有什么好处。

相关知识

根据创业企业的特点，创业融资的最优顺序应当是：先内源融资，后外部融资（发行债券或银行贷款），最后才是股票融资。

内源融资是外部融资的基础，成本低、风险小、使用灵活，有助于降低和控制财务风险；没有内源融资做保证，外部融资的风险就大了，尤其是负债率过高时容易导致破产，而企业股权融资的资金使用效率通常是最低的。

（一）内源融资的概念

内源融资是指企业通过自身的盈利和现金流来获得资金支持，包括利润留存、折旧抵扣、应收账款等途径。相比外源融资，内源融资通常不需要企业提供抵押物，并且利率较低，因此能为企业经营提供更多的支持。内源融资来源如图 3 – 1 所示。

内源融资在企业财务中的重要性不言而喻，它能够帮助企业实现资金筹集，降低企业的资金成本，提高企业盈利能力。同时，内源融资还可以帮助企业应对内部资金需求，提高企业运营效率。

（二）内源融资的特点

企业内部融资的特点主要体现在以下几个方面：

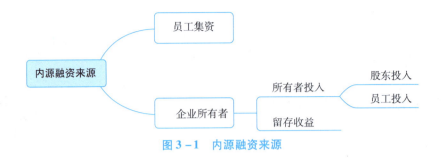

图 3 - 1　内源融资来源

1. 自主性

内部融资来源于自有资金，企业在使用时具有很大的自主性，只要股东大会或董事会批准即可，基本不受外界的制约和影响。

2. 融资成本较低

公司外部融资，无论采用股票、债券还是其他方式都需要支付大量的费用，比如券商费用、会计师费用、律师费用等，而利用未分配利润则无须支付这些费用。在融资费用相对较高的今天，内源融资不需要支付利息和手续费等成本，因此融资成本相对较低，有助于降低企业整体负担。

3. 控制风险

内源融资的资金来源稳定，具有较高的安全性，减少了企业面临的风险。

4. 提高资金使用效率

内源融资的决策速度快，能够迅速满足企业的资金需求，提高资金使用效率。

5. 维持企业财务状况稳定

内源融资有助于维持企业的财务状况稳定，降低外部融资对企业的依赖，提高企业的抗风险能力。

（三）内源融资的实施步骤

内源融资的实施步骤如图 3 - 2 所示。

（四）内源融资的类型

从形式上看，内源融资的方式如图 3 - 3 所示。

内源融资的方式主要有经营融资、留存盈余、资产折旧与变卖、租赁融资、资产典当、自有资金、应付税利和利息、未使用或未分配的专项基金、应收账款、票据贴现、商业信用等。每个企业在选择融资策略时，都应当从企业内源融资开始。

本书主要介绍经营融资策略中的会员卡融资、促销融资和内部集资。

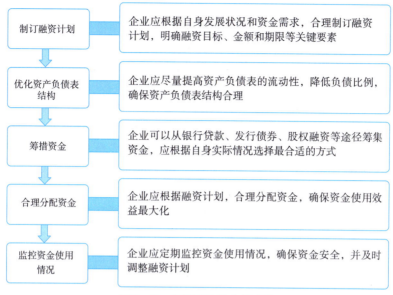

图 3-2 内源融资的实施步骤

图 3-3 内源融资的方式

工作任务二 会员卡融资

任务情景

山姆超市，作为全球知名的零售巨头，其发展历程充满了传奇色彩。自创立之初，山姆超市就以独特的商业模式和前瞻性的市场策略，迅速在竞争激烈的零售市场中脱颖而出。山姆超市以其丰富的商品种类、优质的服务和独特的会员体系吸引了大量消费者。

山姆会员体系主要包括两类会员：

普通会员：年费为 260 元。普通会员可享受山姆会员商店提供的基本权益，包括商品折扣、会员专属活动等。

卓越会员：年费为 680 元。卓越会员在享受普通会员所有权益的基础上，还能获得更多专属优惠和特权。

山姆超市的会员制与会员权益是其商业模式中不可或缺的一部分。山姆超市通过会员制，将消费者划分为不同的层级，并为每个层级的会员提供不同的权益和优惠。还通过会员数据分析，深入了解会员的购物习惯、偏好和需求，从而为他们提供更加精准的商品推荐和个性化服务。这种数据驱动的营销方式，不仅提高了会员的购物体验和满意度，还增加了会员的忠诚度和黏性。

在实际运营中，山姆超市的会员制与会员权益也取得了显著的效果。据统计，山姆超市的会员数量已经超过了数百万，其中高级会员占比达到了 60%。这些会员不仅为山姆超市带来了稳定的销售额和利润，还通过口碑传播和社交媒体分享，为山姆超市带来了更多的潜在客户和市场份额。

任务描述

根据上述资料，讨论山姆超市会员制的优势。

相关知识

（一）会员卡融资的含义

会员卡融资是经营融资的一种。所谓经营融资，是指中小企业利用各种正当经营手段来获取资金。其中最常见、最主要的有两种：会员卡和促销。

会员卡融资方式现在已经很普遍，不但各行各业纷纷采用，而且是所有超市网罗顾客的撒手锏。从表面上看，这好像只是一种促销手段，可是从融资角度看，却又是一种很好的融资方式，并且还不违法。

会员卡融资是指顾客在企业发放的会员卡中预存金额，企业从而获得短期资金支持的一种融资方式，最典型的有公交月票卡、预付费手机卡，储值卡消费等。只能起身份证明作用的会员卡便起不到所需的融资效果。

例如，如果超市办理的会员卡不需要预存金额，只是顾客在购物时出示一下表明其会员身份，允许购买只有会员才能购买的商品，或者对于某些促销商品必须是会员才能享有优惠价格或更多的优惠价格，这时候所起到的就只是促销作用。相反，如果这种会员卡需要预存金额，实际上就表明卡中所存的金额可以被企业无偿使用，这就是标准的融资了。

会员卡融资的原理是在企业经营过程中，吸引顾客成为会员，会员在购买商品或服务时提前支付一定金额作为预付款项。这些预付款项可以作为企业的经营资金，用于日常的运营活动或扩大业务规模。

此外，会员卡融资还可以通过提供特权和优惠来吸引顾客参与。例如，会员享受折扣、积分返还、专属礼品等特殊权益，吸引更多的消费和忠诚度。

（二）会员卡融资的优势

会员卡融资的优势包括灵活性高、成本低、风险相对较小等。但需要注意的是，企业在进行会员卡融资时应合理制定会员权益和预付款项，并确保能够履行承诺，维护会员权益和企业信誉。

（三）会员卡融资的缺点

会员卡融资最大的缺点是信用缺失。会员卡融资对中小企业来说本来是很享受的，只是由于近年来少数商家不讲信用甚至恶意逃债，让许多人望而却步。如某些美容院、娱乐厅、游泳馆、网球场、瑜伽馆、书店、茶座、咖啡馆、蛋糕店等中途倒闭，使金额尚未用完的会员卡无处使用，也无处退款。这方面发生的纠纷很多，导致会员卡融资信用降低，投资人对其失去信心。

（四）会员卡融资方案设计

1. 设计会员卡的类型与权益

设计多种类型的会员卡，如普通卡、银卡、金卡、钻石卡等，每类卡提供不同等级的权益，如折扣优惠、积分兑换、专属服务等，以满足不同消费者的需求。

2. 设计会员等级与优惠

根据会员消费金额、频率等因素，划分会员等级，并提供相应的优惠措施。高级别会员可享受更多特权，以激励消费者增加消费，提升会员黏性。

3. 设计会员卡推广策略

制定线上线下相结合的推广策略，通过社交媒体、广告、合作伙伴等多种渠道进行宣传。同时，举办会员招募活动，如限时折扣、积分加倍等，吸引消费者加入。

4. 设计会员卡运营管理

建立完善的会员管理系统，实现会员信息的录入、查询、分析等功能。同时，定期评估会员活跃度，调整会员政策，优化会员体验。

（五）会员卡融资客户关系维护

若想在会员卡融资方面取得最佳融资效果，发行预付费会员卡时一定要消除会员的后顾之忧。企业如果发行会员卡时是一副面孔，等到对方想退卡时又是另一副面孔，将心比心，谁都知道这时候会员的心理感受怎么样。尤其是现在发行会员卡基本上没凭据，会员要想打官司、投诉也没证据，纠纷隐患就这样埋下了。

许多人一看到企业名称不是"公司"而是什么"中心"，潜意识里就会认为这是"个体户"，担心企业明天会跑掉。鉴于此，企业发行会员卡时，如果能给消费者一纸正式的文书，载明双方的权利、义务、会员卡使用规定、退卡条件、担保单位等，并且给对方开具正式发票，消费者的疑虑就会消去一大半。

当然，要做到这一切的前提是企业要诚信经营，否则一切都无从谈起。

工作任务三　　促销融资

◎ 任务情景

随着近期各地密集出台促消费政策，消费回暖迹象显现。京东、淘宝等网络平台在"618"大促之际，推出各项促销活动，吸引消费者争抢购买。

之前想买华为P70新款手机，但是觉得一下花一万多元是一笔大开支，就没有立刻下手。最近"6·18"京东金融推出最高补贴550元和免息促销活动，本来10 999元的手机分期付款，一年分期免息，还有补贴，感觉非常划算，就趁机买了。

◎ 任务描述

根据上述资料，想一想分期免息消费是如何刺激消费者购买的？

◎ 相关知识

（一）促销融资的含义

除会员卡融资外，经营融资的另一主要渠道是促销融资。

促销融资，是指利用分期付款、延期付款等优惠促销手段，来推销商品尤其是积压商品，加快资金周转。很明显，企业或商家把原来的存货处理出去了，就能把死钱变成活钱，客观上其实就起到融资效果。

为了保证分期付款、延期付款的顺利进行，中小企业在从事这项促销活动时，最好是利用银行信用卡分期付款，把商业信用转为银行信用。

（二）促销融资的优势

按常规来说，消费者在购买商品时，通过信用卡分期付款是要承担利息的；而现在，企业把这部分利息承担下来了，让消费者在分期付款时免交利息，就能双方皆大欢喜，消费者延期支付货款，减轻了支付压力；而企业则通过这种方式处理了积压商品，只用较少的成本（分期付款的利息）就把资金给盘活了。

1. 运用促销加快资金周转速度破解资金总量不足

促销融资可以加快资金回笼速度，通过消费信贷、分期付款等方式，提前获取销售收入，改善企业的现金流状况。比如某企业一年计划需要1亿元资金，目前只有3 000万元的资金，通过加速资金周转4~5次，便可解决资金问题。

2. 现金为王，促销利于保持资产流动性

企业经营融资，一定要牢牢记住：现金为王。没有利润，甚至亏损，企业不一定会死；如果资金链断裂，企业就一定会死。

所以说：现金是王！特别是在经济低潮时期，尤其要重视。通过促销保持足够的流动性，保持资金流，这是所有企业融资的一个基本立足点。

工作任务四　内部集资

任务情景

某月，某银行接到客户宋某投诉，称其所在单位在其不知情情况下以客户个人名义向银行贷款，因无法归还其名下贷款导致其征信受损的情况。该银行高度重视，立即责成相关人员开展调查核实工作。经核实，该投诉实际情况如下：客户宋某所在单位为贵州省某集团公司，该公司因生产、经营需要，在本单位通过内部集资形式向内部员工筹集资金，员工以个人名义向银行进行个人借贷，将贷款资金转借企业用于经营周转后，未能按期还款。

（资料来源：微信公众号"建行贵州省分行"，2023 - 03 - 09）

任务描述

根据上述资料，讨论员工是否能以个人名义向银行进行个人借贷后，将资金借给企业。

相关知识

（一）内部集资的含义

企业内部集资是指法人及非法人组织通过向其内部职工公开集资并按期还本付息的行为，包括面向单位内部职工进行的负债式融资和股权式融资。企业内部集资是部分民营企业特别是中小民营企业克服融资难题、筹集企业发展所需资金的重要渠道之一。

最高人民法院《关于审理民间借贷案件适用法律若干问题的规定（2020 年第二次修正）》第十一条规定，企业内部集资即单位内部向职工集资的方式属于民间借贷的一种形式，依法受到相应的规范与保护。

（二）内部集资行为的有效条件

1. 集资对象限于单位内部职工

《最高人民法院关于审理非法集资刑事案件具体应用法律若干问题的解释》第一条规定："未向社会公开宣传，在亲友或者单位内部针对特定对象吸收资金的，不属于非法吸收或者变相吸收公众存款。"企业内部集资的对象为特定对象，即企业内部职工，且此处的企业内部人员不包括企业为集资临时吸收为企业职员的社会人员。

2. 集资资金用于本单位的生产、经营活动

用于单位生产经营活动是认定企业内部集资行为合法性的前提之一，非出于单位自用目的的集资均不属于企业内部集资且不具有合法性。同时，集资资金不能转贷给他人牟利，不能用于私人用途，不能用于违法犯罪，企业不得虚构借款目的、以诈骗方法集资。

3. 集资资金来源要求是员工的自有资金

企业在内部集资过程中经常会出现一种情形，即职工无力或不愿参与企业集资，但迫于企业施压或职工亲属看好企业发展情况主动要求代为出资，导致大量资金来源于非单位职工,实际出资人与名义出资人不一致。这种情况下,如果企业主观上是明知的,那么该企业集资可能因为对象为不特定公众而不被认定为企业内部的合法集资。

(三) 内部集资风险防范

1. 不能有任何形式的面向社会的公开宣传

企业内部集资的对象只能是企业内部职工,因此,对集资的宣传和推广也只能在企业员工内部进行,不得面向社会公众。

2. 不能接受企业员工以外人员的出资

企业内部集资过程中,需对员工身份进行明确的审核和确认,不得以吸收资金为目的临时录用员工,把不特定集资参与人变为表面上的企业员工,并向其吸收资金。避免因集资参与人中包含了除内部员工以外的社会公众,导致该集资行为被认定为非法吸收公众存款。

另外,对于员工的资金来源,也需要进行必要的形式审核和实质审核。可要求员工签订相关的承诺书,承诺资金都是自有资金,而非员工或其亲友通过面向不特定的公众进行募资,又转投到公司,企业在接收员工资金时也可以指定集资款须从员工本人账户汇出,不得从他人账户汇入。

3. 集资需明确用于企业生产经营

企业内部集资方案可写明集资目的、范围,将集资款用于生产经营的主营业务,这一方面能证明集资行为的正当性,另一方面能有效排除集资诈骗的嫌疑。同时,在使用过程中还要注意款项流转,避免集资款挪作他用。

4. 不能承诺保本付息

承诺保本付息是非法吸收公众存款的一个重要特点。企业内部集资过程中不承诺任何形式的保本,不仅可以避免承担非法集资的刑事风险,也可以避免承担不应该的兑付责任。

5. 需符合法律法规关于民间借贷的规定

合法的企业集资属于民间借贷,因此,企业在集资过程中不得存在《中华人民共和国民法典》规定的导致合同无效的情形,具体如图 3-4 所示。

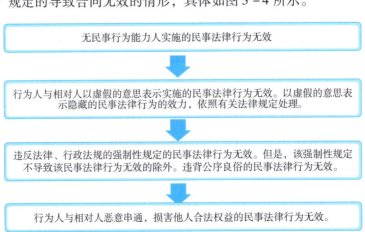

图 3-4 企业内部集资合同无效的情形

任务二 认识机构融资策略

机构融资策略-
银行贷款

工作任务一 银行贷款

任务情景

2024年2月初，上海市某小型企业因融资困难，企业领导王先生到当地某银行办理贷款融资业务。进入银行后，银行经理热情接待了王先生，但在了解清楚其所办理的业务和企业自身的情况后，银行经理对王先生说了抱歉。原来，王先生的企业正处于成长发展阶段，没有过多的资产可作为贷款抵押。根据相关的评估计算，王先生的企业实力并不强，其在行业中的竞争力不大。如果对其放贷，那么银行将承担很大的贷款风险。另外，在审核王先生所带来的贷款申请材料时，银行经理发现他出示的财务报表并不齐全，相关的申请材料也有一些问题。

综合以上情况，银行经理总结该企业的实力不足、放贷的风险较高，因此拒绝了王先生的贷款请求。

任务描述

根据上述资料，说说王先生如果想从银行贷款需要具备什么条件。

相关知识

银行贷款是机构融资中占比最高、最常用的融资方式之一。对融资人而言，和其他机构融资方式相比，银行贷款是相对成本最低、最安全的融资方式之一。

（一）银行贷款的概念

银行贷款指商业银行根据国家政策和中央银行的相关规定，以一定的利率将钱借给有需求的个人或企业，并约定期限归还的一种经济行为。

作为金融机构，银行发放贷款首先考虑的就是资金安全问题，所以其贷款的门槛会比较高。尽管如此，银行贷款依然是创业者比较稳健的融资选择。

（二）银行贷款的特点

银行贷款的特点如图3-5所示。

需要注意的是，银行贷款也存在一定的风险，如逾期还款将导致信用记录受损，并可能被追加罚息或处罚。因此，在申请银行贷款时，借款人需要谨慎评估自身的还款能力，并合理规划借贷需求。

（三）银行贷款需要的条件

创业者在企业经营过程中，常常会出现资金短缺的情况。在这时，申请银行贷款

特点1	企业利用银行贷款融资，在贷款获准后，即以客户的名义在银行开立银行账户，用于贷款的提取、归还和结存核算
特点2	银行贷款融资的管理比较简单，但最初申请比较复杂，需要企业有详尽的企业可行性研究报告及财务报表
特点3	由于银行种类繁多，分布广泛，而且贷款的类型、期限多种多样，一般利用银行贷款比较方便、灵活
特点4	银行贷款融资风险较小，一般不涉及税务问题。但银行作为企业，也追求利润最大化。一般贷款利率较高，但相比其他贷款方式，银行贷款通常具有较低的利率
特点5	银行作为储蓄和存款的集中地，拥有大量的资金储备，资金量充足。因此，银行贷款一般可以提供较大额度的资金用于个人或企业的融资需求

图 3 - 5　银行贷款融资的特点

无疑是一个好的办法。但是，申请银行贷款首先应符合基本条件，具体如图 3 - 6 所示。

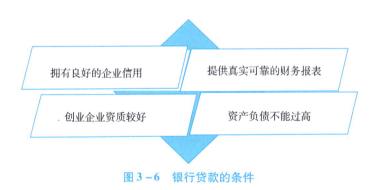

图 3 - 6　银行贷款的条件

1. 拥有良好的企业信用

企业信用包括两方面：一是结算信用；二是借款信用。

创业企业的现金结算情况正常，未发生退票、票据无法兑现和罚款等不良现象，同时具备良好的还款意愿。

2. 创业企业资质较好

创业企业申请贷款时，银行除了对企业各方面进行考察，还会对创业者资质进行考察，比如个人信用情况、收入情况、对企业未来的规划等，这都是创业企业能否成功获贷的主要因素。

3. 提供真实可靠的财务报表

申请贷款前，银行会考察创业企业的财务状况，若财务管理上出现财务漏洞、混乱等现象，贷款申请极有可能受阻，因为这类企业在银行眼中贷款风险较大。

4. 资产负债不能过高

按照相关规定，借款企业的资产负债率不能超过 60%。而且，财务报表中年度经营性净现金流不能为负数，同样利润也不能为负数。

创业企业申请贷款时，如果能提供银行认可的抵押物做担保，将更有利于贷款的申请。所以能提供抵押物的创业企业，就尽量选择抵押贷款，以保障顺利获贷。

（四）银行贷款的分类

1. 按照贷款期限分类

按照贷款期限的长短，银行贷款分为短期贷款、中期贷款和长期贷款，具体如图 3-7 所示。

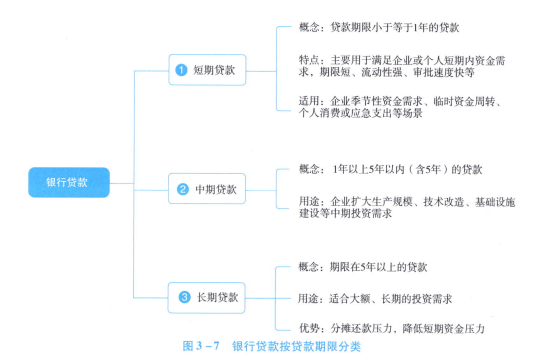

图 3-7　银行贷款按贷款期限分类

不过，很多银行在操作贷款业务时已经不再这样细分，而是更简单地将贷款以 1 年为限进行划分，贷款期限小于等于 1 年即为短期贷款，1 年以上的一律视为长期贷款。

现在，一般的小额贷款都是短期贷款或者中期贷款。中长期贷款一般用于借款人新建、扩建、改造、开发、购置等固定资产投资项目，且金额比较大，比如房贷就属于长期贷款。

目前大学生创新创业能申请到的银行贷款，大都是短期贷款或中期贷款。

2. 按照贷款担保条件分类

按照贷款担保条件，银行贷款分为信用贷款和担保贷款；担保贷款具体又包括保证贷款、抵押贷款、质押贷款三种，具体如表 3-1 所示。

表 3 – 1　银行贷款按担保条件分类

分类		贷款条件	特点
信用贷款		借款人的信誉	借款人无须提供抵押品或第三方担保，仅凭自己的信誉就能取得贷款，并以借款人信用程度作为还款保证
担保贷款	保证贷款	借款人不能足额提供抵押（质押）时，由贷款人认可的第三方提供承担连带责任的保证	保证人是法人：必须具有代为偿还全部贷款本息的能力，并且在银行开立存款账户。 保证人是自然人：必须有固定经济来源，具有足够偿债能力，并且在银行存有一定数额的保证金。 保证人与债权人应当以书面形式订立保证合同
	抵押贷款	以借款人或第三人的财产作为抵押物发放的贷款	优点：贷款额度较高，期限较长，利率较低 缺点：放贷速度慢，流程复杂
	质押贷款	以借款人或第三人的动产或权利作为质物发放的贷款	优点：贷款审核快，利率较低。比如存单质押贷款、保单质押贷款等。 缺点：借款人会暂时失去质押物的使用权。

⊙ 拓展阅读

银企合作，免担保贷款实现创业梦

现代社会中，创业是一种潮流。大学生想创业，资金是保障。在众多融资途径中，银行贷款是大部分创业者首先想到的获取资金的方式。一般人认为，向银行贷款必须提供担保或者抵押，这对于大多数大学生来说是一大融资困境。目前，很多银行为了拓宽信贷业务，充分考虑了年轻创业者寻找担保的实际困难，纷纷主动寻找担保方，为有意创业的人提供免担保贷款。

例如，上海浦东发展银行与联华便利签约，推出了面向创业者的"投资七万元，做个小老板"的特许免担保贷款业务，由联华便利作为合作方为创业者提供集体担保，这样创业者自己就不必再提供担保，浦发银行可向每位通过资格审查的申请者提供七万元的创业贷款。

小周是一位刚刚走出大学校园的创业者，他大学毕业回到老家上海后，一直没找到称心的工作。这时他注意到自己居住的小区内有一家小型超市生意非常红火，小周心想：不如开个小型超市自己给自己干。仔细一打听，开个小超市起码投资六七万元，他一下子泄了气。后来，当小周获悉浦发银行和联华便利推出的免担保创业贷款项目后，立即递交了贷款申请并如愿以偿地获得了七万元创业贷款，在控江路上开起了自己的小超市。

随着银行推出各种融资帮扶政策，免担保贷款帮助一个个年轻的创业者实现了自己的创业梦想。我们也可以像小周一样向银行贷款，获得创业的第一笔资金，开启自己的创业梦想，在社会上闯出一片天地。

（资料来源：李爱华，《创业融资管理》）

3. 按照贷款用途或贷款对象分类

按照贷款用途或贷款对象的不同，银行贷款分为工商业贷款、农业贷款、消费贷款等，具体如表 3 – 2 所示。

表 3 – 2 按银行贷款用途或贷款对象分类

分类	特点
工商业贷款	商业银行向城市工商业户发放的贷款
农业贷款	商业银行面向农村、农业或农民发放的涉农贷款，主要用于农业生产
消费贷款	商业银行向消费者个人提供的贷款，主要用于个人消费

4. 其他贷款品种

为了鼓励创业和下岗人员再就业，近年来，很多商业银行特别是中小商业银行又推出了创业贷款、小额贷款等贷款品种。

（1）创业贷款。创业贷款是指具有一定生产经营能力或已经从事生产经营活动的个人，因创业或再创业提出资金需求申请，经商业银行认可有效担保后而发放的一种专项贷款。符合条件的借款人根据个人的资源状况和偿还能力，最高可获得单笔 50 万元的贷款支持。其中，大学生创业贷款是商业银行等资金发放机构对各高校学生（大专生、本科生、硕士研究生、博士研究生等）发放的无抵押、无担保的大学生信用贷款。

拓展阅读

创业担保贷款助力高校毕业生创业成功

王凯出生在山东省临沂市的一个普通家庭，于 2018 年以优异的成绩考取了山东农业大学，经过四年的学习，王凯毕业后毅然选择了回乡自主创业。由于王凯自幼对农业有着浓厚的兴趣，再加之大学时学的是农业科技相关的专业，经过慎重考虑后，他决定到蔬菜之乡山东寿光市学习蔬菜大棚种植。经过一年多的深入学习，他掌握了蔬菜大棚种植的各项技术，于是准备回乡建一个属于自己的蔬菜大棚。

准备创业时，王凯资金比较紧张，自己只能拿出 4 万元，后来，亲戚、朋友和同学帮忙又筹集了 3 万元。2023 年 10 月，王凯在山东省临沂市平邑县建起了自己的钢结构蔬菜大棚，大棚里种植了新品种的西红柿。大棚建立之初，资金所剩无几，勉强维持日常的正常运转；但随着时间的推移，天气越来越冷，如不加盖棉被，西红柿会被冻伤、冻死，届时一切的努力都会付诸东流。可是买棉被的钱到哪去筹措呢？

正在走投无路之际，王凯通过正在田间地头走访客户的村镇银行客户经理了解到，平邑县有扶持高校毕业生自主创业的创业担保贷款政策，对符合条件的借款人，政府还给予一定的贴息，最高贷款额度可达到 10 万元。抱着试试看的心态，他拨通了承办创业担保贷款业务的平邑县人力资源和社会保障局的电话，工作人员热情、详细地介绍了现行的小额担保贷款政策，并发放了小额担保贷款需提供的材料清单。

2023 年 10 月 12 日，平邑县财政小额贷款担保中心工作人员、平邑县人力资源和社会保障局及村镇银行客户经理共同对王凯经营的项目进行现场调查。根据实际调查情况，经办银行和担保中心分别开例会，同意为王凯提供创业担保贷款 6 万元，用于购买蔬菜大棚的过冬棉被，并给予贷款期限内财政贴息（第一年全额贴息，第二年贴息 2/3，第三年贴息 1/3）。

王凯收到 6 万元创业担保贷款后，购置了蔬菜大棚过冬用的棉被和卷帘机，资金周转困难得以解决。

（资料来源：李爱华，《创业融资管理》）

（2）小额贷款。广义的小额贷款泛指贷款额度低的贷款。这里的小额贷款主要指面向再就业、自谋职业或自主创业者发放的具有一定优惠性质的小额度贷款。例如，年龄在 60 岁以内、身体健康、诚实信用、具备一定劳动技能的下岗失业人员，如果自谋职业、自主创业或合伙经营与组织起来就业的，可以持社会保障部门核发的"再就业优惠证"向商业银行或其分支机构申请小额担保贷款。

创业者聘用下岗失业的人员，可凭"再就业优惠证"申请办理失业贷款，每个人最高贷款 2 万元，且利息是当地银行贷款的最低利率。也就是说，如果企业聘用 10 名下岗失业的人员，则可享受最高为 20 万元的低利率贷款。

（四）银行贷款的技巧

创业企业或中小企业要想争取到银行贷款，就要建立良好的银（银行）企（企业）关系。银行贷款的四点技巧如下：

1. 在资金充裕时与银行建立好关系

平时在资金充裕时就要注重和银行打交道，而不是到了山穷水尽时才想到还有银行的存在，否则就犯了"有事有人、没事没人"的大忌。

2. 公司资金集中存放某一银行

平时在选择开户银行时，要尽量放在同一银行。这样，既提高了对银行的贡献率，又便于该银行对企业的资金运作情况有一个总体了解。要知道，银行最怕中小企业的资金东躲西藏摸不着头脑。现在企业把自己的所有资金全都放在同一个银行进出，实际上就是变相告诉它："我就'靠定'你了，我有资金困难时不找你找谁？你得帮帮我！"

3. 银行贷款追加担保人

创业企业或中小企业基本属于民营经济，外人很难分清这家企业究竟是法人还是个人的。实际上也是如此，企业资产和企业老板的个人财产有时候是通用的，可以随时"搬来搬去"地用。这时候银行对中小企业贷款时，就不得不多长一个心眼，防止企业老板个人抽逃资金。既然这样，企业在向银行申请贷款时，就应当主动追加企业老板个人担保，让银行放心。也就是说，作为企业老板，要主动把个人资产和企业法人资产捆绑在一起，让银行绝了对企业老板抽逃资金的担心，这对争取银行贷款会非常有利。

4. 贷款时机要选对

贷款时机要尽量避开季末和年末，因为这时候银行往往会无能为力。究其原因在于，银行贷款是有规模控制的，信贷规模在年初一次性下达、分季安排使用，不得擅自突破。所以，当企业有贷款需求时要提前和银行通气，及早进行安排，"临时抱佛脚"往往就只能靠碰运气了。

◎ 拓展阅读

借银行的钱，圆自己的梦

现代社会中，银行贷款是中小企业融资的首选方式。所以，平时就要想到以后有朝一日会需要从银行贷款，注重和银行做好沟通，将来一旦需要用钱时马上就能对接，及时派上用场。

银行贷款的主动权在银行手里，究竟贷不贷、贷多少给你，情况很复杂；但老板也并非一无所措，了解银行的特点、货比三家是必修课。更不用说每家银行的利息标准不一样，有的实行基准利率，有的实行浮动利率，别小看其百分比相差并不大，可是贷款期限长了、金额大了，会相差好多好多，能省为什么不省呢？

中小企业的贷款选择是，首选小型银行和股份制银行。这些银行通常会把中小企业作为主要客户，并且有抵押贷款、知识产权贷款等多种适合中小企业的灵活贷款方式；同时，这些银行的自主性更强，贷款审批速度快。尤其是刚刚创办的小型银行，它们本身也在寻找客户，所以容易放下身段、尚未学会"店大欺客"，双方容易一拍即合。

（资料来源：严行方，《中小企业融资72法》）

◼ 工作任务二　小额贷款

◎ 任务情景

最热门电视剧《扫黑风暴》把黑社会团伙经常涉及的"套路贷""美丽贷""校园贷"这些违法行为摆在了台面上。

◎ 任务描述

根据上述资料，想一想用小额贷款融资时如何避免违法行为的平台借款？

◎ 相关知识

（一）小额贷款的含义

小额贷款是以个人或企业为核心的综合消费贷款，贷款的金额一般为1万元以上，20万元以下。办理过程一般需要担保。小额贷款是微小贷款在技术和实际应用上的延伸。

小额贷款的主要服务对象是中小企业和低收入群体，包括"三农"、个体工商户、小作坊、小业主等。小额贷款公司的设立，合理地将一些民间资金集中起来，规范了民间借贷市场，同时也有效地解决了"三农"、中小企业融资难的问题。也有针对上班族提供的个人小额贷款，数额一般在 1 000 ~ 50 000 元，大部分不需要抵押，但信用、信息审核比较严格。

（二）小额贷款的流程

小额贷款的流程如图 3 - 8 所示。

1. 业务受理	企业向小贷公司提出具体的融资需求，由专业的项目经理与企业接洽
2. 尽职调查	小贷公司与企业达成合作协议后，项目经理进行深入的尽职调查，企业需配合准备相关资料
3. 项目评审	项目经理对借款人资格、申请材料的真实有效性、项目可行性以及贷款额度和贷款期限等有关资料进行审核，完成贷款项目评价分析报告
4. 签约放款	担保公司出具正式保证合同，项目经理协助企业联系银行或其他金融机构落实贷款事项
5. 保后及还款	贷款发放后，项目经理将对企业的财务、经营等情况进行动态关注，以协助企业到期正常还款

图 3 - 8　小额贷款的流程

（三）小额贷款公司与银行机构的区别

小额贷款公司和银行机构的区别如表 3 - 3 所示。

表 3 - 3　小额贷款公司和银行机构的区别

序号	区别	小额贷款公司	银行机构
1	法律地位不同	依法设立，享有法人财产权，并以全部财产对其债务承担民事责任	享有民事权利，承担相应的民事责任，并受到国家金融法律的严格监管
2	设立目的不同	旨在弥补农村及偏远地区金融服务空白，为中小企业、农户及微型企业提供快速、便捷的融资服务，以缓解其融资难、融资贵的问题	侧重于为各类客户提供全面的金融服务，包括存贷款、支付结算、外汇交易等，旨在实现金融资源的优化配置，促进经济发展和社会稳定
3	监管要求不同	受地方金融监管局监管	受中国人民银行、银保监会等监管机构的严格监管

续表

序号	区别	小额贷款公司	银行机构
4	服务对象不同	主要针对的是中小企业、农户及微型企业等难以从银行获得贷款的群体，为他们提供量身定制的融资解决方案	服务对象更为广泛，包括个人、中小企业、大型企业、政府机构等，提供全方位的金融服务，满足不同客户的金融需求
5	审批流程不同	审批流程相对简洁，注重时效性	审批流程更加严谨和复杂，涉及多个部门和环节

本书所说的小额贷款，是指从正规金融机构以及经过批准成立的小额贷款机构提供的款项。请时刻牢记，一些自我标榜的所谓"小额贷款公司"并不正规，多少带有欺诈性质，要谨防陷阱。

⊙ 拓展阅读

贷款额度小，利息必然高

世界银行认为，"小额贷款必然是高利率。"意思是说，小额贷款公司既然不是金融机构、是纯粹的工商企业，那么就不能对它划定贷款利率上限，而是可以随行就市。利率是资金的价格，取消对小额贷款公司的贷款利率上限，这是未来发展方向。

小额贷款也是贷款，无论是银行放贷还是民间放贷都是需要考察企业还款能力的。换句话说就是，如果有人声称不需要任何条件就可以贷款给你，不是骗子也是幌子，这其中很可能有陷阱。

去非法贷款机构办理贷款，风险可想而知。判断非法贷款机构的依据主要有：贷款年利率超过LPR的4倍；放款之前要收费，包括各种手续费、利息等；不肯签订合同，或者贷款迟迟不能到账。至于有人称单凭一张身份证就可以放贷，这在正规机构是不可行的，因为身份证会遗失、冒用，也可以随时补办，更不能证明还款信用。

（资料来源：严行方，《中小企业融资72法》）

工作任务三　专项金融债

⊙ 任务情景

财联社11月15日讯（记者史思同）昨日晚间，中国银行于中国债券信息网披露了债券发行公告称，该行将于2023年11月17日在全国银行间债券市场发行总额为100亿元的中国银行2023年"三农"专项金融债券（第一期）。而就在前一日，江阴银行也刚刚宣布其10亿元规模的2023年"三农"专项金融债券发行完毕。

（资料来源：财联社 https://new.qq.com/rain/a/20231115A0377F00）

⊙ 任务描述

根据上述资料，说说金融专项债对"三农"融资有什么意义。

相关知识

（一）专项金融债的含义

专项金融债的全称是"商业银行小微企业专项金融债"，指我国商业银行发行的、所筹集的资金专项用于向小微企业发放贷款的企业金融债券。

专项金融债既是贷款又是债券；对于中小企业来说，它是贷款；对于金融机构来说，它是专门用于给中小企业贷款而发行的专项债券。不过在欧美国家，它是划在公司债券类别中的。

从 2011 年 12 月开始，民生银行、浦发银行、兴业银行等率先推出这种专门用于中小企业贷款的金融债券，数额分别为 500 亿元、300 亿元、300 亿元，合计 1 100 亿元。政府明确规定，针对中小企业的金融债发行数额以后会陆续出台，不设上限，其中很重要的一点是，规避了中小企业的信用评级问题。只要是保证全部用于发放给中小企业的，符合审慎性监管要求和相关法律，对中小企业发放的贷款就要实现"两个不低于"的标准——贷款增长速度不低于全部贷款平均增长速度，贷款增量不低于上年水平。

（二）专项金融债的发行

发行专项金融债券的机构，可以是银行，也可以是非银行类金融企业。为了调动中小银行积极性，政策明确规定，它们所发放的单笔 500 万元以下的中小企业贷款不必计入存贷款流动性监测指标考核。所以，这样一来银行为中小企业提供贷款服务的积极性就大大提高了。尤其是那些原来存贷款比率压力大的银行，终于可以喘一口气了。

以民生银行为例，它在中小企业金融债发行规模中位居第一，其中专门服务于中小企业贷款的"商贷通"主要就得益于这项优惠政策。否则，如果存贷款比率超过监测红线，也是很麻烦的。

对于银行来说，这表明从一个角度开辟了一条新的中长期负债来源，有助于缓解中小企业贷款资金不足。并且，因为发行这笔金融债不用计入存贷款比率监测指标，也不用缴纳存款准备金，所以银行的积极性很高。

换个角度看，对中小企业而言，这也意味着今后从银行获得贷款的难度要比过去下降一些。具体到这上千亿元的信贷额度中，企业是否想从中得到一点"及时雨"，就要看企业的具体需要和努力了；只要单笔不超过 500 万元，就都属于这个范围。

拓展阅读

量身定做的中小企业贷款

小微企业专项金融债是金融机构专门为解决中小企业贷款难、在我国商业银行金融债券重新开闸后首次发行的债券，所以，它堪称是专门为中小企业量身定做的贷款项目。

专项金融债拓宽了中小企业的融资渠道，既可以用于中长期支持中小企业贷款发放，又能用于个人经营性贷款。由于金融债期限较长，所以能很好地满足中小企业与其经营周期相匹配的资金支持，真正解决银行资金与信贷需求期限不相匹配问题。

针对中小企业的特点，各家银行在如何防范风险方面可谓煞费苦心。例如，民生银行的考察重点是"三品"和"三表"。"三品"是指人品、产品、抵押品，"三表"是指水表、电表、海关报表。容易看出，这已经摆脱了过去考察大中型企业贷款的风险控制要点，也不只是单纯看抵押物。

（资料来源：严行方，《中小企业融资72法》）

任务三　认识政策性融资策略

在大众创业、万众创新的热潮中，参与的不仅有大学生、农民工、留学归国人员，也有企业科研人员、技术和管理骨干，草根与精英并肩。各级政府部门为了支持中小企业发展以及"大众创业、万众创新"的进行，推出一些政策性的融资项目和融资渠道。这类政策融资一般采用无偿资助、以政府信用作为担保的贴息贷款、资本金投入等形式。

工作任务一　科技型中小企业技术创新基金

政策性融资策略　政策性融资策略－创新基金

◎ 任务情景

2024年12月10日，上海市高新技术企业认定办公室正式公布了《关于公示2024年上海市第三批拟认定高新技术企业名单的通知》，光翰科技获评2024年上海市高新技术企业。同时，公司创新项目"晚期难治性肿瘤患者的治疗决策系统"获上海市"科技创新行动计划"科技型中小企业技术创新基金立项。

此次通过科技创新行动计划的立项，不仅体现了光翰科技在科技创新方面的实力和社会责任感，也标志着公司在癌症精准治疗领域取得了新的进展。未来，光翰科技将继续深化该项目的研究与应用，致力于为更多难治性肿瘤患者提供高效、个性化的治疗方案，推动我国医疗科技的发展。

◎ 任务描述

根据上述资料，说说科技型中小企业技术创新基金对创业者有什么作用。

◎ 相关知识

科技型中小企业创新基金属于中央政府的专项基金，面向所有的科技型中小企业。

（一）基金的设立

科技型中小企业技术创新基金（以下简称"创新基金"）是由国务院于1999年批准设立的中央政府的专项基金，由科技部主管、财政部监管，由科技部科技型中小企业技术创新基金管理中心（以下简称"创新基金管理中心"）负责具体实施。

创新基金扶持各种所有制类型的科技型中小企业，同时也引导地方政府、企业、风险投资机构和金融机构对科技型中小企业进行投资，逐步推动建立符合市场经济规律的高新技术产业化投资机制，从而进一步优化科技投资资源，营造有利于科技型中小企业创新和发展的良好环境。

作为政府对科技型中小企业技术创新的资助手段，创新基金采用贷款贴息、无偿资助和资本金投入等方式，通过支持成果转化和技术创新，培育和扶持科技型中小企业。创新基金重点支持处于产业初期（种子期和初创期）、技术含量高、市场前景好、风险较大、商业性资金进入尚不具备条件、最需要由政府支持的科技型中小企业项目，并为它们进行产业化扩张和引入商业性资本打下基础。

（二）基金支持的项目

（1）创新性强、技术含量高、市场前景好、具有自主知识产权的项目。

（2）"863"计划、支撑计划、重大科技专项相关成果的市场转化项目，以及利用高新技术改造传统产业的项目。

（3）人才密集、技术关联性强、附加值高并已直接服务于产业发展的高技术服务业项目。

（4）为科技型中小企业创新活动服务的公共技术服务平台建设。

（5）创业引导基金风险补助、投资保障项目，以及具有一定技术含量，在国际市场上有较强竞争力，以产品出口为导向的项目。

（三）基金支持的方式

1. 贷款贴息

贷款贴息是国家为扶持某行业或某些企业，对贷款项目在一定时期按一定比例给予利息补贴，也就是实行"谁安排，谁补贴"的原则。

创新基金中的贷款贴息具体规定有以下几条：

（1）主要用于支持产品具有一定的创新性并且银行已经给予贷款或意向给予贷款，但需要中试或扩大规模后形成批量生产的项目。

（2）项目计划新增投资额一般在3 000万元以下，资金来源基本确定，投资结构合理，项目执行期为1~3年。

（3）贷款贴息的贴息总额可按贷款有效期内发生贷款的实际利息计算；贴息总额一般不超过100万元，个别重大项目不超过200万元。

2. 无偿资助

创新基金中关于无偿资助的具体规定有以下几条：

（1）主要用于技术创新产品在研究、开发及中试阶段的必要补助。

（2）企业注册资本最低不得少于30万元。

（3）申请无偿资助的项目，目前尚未有销售或仅有少量销售。

（4）无偿资助支持的项目执行期为两年，项目计划实现的技术、经济指标按两年进行测算；项目完成时要形成一定的生产能力，并且在项目完成时实现合理的销售收入。创新基金不支持实施期不满两年的项目，也不支持项目完成时仍无法实现销售的项目。

（5）项目计划新增投资在1 000万元以下，资金来源确定，投资结构合理。

（6）在项目计划新增投资中，企业需有与申请创新基金数额等额以上的自有资金匹配。

（7）为了达到共同支持创新项目的目的，地方政府部门对项目应有不低于创新基金支持数额 50% 的支持资金；同等条件下，地方政府部门支持多的项目，创新基金将重点支持。

（8）创新基金资助数额一般不超过 100 万元，个别重大项目不超过 200 万元。

（9）企业应拥有申请项目的知识产权。

（四）基金的获取

准备申请创新基金项目的企业，可以按照创新基金管理中心发布的《科技型中小企业技术创新基金申请材料汇总》的要求准备项目申报材料。需要准备的材料有以下几项：

（1）创新基金项目申请书。创新基金管理中心提供专门的项目申请软件，安装后按照要求填写申请书即可。其中，如果是申请贷款贴息项目，需要由企业开户所在地银行信贷部门和贷款审批银行在申请书的相应栏目中签署贷款意见。

（2）创新基金项目可行性研究报告。创新基金项目可行性研究报告是提供给创新基金管理中心审查，以及供专家评审的主要文件和依据。报告撰写的质量直接关系到对该项目的评审结果，因此一定要严格按照创新基金管理中心制定的可行性研究报告提纲实事求是地撰写。一般要突出项目的关键技术和创新点，最好能有和国内外同类技术、产品的对比。该报告可以由企业自行编制，也可以委托有关中介机构编制。报告中所涉及的有关数据也必须按申请书要求列举。

（3）创新基金项目可行性研究报告的专家论证意见。可行性研究报告编制完成后，要由企业自行组织，或由项目推荐单位组织三名以上同行业的专家对该报告进行论证，论证意见和论证专家名单要附在可行性研究报告后面，一起交给创新基金管理中心。

（4）创新基金申请项目概要。

（5）创新基金项目合同（草本）。合同草本是软件自带的，供企业核对使用。里面的数据和内容全部来自项目申请书和可行性研究报告，申请企业在认真核实后，打印出合同草本，企业法定代表人在合同草本上签字并加盖公章。项目立项后，企业与管理中心签署正式的《科技型中小企业技术创新基金项目合同书》，这是创新基金管理中心进行项目监理和验收的依据，里面的数据依据合同草本生成，不能更改。

（6）创新基金项目推荐意见表。企业提出的项目申请或投标，必须由一个推荐单位推荐。推荐单位一般在企业所在地区，必须是熟悉项目和企业情况的地市以上（含地市）人民政府的科技主管部门、行业主管部门或各国家高新技术产业开发区管理委员会。

（7）创新基金项目有关附属证明材料，如营业执照、经过会计师或审计师事务所审计的会计报表、高新技术企业认定证书、专利证书、产权使用授权书等。

上述材料按照要求备齐后，还要按照要求将其保存在软盘中，并邮寄到创新基金管理中心，然后等待批复。

（五）申报流程

企业必须登录"创新基金网络工作系统"进行注册，并将相关注册资料提供给其所选择的服务机构，待服务机构初级激活后，企业可以在线或下载离线控件离线填写申报资料。然后，企业可以把填写的申请材料发送给所选择的服务机构，服务机构也可以对申请材料提出修改意见并发送给企业进行修改。待资料合格后，把申请资料送交推荐单位，由推荐单位报送创新基金管理中心。具体流程如图3-9所示。

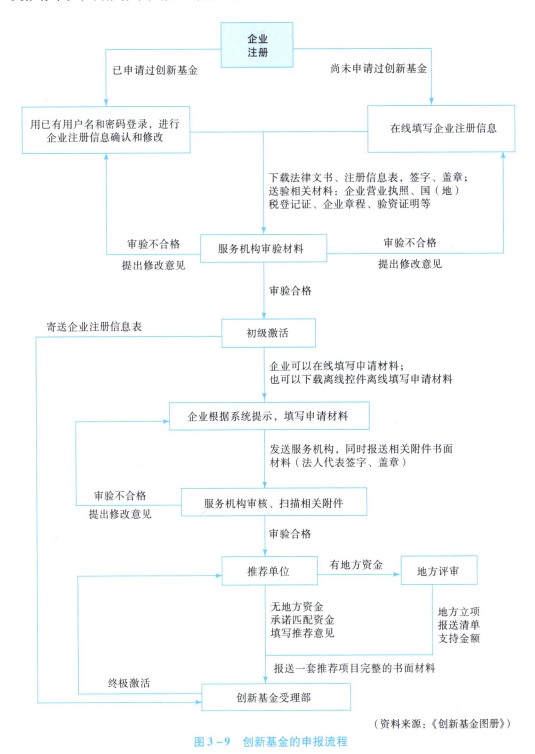

（资料来源：《创新基金图册》）

图3-9　创新基金的申报流程

工作任务二　中小企业国家级政府引导基金

◎ 任务情景

"3 + N" 杭州产业基金集群

杭州科创基金，规模1 000亿元。整合科技成果转化基金、天使引导基金、创投引导基金、跨境引导基金和投发基金等；功能定位为政策性的政府引导基金；投资方向为"投早、投小、投科"，投资阶段以初创期的科创投资为主，重点为中小企业创新、专精特新企业发展、科技成果转化提供政策性投融资服务。

◎ 任务描述

根据上述资料，说说政府引导基金的运作方式。

◎ 相关知识

中国的政府引导基金经过20多年的发展，已经成为投资人的重要组成部分。政府引导基金已经成为当前我国股权投资市场新募人民币基金的第一大出资方。

国家级引导基金是指国家部级单位或央企发起设立的引导基金，引导基金的资金来源于中央财政。根据发起方的不同，国家级政府引导基金又可划分为科技部发起、国资委发起、工信部发起、发改委发起等。不同部委发起设立的引导基金，又有不同侧重的投资方向和领域，各自代表了各大部委的重点扶持方向和产业发展重点。

科技部发起引导基金，主要希望通过金融手段，加速科技成果资本化、产业化，促进经济发展新旧动力转换，提高全要素生产率。

国资委发起引导基金，主要目的在于通过股权投资的手段，引导社会资本参与推进国企改革，深化国企结构调整。

工信部设立引导基金更多地关注先进制造、集成电路等重点生产领域的创新与转化。先进制造业是我国制造业转型升级的主要方向，也是制造强国建设的重中之重。

有关中小企业的国家级政府引导基金如下：

（一）国家中小企业发展基金

1. 国家中小企业发展基金的设立

国家中小企业发展基金是按照《中华人民共和国中小企业促进法》的要求，于2015年9月经国务院常务会议决定设立的国家级股权投资基金。

2020年5月，中央财政与上海国盛、中国烟草等社会出资人共同发起成立了国家中小企业发展基金有限公司（母基金），注册资本为357.5亿元，通过投资设立子基金等方式，使基金总规模达到1 000亿元以上，重点解决创新型中小企业的中长期股权融资问题，更好地服务实体经济，更好地促进中小企业创新发展，在培育新业态、新模式、新增量、新动能等方面发挥积极作用。

2. 国家中小企业发展基金的支持领域

（1）推进大众创业、万众创新，培育和打造经济增长新引擎，尤其是要重点支持小型微型企业创新发展，激发市场活力和创业热情。

（2）推进实施"中国制造 2025"，促进工业化和信息化融合发展。

（3）推进"互联网＋"行动计划。

（4）推进生产性服务业、高端服务业和新兴服务业中小企业发展。

（5）推进传统产业中小企业转型升级。

（6）强化企业创新主体地位，支持创新型中小企业，尤其是小型微型企业健康发展。

（7）推进绿色发展方式。

（二）国家科技成果转化引导基金

1. 国家科技成果转化引导基金的设立

2021 年 10 月，财政部、科技部联合印发《国家科技成果转让引导基金管理暂行办法》（财教〔2021〕176 号），突出以创投子基金的方式支持科技成果转化；鼓励符合条件的创新创业载体参与设立子基金，加强投资和孵化协同，促进科技成果转化。

2. 国家科技成果转化引导基金的支持领域

（1）支持转化利用财政资金形成的科技成果，包括中央财政科技计划、地方科技计划及其他由事业单位产生的新技术、新产品、新工艺、新材料、新装置及其系统等。

（2）转化基金与符合条件的投资机构共同设立子基金，为转化科技成果的企业提供股权投资。子基金重点支持转化应用科技成果的种子期、初创期、成长期的科技型中小企业。

（3）鼓励地方政府投资基金与转化基金共同设立子基金。鼓励符合条件的创新创业载体参与设立子基金，加强投资和孵化协同，促进科技成果转化。

（三）国家新兴产业创业投资引导基金

1. 国家新兴产业创业投资引导基金的设立

2015 年 1 月，国务院常务会议为促进大众创业、万众创新，实现产业升级，决定设立国家新兴产业创业投资引导基金，总规模 400 亿元，重点支持处在"蹒跚起步"阶段的创新型企业。

2. 国家新兴产业创业投资引导基金的支持领域

引导基金主要投资于发展前景广阔的新兴产业，包括节能环保产业、新一代信息技术产业、生物产业、高端装备制造产业、新能源产业、新材料产业、新能源汽车产业、数字创意产业和高技术服务业等。

工作任务三　中小企业发展专项资金

任务情景

《青岛市中小企业数字化转型城市试点工作专项资金管理办法》发布

近日，青岛市印发《青岛市中小企业数字化转型城市试点工作专项资金管理办法》。办法明确，2024 年底前完成改造的企业，且达到工业和信息化部最新发布《中小企业数字化水平评测指标》要求的二级及以上数字化水平，在通过验收及相关审查程序后，按照企业实际投入资金的 50% 给予最高 17.5 万元奖补；2025 年完成改造的企业，在通过验收及相关审查程序后，按照企业实际投入资金的 30% 给予最高 12.5 万元奖补。数字化转型城市试点实施期结束后，遴选出 100 家深度改造的标杆企业，按不超过项目实施期内投入资金的 50% 给予奖补，每家企业累计奖补最高 50 万元（含二级及以上数字化水平改造已奖补资金）。

（资料来源：微信公众号"青岛市民营经济发展局网站"，2024-04-30）

任务描述

根据上述资料，讨论中小企业发展专项资金的作用。

相关知识

中小企业发展专项资金是中央一般公共预算安排的用于支持中小企业发展的资金，特别是小微企业的发展。

（一）专项资金的设立

中小企业发展专项资金于 2004 年设立，之后规模逐年增大，专项资金的管理规定也在不断调整、补充、细化。目前，中小企业发展专项资金由财政部归口管理，按2021 年印发的《中小企业发展专项资金管理办法》（财建〔2021〕148 号）文件规定实施，实施期限至 2025 年。期满后，财政部会同有关中央主管部门进行综合评估，按程序确定是否取消政策或延长实施期限。专项资金分为中央一级和地方级。

1. 中央一级中小企业发展专项资金

中央一级中小企业发展专项资金，是指中央财政预算安排用于优化中小企业发展环境、引导地方扶持中小企业发展的资金。中央一级中小企业发展专项资金旨在引领带动地方积极探索政府扶持中小企业的有效途径，支持改善中小企业发展环境，加大对薄弱环节的投入，突破制约中小企业发展的短板与瓶颈，建立扶持中小企业发展的长效机制。

2. 地方中小企业发展专项资金

各地方特别是省一级的地方政府，大都结合本地区实际情况，在财政预算中安排不同规模的中小企业发展专项资金。地方中小企业发展专项资金的设立、管理和使用，由各地方人民政府根据本地实际情况，在遵循财政资金基本管理要求的情况下，自主安排资金规模、确定支持范围等。地方设立的中小企业发展专项资金，也要体现政策导向，增强针对性、连续性和可操作性，突出资金使用重点，加大对中小微企业孵化园、科技孵化器、商贸企业集聚区等建设的支持力度。

（二）专项资金支持的领域与方式

以 2024 年度《上海市中小企业发展专项资金项目》申报工作的有关事项为例：

1. 中小企业特色产业集群培育项目

中小企业特色产业集群培育项目采取奖励的方式，根据 2023 年度推进"中小企业特色产业集群"高效服务指标评价、产值（营收）增速、研发经费投入增速等因素综合评价集群发展情况，分级奖励。

A 级：奖励 100 万元；

B 级：奖励 50 万元；

C 级：奖励 30 万元。

2. 中小企业数字化赋能项目

按照 2024 年本市中小企业与数字化服务商签订的"小快轻准"数字化产品服务合同金额给予补贴，最高不超过合同金额 30% 且最高不超过 30 万元。服务合同、服务费用支付凭据及发票等相关证明材料需经第三方机构审核查验。中小企业数字化赋能项目采取由数字化服务商集中申报的方式。数字化服务商收到补贴资金后三个月内返还相关中小企业。

3. 中小微企业政府性融资担保贷款贴息项目

对本市中小微先进制造业企业在 2023 年通过本市政府性融资担保机构担保获得的银行贷款，按照不超过贷款在 2023 年中实际产生利息的 30% 予以贴息，每家企业贴息额度不超过 300 万元。同一笔贷款只能享受一次市级财政性资金支持的贴息政策，已获得其他市级贷款贴息资金支持的，不再重复支持。项目由提供贷款的银行代为申报，银行在获得贴息资金后返还企业。

4. 专精特新中小企业信用贷款贴息项目

对本市专精特新中小企业、专精特新"小巨人"企业于 2023 年在本市辖内法人银行、商业银行在沪分行借贷的信用贷款（不包含个人担保），按照不超过贷款在 2023 年中实际产生利息的 30% 予以贴息，每家企业贴息额度不超过 300 万元。同一笔贷款只能享受一次市级财政性资金支持的贴息政策，已获得其他市级贷款贴息资金支持的，不再重复支持。项目由提供贷款的银行代为申报，银行在获得贴息资金后返还企业。

5. 中小企业创新项目

按照不超过企业上年度研发费用的 30% 予以奖励，研发费用以研究开发费用税前加计扣除政策所认定的"研发费用允许扣除的研发费用合计"为准。单个企业奖励不超过 100 万元。

（三）专项资金申报要求

以 2024 年度《上海市中小企业发展专项资金项目》申报工作的有关事项为例。

1. 中小企业特色产业集群培育项目

（1）申报单位为国家级中小企业特色产业集群或上海市中小企业特色产业集群运营主体；

（2）2023 年度推进"中小企业特色产业集群"高效服务指标评价为"良好"及以上。

2. 中小企业数字化赋能项目

（1）申报范围需在 2024 年度"小快轻准"数字化产品目录内；

（2）"小快轻准"数字化产品市场前景良好，截至申报日，数字化服务商与本市中小企业签订的"小快轻准"数字化服务合同不少于 10 家。

3. 中小微企业政府性融资担保贷款贴息项目

申报专项资金项目的中小微企业必须符合《上海市中小企业发展专项资金管理办法》第十三条的规定。中小微企业标准按照《中小企业划型标准规定》（工信部联企业〔2011〕300 号）执行。申报贷款需为中小微先进制造业企业在 2023 年通过本市政府性融资担保机构担保获得的银行贷款。先进制造业企业是指高新技术企业（含所属的非法人分支机构）中的制造业一般纳税人（财政部　税务总局公告 2023 年第 43 号）。

4. 专精特新中小企业信用贷款贴息项目

申报专项资金项目的中小企业必须符合《上海市中小企业发展专项资金管理办法》第十三条的规定，申报时处于专精特新中小企业、专精特新"小巨人"企业有效期内。中小企业标准按照《中小企业划型标准规定》（工信部联企业〔2011〕300 号）执行。专精特新中小企业、专精特新"小巨人"企业认定标准按照《优质中小企业梯度培育管理暂行办法》（工信部企业〔2022〕63 号）、《上海市优质中小企业梯度培育管理实施细则》执行。申报贷款性质为信用贷款（不包含个人担保）。

5. 中小企业创新项目

（1）本市进入工信部优质中小企业梯度培育平台的创新型中小企业；

（2）于 2021 年 1 月 1 日后注册成立；

（3）已盈利企业上年度研发费用与营业收入的比重超过 20%，或未盈利企业上年度研发费用超过 1 000 万元；

（4）企业拥有自主知识产权，优先支持已获得 I 类知识产权的企业。

工作任务四　大学生创业贷款

任务情景

2021 年 10 月 12 日，国务院办公厅印发了《关于进一步支持大学生创新创业的指导意见》（以下称《意见》）。

《意见》指出，推动众创空间、孵化器、加速器、产业园全链条发展，鼓励各类孵化器面向大学生创新创业团队开放一定比例的免费孵化空间，并将开放情况纳入国家级科技企业孵化器考核评价。政府投资开发的孵化器等创业载体应安排30%左右的场地，免费提供给高校毕业生。有条件的地方可对高校毕业生到孵化器创业给予租金补贴。毕业后创业的大学生可按规定缴纳"五险一金"，减少大学生创业的后顾之忧。

◎ 任务描述

根据上述资料，讨论大学生创业融资的意义。

◎ 相关知识

大学生创业贷款是银行等资金发放机构对各高校学生（大专生、本科生、研究生、博士生等）发放的无抵押无担保的大学生信用贷款。为支持大学生创业，各级政府出台了许多优惠政策，涉及融资、开业、税收、创业培训、创业指导等诸多方面。

数据表明，这几年来我国高校毕业生的自主创业率一直在1%左右徘徊，远远低于发达国家。究其原因，主要在于"三缺"：缺资金、缺经验、缺机会。而在这1%的创业者中，成功概率约为1/10。那么，怎样办理大学生创业贷款呢？

（一）大学生创业贷款的申请条件

（1）年满18周岁，具备完全民事行为能力。

（2）大专及以上学历，是在校生、应届毕业生或者结业在两年以内的毕业生。

（3）有一定自有资金，具备按时还款能力。

（4）创业项目符合国家政策规定，有一定发展潜力和前景。

（5）个人信用良好，征信报告里没有不良记录或严重负面信息（主要会审查近两年内的征信情况）。

（6）有固定的住所或营业场所，持有市场监督管理机关核发的营业执照及相关行业的经营许可证。

还需要注意，如果是以大学生的身份去申办创业贷款（需具有大专及以上的学历），那么毕业时间不能超过两年；否则，虽然还是可以去办理创业贷款，却不能再用大学生的身份去申请了。而大学生创业贷款一般去当地大学生创业园管理服务中心办理。

（二）大学生创业贷款的申请流程

大学生创业贷款的申请流程如图3-10所示。

（1）受理。申请人向大学生创业园管理服务中心提出申请，并提交相关申报材料，由大学生创业园管理服务中心进行初审。

（2）审核。初审通过后，由人力资源和社会保障局会同财政局等有关部门按产业导向、企业规模、就业人数、注册资本和利税等要素对申请商业贷款贴息对象的资料进行审核，并核定贴息金额。

图 3-10　大学生创业贷款的申请流程

（3）公示。经评审通过的商业贷款贴息对象和贴息金额由人力资源和社会保障局和申请人所在单位或社区进行公示，公示期为 5 个工作日。

（4）核准。经公示后无异议的，由人力资源和社会保障局下发核准通知书。

（5）拨付。根据相关部门核准通知书，财政局在贴息对象提供付息凭证后从扶持大学生自主创业专项资金中拨付资助资金。

（三）大学生创业贷款的申请材料

（1）身份证明。

（2）在校学生需提供学生证、在校成绩单。

（3）已毕业学生需提供毕业证、学位证。

（4）常用存折或银行卡过去 6 个月对账清单。

（5）其他资信证明（若有）：奖学金证明、班干部证明、社团活动证明，各种荣誉证明/回报社会证书，如献血、义务支教等。还需以下资料：

①大学生创业贷款申请者个人或家庭收入及财产状况等还款能力证明文件；

②大学生创业贷款申请者及其配偶身份证件（包括居民身份证、户口簿或其他有效居住证原件）和婚姻状况证明；

③大学生创业贷款申请者的担保材料：抵押品或质押品的权属凭证和清单，有权处分人同意抵（质）押的证明，银行认可的评估部门出具的抵（质）押物估价报告。

④大学生创业贷款申请者的营业执照及相关行业的经营许可证，贷款用途中的相关协议、合同或其他资料。

（四）贷款期限

国家为大学毕业生提供的小额创业贷款是政府贴息贷款，其期限为 1～2 年，2 年之后不再享受财政贴息。

（五）贷款利息

由于政府为鼓励毕业大学生自主创业、带动就业，从而推动经济发展，所以一般针对大学生创业贷款都会提供相应的优惠政策，其中就包括免息。因此大学生申请到创业贷款后，按合同约定的还款计划按时逐期偿还本金即可，没有利息要还。

注意，在争取大学生创业贷款以及其他所有融资渠道时，永远要"别撒谎"。你可以、也应该对项目进行包装，但这种包装一定要建立在事实基础之上，并且能够用有说服力的事实巧妙地去进行宣传。"包装"绝非等同于"欺骗"。

任务四　认识租赁融资策略

 工作任务一　租赁融资

租赁融资

◎ **任务情景**

售后回租，一举多得

某装修公司的老板小王购买了一辆新能源汽车，价值 100 万元的比亚迪仰望 U8，因公司周转需要资金，而工作和生活中需要用车，所以他找到某金融租赁公司，与租赁公司签订了售后回租协议，将车过户给金融租赁公司。这样操作后，小王依然拥有这辆轿车的使用权，同时获得了 100 万元的流动资金，只是车的所有权归属于金融租赁公司，同时小王按期支付本金和利息。

◎ **任务描述**

根据上述资料，说说金融租赁的好处。

◎ **相关知识**

（一）租赁融资的含义

租赁融资即融资租赁，是指出租人根据承租人对租赁物件的特定要求和对供货人的选择，出资向供货人购买租赁物件，并租给承租人使用，承租人则分期向出租人支付租金，在租赁期内租赁物件的所有权属于出租人所有，承租人拥有物件的使用权，如图 3 - 11 所示。

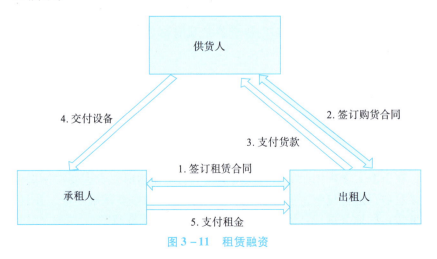

图 3 - 11　租赁融资

租赁期满，租金支付完毕并且承租人根据融资租赁合同的规定履行完全部义务后，对租赁物的归属没有约定的或者约定不明的，可以协议补充；不能达成补充协议的，按照合同有关条款或者交易习惯确定，仍然不能确定的，租赁物件所有权归出租人所有。

（二）租赁融资的特征

租赁融资是集融资与融物、贸易与技术更新于一体的新型金融产业。由于融资与融物相结合的特点，出现问题时出租人可以回收、处理租赁物，因而在办理融资时对企业资信和担保的要求不高，所以非常适合创业企业和中小企业融资。租赁融资具有图 3 - 12 所示的特征。

图 3 - 12　租赁融资的特征

1. 租赁融资的表现形式为融物，实质内容为融资

租赁融资的租赁物件所有权只是出租人为了控制承租人偿还租金的风险而采取的一种形式所有权，在合同结束时最终有可能转移给承租人，因此租赁物件的购买由承租人选择，维修保养也由承租人负债，出租人只提供金融服务。

2. 租赁融资至少涉及三方当事人

三方当事人为出租人、承租人和供货人，并且至少由两个合同——买卖合同和租赁合同构成三边交易。这三方当事人相互关联，两个合同相互制约，这也是租赁融资不同于分期付款和举债信用的一个重要区别。

3. 设备的所有权与使用权长期分离

设备的所有权在法律上属于出租人，设备的使用权在经济上属于承租人。在租期结束时，承租人一般对设备拥有留购、续租或退租三种选择，而大多是承租人以一定名义支付较少数额的费用取得设备的所有权，作为固定资产投资。

4. 全额清偿

全额清偿即出租人在基本租期内只将设备出租给一个特定的用户，出租人从该用户收取的租金总额应等于该租赁交易的全部投资及利润，或根据出租人所在国家关于融资租赁的标准，租金等于投资总额的一定比例，如80%。换言之，出租人在一次交易中就能收回全部或大部分该项交易的投资。

5. 不可解约性

对承租人而言，租赁的设备是承租人根据其自身需要而自行选定的，因此，承租人不能以退还设备为条件而提前中止合同。对于出租人而言，因设备为已购进产品，也不能以市场涨价为由提高租金。总之，在一般情况下，租期内租赁双方都无权中止合同。

（三）租赁融资的模式

租赁融资金额在一般项目中，可以抵消掉最高达100%的融资成本，无须动用权益资本，也不需要额外的债券，这是租赁融资的优势。下面介绍几种适合创业企业的融资租赁模式，具体如表3-4所示。

表3-4 租赁融资的模式

序号	租赁融资模式	特点
1	简单融资租赁	在整个租赁期间承租人没有所有权但享有使用权，并负责维修和保养租赁物件
2	融资转租赁	出租人将从其他出租人融资租入的租赁物件，再转租给第二承租人
3	返还式租赁	承租人将设备卖给出租人，然后作为租赁物件返租回来
4	税务租赁	物件购买时在税务上可取得政策性优惠，优惠部分可折抵部分租金，使租赁双方分享税收好处
5	百分比租赁	出租人实际参与了承租人的经营活动
6	结构式参与租赁	出租人除了取得租赁收益，还取得部分年限参与经营的营业收入
7	直接融资租赁	租赁期满由出租人向承租人转移设备所有权
8	出售回租	承租人按回租合同支付全部租金，并付清物件的残值以后，重新取得物件的所有权

1. 简单融资租赁

承租人有意向通过出租人租赁由承租人选择需要购买的租赁物件，出租人通过对租赁项目风险评估后愿意出租租赁物件给承租人使用。为取得租赁物件，出租人首先全额融资购买承租人选定的租赁物件，按照固定的利率和租期，根据承租人占压出租人本金时间的长短计算租金，承租人按照租约支付每期租金，期满结束后出租人以名义价格将租赁物件所有权卖给承租人。在整个租赁期间承租人没有所有权但享有使用权，并负责维修和保养租赁物件。出租人对租赁物件的好坏不负任何责任，设备折旧在承租人一方。

2. 融资转租赁

出租人将从其他出租人融资租入的租赁物件，再转租给第二承租人，这种业务方式叫作融资转租赁。融资转租赁一般在国际进行，业务做法同简单融资租赁无太大区别，具体如图3-13所示。

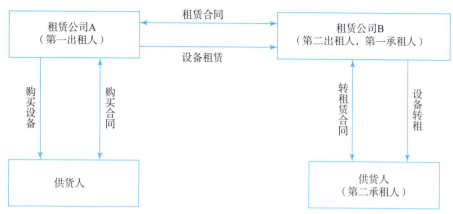

图 3 – 13　融资转租赁原理图

3. 返还式租赁

返还式租赁是简单融资租赁的一个分支，它的特点是承租人与租赁物件供货人是一体，租赁物件不是外购，而是承租人在租赁合同签约前已经购买并正在使用的设备。承租人将设备卖给出租人，然后作为租赁物件返租回来，对物件仍有使用权，但没有所有权。设备的买卖是形式上的交易，承租人需将固定资产转为融资租入固定资产。返还式租赁强调了租赁融资的功能，失去了租赁的促销功能，类似于"典当"业务，使企业在不影响生产的同时扩大了资金来源，这是一种金融活动。

4. 税务租赁

税务租赁的主要做法与直接融资租赁基本相同，其特点主要是：因租赁物件在承租人的项目中起着重要作用，该物件购买时在税务上又可取得政策性优惠，优惠部分可折抵部分租金，使租赁双方分享税收好处，从而吸引更多的出租人。税务租赁一般用于国家鼓励的大中型项目的成套设备租赁。

5. 百分比租赁

百分比租赁是把租赁收益和设备运用收益相联系的一种租赁形式。承租人向出租人缴纳一定的资金后，其余租金是按承租人营业收入的一定比例支付。出租人实际参与了承租人的经营活动。

6. 结构式参与租赁

这是以推销为主要目的的租赁融资新方式。它是吸收了风险租赁的一部分经验，结合行业特性新开发的一种租赁产品。其主要特点为：融资不需要担保；出租人是以供货人为背景组成的；没有固定的租金约定，而是按照承租人的现金流量折现计算融资回收；出租人除了取得租赁收益，还取得部分年限参与经营的营业收入。

7. 直接融资租赁

由承租人指定设备及生产厂家，委托出租人融通资金购买并提供设备，由承租人使用并支付租金，租赁期满由出租人向承租人转移设备所有权。它以出租人保留租赁物所有权和收取租金为条件，使承租人在租赁期内对租赁物取得占有、使用和收益的权利。这是一种最典型的租赁融资方式，如图 3 – 14 所示。

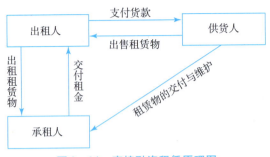

图 3－14　直接融资租赁原理图

8. 出售回租

出售回租，又称售后回租、回租赁等，是指物件的所有权人首先与出租人签订买卖合同，将物件卖给出租人，取得现金。然后，物件的原所有权人作为承租人，与该出租人签订回租合同，将该物件租回。承租人按回租合同支付全部租金，并付清物件的残值以后，重新取得物件的所有权。

出售回租实际上类似一种抵押融资行为，是物件所有权人用于盘活资产的融资手段，如图 3－15 所示。

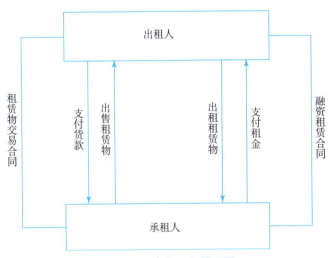

图 3－15　出售回租原理图

（四）租赁融资的程序

办理租赁融资业务的程序如图 3－16 所示。

1. 货比三家

承租人决定采用租赁方式筹取某项设备时，首先需要了解各个出租人的经营范围、业务能力以及与其他金融机构的关系和资信情况，取得出租人的融资条件和租赁费用等资料，并加以比较，择优选定。

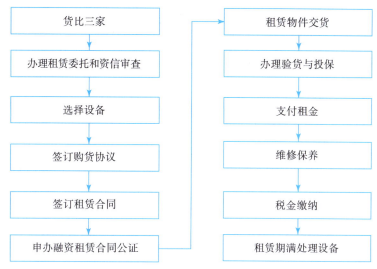

图 3-16　办理租赁融资业务的程序

2. 办理租赁委托和资信审查

承租人选定出租人后，便可向其提出申请，办理委托。这时，承租人填写《租赁申请书》或《租赁委托书》，说明对所需设备的具体要求。

出租人一般要求承租人提供经国家规定的审批单位批准并纳入计划的项目批件和可行性研究报告，以及经出租人认可、由担保单位（如承租人的开户银行）出具的对承租人履行承租合同的担保函。

同时，出租人为了估算出租的风险程度和判断承租人偿还租金的能力，还要求承租人提供企业经营书和各种财务报表。此外，必要时出租人还会通过资信机构对承租人的资历和信用情况进行进一步的调查，然后确定是否可以租赁。

3. 选择设备

选择设备的方法有：由承租人委托出租人选择设备，商定价格；由承租人先同供货人签订购买合同，然后将合同转给出租人，由出租人付款；经出租人指定，由承租人代其订购设备，代其付款，并由出租人偿付货款；由出租人和承租人协商洽购设备等。

4. 签订购货协议

购货合同应由承租人、出租人和供货人三者参加签订。委托租赁的情况下，由出租人向供货人订购，并签订订货合同，同时由承租人副签。

5. 签订租赁合同

租赁合同由承租人与出租人签订，是租赁业务的重要法律文件。融资租赁合同的内容可分为一般条款和特殊条款两部分。一般条款主要包括合同说明、名词解释、租赁设备条款、租赁设备交收条款和税务、使用条款、租期和起租日期条款以及租金支付条款。

特殊条款主要包括购货合同与租赁合同的关系、租赁设备的所有权、租期中不得退租、对出租人和对承租人的保障、承租人违约和对出租人的补救、保险条款、租赁保证金和担保条款、租赁期满对设备的处理条款等。

6. 申办融资租赁合同公证

融资租赁可申办融资租赁合同公证。融资租赁合同公证由当事人约定地或合同签订地的公证处管辖。当事人申办融资租赁合同公证应当填写公证申请表，并提交相关材料。

7. 租赁物件交货

供货人将出租人订购的设备到期直接交给承租人，并同时通知出租人。

8. 办理验货与投保

承租人收到供货人交来的设备后，即进行安装并运转试验。如设备的性能和其他方面都符合原规定要求，就作为正式验收，并把验收情况按期及时通知出租人。出租人据此向供货人支付设备价款，并开始计算租赁日期，计收租赁费用。同时，出租人根据租赁物件的价值向保险公司投保，签订保险合同，支付保险费。

9. 支付租金

承租人按合同规定的租金数额、支付方式，向出租人分期缴纳租金。租金根据租赁对象的不同以及双方承担的义务和费用情况来确定。

10. 维修保养

承租人可与生产租赁物件的供货人或其他有关供货人签订维修保养合同，并支付有关费用。

11. 税金缴纳

出租人与承租人根据租赁合同规定，各自向税务机构缴纳应负担的税收。

12. 租赁期满处理设备

融资租赁合同期满时，承租人应按照租赁合同的规定，实行退租、续租或留购。在融资租赁中，租赁期满的设备一般以象征价格（一般是残值价）卖给承租人或无偿转给承租人，也可以低廉租金续租。

 工作任务二　共享融资

共享融资

任务情景

只怕想不到，不怕融不到

共享融资与共享经济伴生。在我国当前投资渠道相对狭窄的宏观背景下，融资相对容易，甚至可以说"只怕想不到，不怕融不到"。共享融资有点类似于租赁融资，但两者又有根本区别，最大的区别是去中介化和再中介化。去中介化是指它直接向最终用户提供服务或产品，再中介化是指它是通过互联网来最大限度地提供服务或产品的。

与欧洲市场相比，中国的共享经济更偏爱低值商品，风险投资也更倾向于追逐共享单车、共享汽车、共享充电宝、共享篮球、共享雨伞等低值经济形态。以共享充电宝为例，你千万别以为这个东西人人都有，没有市场，事实上，它在短短40天内就吸引到35家机构的11笔融资，总金额高达12亿人民币，这就恐怕不是其他任何传统融资能够比拟的。

共享金融是共享经济的必然产物。因为只有"钱"的共享，才能进一步加快社会财富的流动，提高社会财富的循环效率，满足更多人需求。所以，当你觉得传统融资方式困难重重时，不妨换个角度看看共享融资能不能解决你的问题。

◎ 任务描述

根据上述资料，说说共享融资的好处。

◎ 相关知识

（一）共享融资的含义

共享融资，是指利用共享经济业态来融通资金，其核心是信誉。这是一种伴随着共享经济而生的全新融资方式。

所谓共享经济，是指以获得一定报酬为主要目的，基于陌生人且存在物品使用权暂时转移的一种新的经济模式。

（二）共享融资的发展历程

"共享经济"一词最早是 1978 年美国得克萨斯州立大学教授马科斯·费尔逊和伊利诺伊大学教授琼·斯潘思在论文中提出的，但直到 2010 年后才开始流行。尤其是2013 年 3 月《经济学人》杂志在其封面文章中第一次详细描述共享经济的场景后，这种模式才开始深深影响人们的观念和生活。

共享经济的实质，是以互联网为媒介，整合线下闲散物品、劳动力、教育医疗资源，让人们公平地享有并以不同方式付出和受益。对供给方来说，通过在特定时间内让渡物品的使用权或提供服务，来获取一定的经济回报；对需求方来说，不需要拥有物品所有权，而只是通过租借等共享方式使用物品就能满足需求。在共享经济背后，最关键的是如何实现最优匹配、实现零边际成本，而这就必然会涉及资金的融通和周转，并会给投资人带来巨额的资金积淀，并形成资金池，供其他投资项目使用。

说到共享经济，不能不提到共享经济鼻祖罗宾蔡斯女士提出的公式：产能过剩 + 共享平台 + 人人参与。从中也容易看出，共享经济最早是因产能过剩而出现的。因为产能过剩，所以才逼迫厂家开动脑筋创新新的能量；就好比说，因为酒店有大量的房间闲置，所以才会想到把这些房间分享给"大家"。而智能化共享平台的出现，则给这种人人参与和分享提供了可能；就好比说，企业只要拥有这样的平台，一个房间也没有同样可以开酒店。人人参与则会满足这两者之间的匹配，通俗地说就是"你的就是我的，我的也是你的"，或者叫"我为人人，人人为我"。

绝不要小看了共享经济和共享融资的市场和规模，因为这些能够共享的东西都具有无比广阔的潜力。以共享单车为例，我国有 14 亿人口，其中 8.4 亿生活在城镇，其中又有 50% 有出行需要，30% 的出行距离在 5 公里以内。假如这些人每天出行 1 次、来回 2 次，其中有一半人使用共享单车，那么整个共享单车市场就会达到每天 1.26 亿次，哪怕每次使用收费标准只有 0.5 元，年市场规模也会高达 189 亿元，盈利 33 亿元。

（三）共享融资的特点

共享融资具有以下两大特点：

1. 融资比较方便

共享经济是新事物，它不像传统行业那样容易地计算出成本、盈利率、盈利周期来，最终能否盈利要看三五年之后，而这种"神秘性"在风险投资面前具有无穷魅力。要知道，平常人能够看得懂的项目，风险投资通常是看不上的。

2. 能够获得资金的主要是先行者

共享经济其实没什么产品优势、技术壁垒等核心竞争力，关键是发展速度要快，唯快不破。所以，传统行业中"第一家"往往成功不了、后面几家才更容易成功的"规律"，在这里好像并不存在。能够看到的是，共享融资的成功案例通常发生在"第一家"身上，因为它们跑得快，当别人追赶它们时，它们已经融到了大笔资金，有实力回过头来把竞争对手死死地摁倒在地。这就是通常所说的"先下手为强，后下手遭殃"。

共享融资之所以盛行，是因为它遇到了"互联网＋"。任何提供金融服务的专业机构，一旦转型为基于互联网的信息提供平台，就能立刻消除资金提供方和需求方之间的所有中间环节，变成最直接的面对面交易。而在这种物流、信息流背后，必然要伴随着巨额资金的流动。在多数情况下，融资效率比融资规模、成本差别更重要。共享融资背后的逻辑是，"在网上，人人都知道你是一条狗，只是没人在意你"，他们更在意的是你的产品和信誉。也就是说，共享融资和共享经济的核心是信誉，因为是它提高了社会效率，增强了人与人之间的联系。就拿共享单车来说，你是哪家公司的共享单车不重要，人们更在乎的是你的信誉，具体的是指服务、价格和市场规模。

 工作任务三　典当融资

典当融资

 任务情景

鲁先生创业过程中急需一笔资金，他把自己的一辆路虎汽车在邢台市内一家典当行进行典当，拿到了 23 万元当金。"4 月份拿货的资金有一点缺口，只好典当车周转一下。"鲁先生说，自己的货品经营出了些问题，从 3 月份开始就接二连三地收到催缴货款的通知，之前他已经从亲戚朋友那儿借了些钱，在当款到位后，他将三季度最后一批催缴单付清了。借款后，除了 5% 的利率，他只需要再付一小部分手续费用给典当行即可。当期结束就可以把车赎回，典当手续快，典当期间车的所有权还是自己、无停车费等杂费。

 任务描述

根据上述资料，分析典当的特点。

⊘ 相关知识

(一)典当的含义

所谓典当融资，也叫典当抵押融资，简称典当，是指将动产、财产权利或房地产作为当物抵押给典当行，交付一定比例的费用，取得当金，并在约定期限内支付当息、偿还当金、赎回当物的融资行为。

(二)典当的特点

典当融资具有表 3-5 所示的特点。

表 3-5 典当融资的特点

序号	特点		表现
1	具有较高的灵活性	当物的灵活性	典当行一般接受的抵押、质押范围包括金银饰品、古玩珠宝、家用电器、机动车辆、生活资料、生产资料、商品房产、有价证券等
		当期的灵活性	当期最长不超过半年，在当期内当户可以提前赎当，也可以约定继续续当，非常灵活
		当费的灵活性	当费可以根据当期长短、当物风险大小、业务淡旺季、资金紧张情况、双方业务频率、通货膨胀因素等灵活协商，只要不超过法律规定的最高费率范围就行
		手续的灵活性	只要当物货真价实，典当的手续就非常简单，当物当场付款。即使遇到有些当物需要鉴定才能确定价值，典当行也会在最短的时间内办完，绝不会久拖不决
2	融资手续便捷		除了房地产抵押需要办理产权登记，其他贷款最快可达 1 小时放款，比如股票典当、汽车典当等。
3	融资限制条件较少	对客户提供的当物限制条件较少	创业企业只要有值钱的东西，一般就能从典当行获得质押贷款。只要符合《典当管理办法》要求，经与典当行协商后同意，便可作为当物获得典当行提供的质押贷款
		对企业的信用要求和贷款用途的限制较少	典当行对客户的信用要求几乎为零，对贷款用途的要求很少过问

(三)典当融资的操作流程

典当融资的操作流程如图 3-17 所示。

图 3-17 典当融资的操作流程

1. 审当

这个环节主要工作是验明当物的归属权。当户首先必须提供当品合法有效的归属证件，以证明物品归当户所有；其次提交当户身份证明证件（企业提交营业执照、法人代码证等）进行审核建档。

2. 验当

核对当物的发票、单据，由专业典当评估人员（古称"朝奉"）或评估机构对当物进行估值，最终确定当金额度、典当折算率、综合费率、当期（不超过 6 个月）及利率。当金利率按贷款市场报价利率（LPR）及浮动范围执行。当金一般为物品二次流通价的 50%~80%，二次流通价格不是商品原来的售价，它低于实物价值。

3. 收当

签订当票、典当协议书后，典当行将当品收当入库，扣除综合费后支付当金。至此，企业就能获得流动现金，用于企业生产经营。根据现行管理办法，典当的综合费用由典当行从当金中扣除。

4. 赎当

当户在当票到期后需凭当票到典当行办理赎当手续。在赎当之前必须结清当金及利息，才能办理出库手续，将当品及发票归还当户。

根据典当行管理办法有关规定，典当时间最短为 5 天，不足 5 天按照 5 天计算，最长期限为 6 个月。

5. 续当

当票到期后若当户暂时不归还当金，需凭当票至典当行办理续当手续，同时必须支付本期当金利息，并对当物进行再次查验，签订续当合同及协议。在续当期间的利率、费率不发生改变，但是续当期不能超过原当期。

（四）典当融资技巧

典当是一种借贷行为，要收取一定的费用，如何典当才能更省钱，有以下技巧：

1. 按需典当

典当物品不是卖东西，并非当金越高越好，因为典当是要收取费用的，当金越高，费用也越高。

比如，一辆 10 万元的小轿车，依据当品成色，典当行至少会给 5 万元当金，如果按月综合费率 4% 计算，要收取 2 000 元费用。如果只需要 1 万元，则可以只拿 1 万元当金，交纳 400 元费用，这样就可以省下 1 600 元综合费用。

所以，典当只要按照个人的实际需求额度来决定当金，无须以当品的实际价值来典当。

2. 多家典当行比较

不同的典当行，典当的月综合费率可能相差 0.5% 以上，典当前不妨多咨询几家典当行。按照国家规定，典当行收取的月综合费率是 3%~5%，不能超出这个范围。

3. 当期越短越合算

典当行收取的典当费，除了依据当品种类，还要根据当期长短来定。当期越长，利息越多，相应的综合费也越大。

拓展阅读

中小企业的"方便面"

俗话说："急事告贷，典当最快。"中小企业在需要短期、小额贷时，首先应当想到的是典当融资。无论哪家中小企业或者其老板，要想找到几项用来作为典当抵押的动产还是很方便的。从这个角度看，当创业者需要急用资金时，可把它当作"方便面"（速泡面）来对待，因为典当融资的本质就属于小额、短期贷款。需要指出的是，能够提供典当融资的不仅有典当行，许多银行也是可以发放针对个人动产质押贷款业务的。

典当融资不同于出售，所以当金不是越高越好。具体地说，如果企业典当一套房产最多可以拿到 200 万元当金，但企业现在只需要用 50 万元，这时候就应该只当 50 万元，否则必然要多交当费；并且，一旦资金宽裕就要赎回当物，以便尽可能节省利息支出。

典当融资一般不会过问企业的当物来源、信用要求、贷款用途、经济效益，它们更关心的是当物是否货真价实。所以，如果你拿去的恰好是自己最心爱的物品（这种情况很常见，因为只有这样的物品才更值钱），一定要记得按时赎回，否则哪怕迟还一天，这物品就可能永远不属于你了。

项 目 小 结

1. 内源融资，是指把企业的留存收益转化为投资的行为及过程，其实质是原股东对企业追加投资，体现为从企业内部挖掘潜力。

2. 会员卡融资方式现在已经很普遍，不但各行各业纷纷采用，而且是所有超市网罗顾客的撒手锏。从表面上看，这好像只是一种促销手段；可是从融资角度看，却又是一种很好的融资方式，并且还不违法。

3. 促销融资，就是利用分期付款、延期付款等优惠促销手段，来推销商品尤其是积压商品，加快资金周转。把这些存货处理出去，就能把死钱变成活钱，起到融资效果。

4. 内部集资，是指企业通过自身内部渠道来筹集资金的方式。这种方式主要是指企业向内部股东、员工或关联方募集资金，用于支持企业的经营和发展。

5. 银行贷款，是指商业银行根据国家政策和中央银行的相关规定，以一定的利率将钱借给有需求的个人或企业，并约定期限归还的一种经济行为。

6. 小额贷款，是指以个人或家庭为核心的经营类贷款，主要服务对象是中小企业和低收入群体，包括"三农"、个体工商户、小作坊、小业主等。

7. 专项金融债，既是贷款又是债券——对于中小企业来说，它是贷款；对于金融机构来说，它是专门用于给中小企业贷款而发行的专项债券。不过在欧美国家，它是划在公司债券类别中的。

8. 创新基金，是由国务院于1999年批准设立的中央政府的专项基金，由科技部主管、财政部监管，由创新基金管理中心负责具体实施。

9. 国家级引导基金，是指国家部级单位或央企发起设立的引导基金，引导基金的资金来源于中央财政。根据发起方的不同，国家级政府引导基金又可划分为科技部发起、国资委发起、工信部发起、发改委发起等。不同部委发起设立的引导基金，又有不同侧重的投资方向和领域，各自代表了各大部委的重点扶持方向和产业发展重点。

10. 中小企业发展专项资金，是中央一般公共预算安排的用于支持中小企业发展的资金，特别是小微企业的发展。

11. 大学生创业贷款，是银行等资金发放机构对各高校学生（大专生、本科生、研究生、博士生等）发放的无抵押无担保的大学生信用贷款。为支持大学生创业，各级政府出台了许多优惠政策，涉及融资、开业、税收、创业培训、创业指导等诸多方面。

12. 对于中小企业来说，需要机械设备时本来可以有两种选择，既可以购买，也可以租赁。自从有了租赁融资的选择后，就不能再抱着一种有钱就买、没钱就借、借不到就租的简单思维来决策了。

13. 共享融资，是指利用共享经济业态来融通资金。这是本书推出的新名词，一种伴随着共享经济而生的全新融资方式。

14. 典当融资，也叫典当抵押融资，是指将动产、财产权利或房地产作为当物抵押给典当行，交付一定比例的费用，取得当金，并在约定期限内支付当息、偿还当金、赎回当物的融资行为。

项目检测

一、单选题

1. 目前我国小型微型企业发展遇到困难，国家决定扶持小型微型企业，采取多种方式拓宽小型微型企业的融资渠道。小型微型企业可以采用的融资方式是（　　）。

A. 申请政府补贴　　B. 向银行贷款　　C. 发行股票　　D. 发行金融债券

2. 以下属于经营融资的是（　　）。

A. 会员卡融资　　B. 银行贷款融资　　C. 民间借贷融资　　D. 租赁融资

3. 利用分期付款、延期付款等优惠促销手段，来推销商品尤其是积压商品，加快资金周转，属于（　　）融资。

A. 会员卡　　B. 促销　　C. 银行　　D. 民间

4. 以下不属于内部集资的是（　　）。

A. 股东额外投资　　B. 员工认购　　C. 内部贷款　　D. 内部亏损

5. 以下不属于银行贷款特点的是（　　）。

A. 利率较低　　B. 资金量充足　　C. 还款期限灵活　　D. 无须抵押

二、简答题

1. 什么是小额贷款？试述小额贷款的步骤。

2. 试述国家中小企业发展基金的支持领域。

3.试述大学生创业贷款的申请条件。

三、案例分析题

来自东北的抖音网红"小张的幸福生活"主播小张，享受农业科技政策，直播带货东北农产品，迅速摆脱贫困，也给观众带来了快乐。根据上述材料，回答以下问题：

1.主播小张在创业过程中可以用什么融资策略？

2.主播小张能申请创业补助，享受创业优惠政策吗？

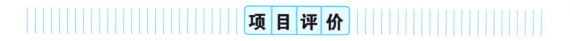

项 目 评 价

学生自评表

序号	素质点自评	佐证	达标	未达标
1	融资策略区分能力	能掌握各种融资策略的优缺点		
2	遵守法律，远离非法集资	能够掌握融资相应的法律法规，避免非法集资		
3	资料准备	能够根据融资要求，准备相应文件资料		
4	沟通谈判	能够和融资对象进行谈判，争取对自己有利的条款		
5	自我学习能力	能够运用网络资源，自我学习融资渠道的相关知识		

教师评价表

序号	素质点评价	佐证	达标	未达标
1	融资策略区分能力	能掌握各种融资策略的优缺点		
2	遵守法律，远离非法集资	能够掌握融资相应的法律法规，避免非法集资		
3	资料准备	能够根据融资要求，准备相应文件资料		
4	沟通谈判	能够和融资对象进行谈判，争取对自己有利的条款		
5	自我学习能力	能够运用网络资源，自我学习融资渠道的相关知识		

企业评价表

序号	素质点评价	佐证	达标	未达标
1	融资策略区分能力	能掌握各种融资策略的优缺点		
2	遵守法律，远离非法集资	能够掌握融资相应的法律法规，避免非法集资		

续表

序号	素质点评价	佐证	达标	未达标
3	资料准备	能够根据融资要求，准备相应文件资料		
4	沟通谈判	能够和融资对象进行谈判，争取对自己有利的条款		
5	自我学习能力	能够运用网络资源，自我学习融资渠道的相关知识		

项目四

创业融资渠道

认知目标

1. 了解创业融资的渠道；
2. 明确创业融资各渠道的特点。

能力目标

1. 能根据企业情况选择合适的融资渠道；
2. 能运用多渠道组合融资。

素养目标

1. 提升专业素养，远离非法融资；
2. 提升战略规划能力，合理选择融资渠道。

思维导图

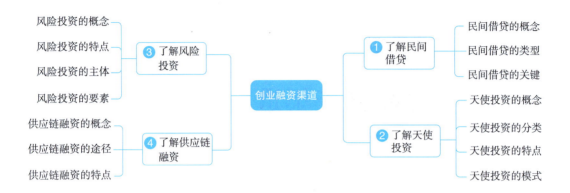

创业融资渠道

① 了解民间借贷
- 民间借贷的概念
- 民间借贷的类型
- 民间借贷的关键

② 了解天使投资
- 天使投资的概念
- 天使投资的分类
- 天使投资的特点
- 天使投资的模式

③ 了解风险投资
- 风险投资的概念
- 风险投资的特点
- 风险投资的主体
- 风险投资的要素

④ 了解供应链融资
- 供应链融资的概念
- 供应链融资的途径
- 供应链融资的特点

案例导读

薛记炒货融资 6 亿元背后　资本终于盯上了"济南味道"

2022 年 9 月 15 日，薛记炒货 A 轮融资 6 亿元，投资方是美团龙珠、启承资本，成为新消费赛道上首个拿到知名机构融资的济南企业，无论是在资本市场还是快消品行业，这对济南都是一件大事。终于有资本盯上了"济南味道"，这一天济南人等了很久。

薛记炒货在济南有 20 年的历史，创始人薛兴柱早年在济南英雄山下摆摊卖炒瓜子，而后开起了连锁店卖炒货，做的一直是小本买卖。

济南人有吃炒货的传统，早在 20 世纪七八十年代，杆石桥的五香花生米就曾是一代"网红"，糖炒栗子、炒瓜子也同样是老百姓的最爱。不过，一座爱吃炒货的城市，一直没有捧红一家做炒货的企业。

2020 年左右，人们发现街边的薛记炒货升级了，门头用上了更加时尚的灯笼红底色和新 Logo，灯光打上去透露出一种高级感。这种高级感还体现在全新的产品包装和统一的门店装潢上，一家曾经土得掉渣的炒货店，竟然开始做 IP 了。

也是这一年，薛记炒货的奶枣突然在吃货圈里"炸了"，这种被奶粉包裹的红枣零食，一度被网民下单下到断货，也让更多人知道了薛记。这两年，快消品市场备受疫情困扰，但薛记炒货却逆势大举扩张，今年 7 月的公开报道称其在全国已有 700 多家门店，其中济南 120 家，计划年底前全国门店破千家。

虽然薛兴柱对薛记炒货的爆变三缄其口，但毫无疑问，他遇到了高人。

这次投资薛兴柱的启承资本近几年重仓新消费，投资了钱大妈、锅圈食汇、海马体等。合伙人常斌对投资薛记给出理由，可以概括为两点，一是炒货行业的零散性和成长前景，二是投资薛记的品牌力和产品力。

（资料来源：张冠超，《山东商报》，2022 – 09 – 28）

思考：薛记炒货给了我们什么融资启示？

任务一　了解民间借贷

 工作任务一　民间借贷的概念

民间借贷

任务情景

民间借贷成就了创造奇迹的"牛人"

马云，被称为中国"创业的教父"，他创办的第一家专业翻译机构"海博翻译社"，也是杭州唯一一家。当时他向自己的妹妹、妹夫借了 2 万元。

任务描述

根据上述资料，想一想向自己的亲戚朋友借钱属于民间借贷吗？

相关知识

对于中小微企业和大学生创业企业来说，民间借贷是企业获得债权融资的重要途径，也是当企业资金需求量不大时，更快捷、更容易获得的融资方式。

（一）民间借贷的含义

民间借贷是指自然人、法人或其他组织之间，基于自愿原则，通过书面或口头协议，约定在一定期限内还本付息或进行其他形式的资金借贷活动。它区别于正规的金融机构贷款，更多依赖于个人信用、社会关系等非正式制度。

民间借贷分为民间个人借贷活动和公民与金融企业之间的借贷。民间个人借贷活动必须严格遵守国家法律、行政法规的有关规定，遵循自愿互助、诚实信用原则。

民间借贷与银行贷款一样，除了借贷双方，一般也会有抵押、质押、第三人作为保证人等措施来保障债权人的资金安全。

（二）民间借贷的特点

在我国目前的经济环境和社会环境、民间习俗的情景下，个人创业的初始资金一般都不大，主要来源是自己的积蓄和身边的亲戚、朋友。民间借贷的特点如图 4 – 1 所示。

图 4－1　民间借贷的特点

1. 民间借贷的利率特点

（1）民间借贷利率有可能是低息或无息的，这种情况一般发生于亲戚、朋友之间；

（2）更多的民间借贷利率水平一般都高于正规金融机构的同期贷款利率；

（3）利率水平与正规金融机构的利率水平不存在同步联动关系；

（4）实际的利率水平由借贷双方协商后缔约决定，如图 4－2 所示。

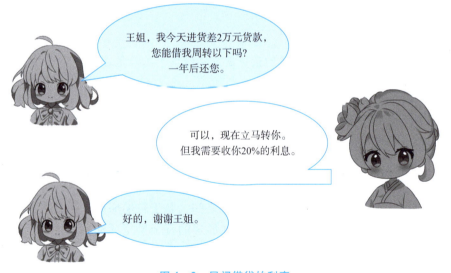

图 4－2　民间借贷的利率

2. 政府对民间借贷利率的管制

2020 年 8 月 20 日，最高人民法院正式发布新修订的《最高人民法院关于审理民间借贷案件适用法律若干问题的规定》，规定民间借贷利率的司法保护上限为中国人民银行授权全国银行间同业拆借中心每月 20 日发布的一年期贷款市场报价利率的 4 倍。

无论何种借贷，利率均不得超过银行同类贷款利率的 4 倍，否则法律不予保护，如图 4－3 所示。在目前国内金融市场环境下，对创业的个人来讲，民间借贷还是一种较常用的融资方式。

1年后，到了2万元借款还本付息的日子

王姐，对不起，我做生意赔钱了，20%的利息还不上你了。

你这属于老赖行为，我要向法院起诉你。

王姐向法院起诉，法庭上……

法官，我借了高利贷，20%的利息太高，还不上了怎么办？

法律只支持1年期LPR 4倍的利息，在此范围内的利息必须偿还。

法官，LPR是什么？

2024年3月20日，中国人民银行公布的1年期LPR为3.45%，法院支持利息为3.45%×4=13.8%。因此，13.8%以内的利息受法律保护，需要偿还。

LPR是贷款市场报价利率，由各报价行按公开市场操作利率（主要指中期借贷便利利率）加点形成报价，由全国银行间同业拆借中心计算得出。目前，LPR包括1年期和5年期以上两个品种。

谢谢法官，我明白了！我现在还王姐13.8%的利息就行了。王姐你同意吗？

啊！同意你现在立马还我13.8%的利息。

图4-3 民间借贷利率的管制

（三）民间借贷合同

因为民间借贷属于民间个人、法人或其他组织之间进行的较为直接的资金融通行为，缺乏有效的监管，所以也容易出现各种纠纷甚至欺诈行为。根据《最高人民法院关于审理民间借贷案件适用法律若干问题的规定》，民间借贷必须签订正式合同，明确借贷双方的权利和义务，有了合同，法院才会受理借贷纠纷。民间借贷合同范本如图4－4所示。

民间借贷合同格式范本

立合同人：_____(以下简称甲方)、_____(以下简称乙方)，双方兹因借款事宜，订立本件契约，条款如下。

一、甲方愿贷与乙方人民币_____元整，于订立本约之同时，由甲方给付乙方，不另立据。

二、借贷期限为_____年，自___年___月___日起至_____年___月___日止。

三、利息为每万元月息_____元，乙应于每月_____日给付甲方，不得拖欠。

四、届期未能返还，乙方除照付利息外，并按利率一倍加计的违约金给付甲方。

五、本契约书的债权，甲方可自由让与他人，乙方不得异议。

六、乙方应觅保证人一名，确保本契约的履行。保证人愿与乙方负连带返还本利的责任，并放弃先诉抗辩权。

甲方：_____

乙方：_____

连带保证人：_____

合同签订日期：___年___月___日

图4－4　民间借贷合同范本

工作任务二　民间借贷的类型

◎ 任务情景

高职学生小张，毕业后开了家奶茶店，经营效益一直不错，准备扩大经营追加投资，于是需要进行融资，小张最先想到的是向父母借钱。

◎ 任务描述

根据上述资料，说说小张向父母借钱属于哪种民间借贷类型。

相关知识

在民间借贷中，借贷双方是平等的民事主体，双方签订的借贷合同和抵押合同以及公证保证事项，应当是双方真实意愿的表达。民间个人借贷活动必须严格遵守国家法律、行政法规的有关规定，遵循自愿互助、诚实信用原则。我国民间借贷包括图4-5所示的四种类型。

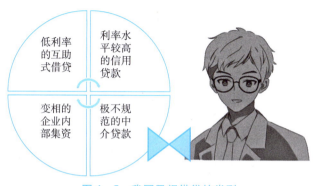

图4-5　我国民间借贷的类型

（一）低利率的互助式借贷

低利率互助式借贷是指基于社群信任，成员间以较低利率相互借贷资金的一种金融模式。它强调互助精神，通过集体力量降低借贷成本，满足成员的资金需求。

（二）利率水平较高的信用贷款

信用贷款的实质属于民间投资，注重追求高回报率，主要用于创业企业的生产经营性周转。是否放贷主要依靠借款人的信用，无须提供担保。主要发生在关系密切，信誉可靠的创业者身上。

（三）极不规范的中介贷款

中介贷款利率过高，一般超过LPR的4倍以上，借贷双方是以高利率为基础进行的借贷活动。一方面，过高的利率会给企业造成沉重的成本负担，以至于最终丧失还本付息能力；另一方面，这种高利率是违法的。最危险的是，这种高利率会吸引不法者的"黑吃黑"行为，风险极大，甚至严重危害社会稳定。

（四）变相的企业内部集资

企业发行债券的门槛很高，创业企业一般无缘，所以不少创业企业便通过民间借贷方式行变相内部集资之实。因为从外面实在借不到钱，所以便把借款任务摊派下去，用高利率做诱惑，"重赏之下必有勇夫"。年利率超过100%的并不少见，最高的甚至超过600%，某种程度上可以说是在饮鸩止渴。年息600%就好比你现在借1元，一年后连本带息要归还7元多，其中的风险有多大可想而知。

工作任务三　民间借贷的关键

任务情景

浙江泰顺县的董老板看准当地教育资源匮乏的现实，联合6名股东，共同出资60万元，租用一家陶瓷厂场地，创办了一家民办高中，随即又相继开办了初中、小学和幼儿园。

显而易见的是，教育需要有大投入，而回报期较长，所以开头这几年董老板一直是亏损的。正因如此，5年后他在原有基础上组建了一家教育集团，经营范围涵盖教育类投资与建设、房地产开发、专业市场开发与管理、矿业投资等，注册资金3.2亿元，名为某教育集团有限公司。董老板组建这家集团的真正目的，是要抓住当时矿产、房地产行业暴热的机会，赴内蒙古鄂尔多斯、江苏淮安等地开发矿产和房地产，走"以矿补教""以房补学"之路。

可回避不了的是，开发矿产和房地产同样需要大量的投入，但这在董老板及其集团看来并不是什么难事。明星企业、明星企业家的光环和良好信誉，以及高额的贷款利率，很快就高高垒起了民间借贷的宝塔。刚开始时，董老板向民间借贷开出的利息是每月1.2%～1.5%，后来高达3%～6%。月息6%实际上相当于年息101%。13年下来，该集团没有贷到过一分钱的银行贷款，全靠民间借贷支撑着，后来终于撑不下去了。

在这13年间，集团累计负债45亿元，债权人超过7 000人，负债总额超过全县GDP规模。

在这个案例中，董老板及其集团之所以会走到这一步，与民间借贷的"功过兼备"是分不开的。

（资料来源：严行方，《中小企业融资72法》）

任务描述

根据上述资料，说说13年来董老板为什么没有向银行借过一分钱。

相关知识

对经营者来说，虽说民间借贷是风险最小的一种方式，但这些年来民间借贷纠纷层出不穷，甚至引发一系列社会问题。那么，创业者在民间借贷过程中需要注意哪些关键点呢？归纳起来，主要有图4-6所示的几点。

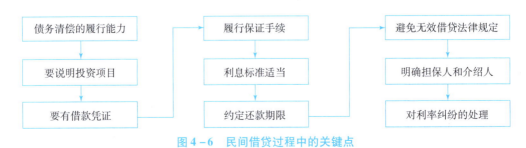

图4-6　民间借贷过程中的关键点

（一）债务清偿的履行能力

债务清偿的履行能力首先取决于企业的财务实力，其次取决于企业和老板的信誉。通俗地说就是，企业是不是还得起，是不是愿意还？

（二）要说明投资项目

因为从事非法活动的借贷行为不受法律保护，所以企业要以出借人能够接受的方式，向对方解释资金用途，让对方放心地把钱借给自己。

（三）要有借款凭证

这是避免将来发生纠纷的最重要凭据，凭证上面应该载明借款人姓名、金额、用途、利率和还款时间等内容，并由双方签字画押。哪怕双方关系再好，也要有这个凭证，这既是对对方负责，也是对自己负责。

（四）履行保证手续

正常的借款手续应该有担保人，尤其是大额借款，更要主动向对方提供担保或抵押，既取信于出借人，也是为以后自己无法偿还债务时提供解决方案。

（五）利息标准适当

所谓适当，一是要符合法律规定；二是要随行就市，不用过高的利率标准来吸引投资，这样对自身的财务压力太大。在计算利息时，利息是不能计入本金计算复利的（俗称"利滚利"），利滚利不受法律保护。

（六）约定还款期限

要在借款凭证中约定什么时候还款，这既是为了避免纠纷，也是为了保护企业自身。根据《中华人民共和国民法典》规定，如果有约定还款期限，超过 3 年有效诉讼期就不受法律保护了；如果没有约定还款期限，出借人随时可以向你主张权利（但最长不超过 20 年）。

（七）避免无效借贷法律规定

一方以欺诈、胁迫等手段或者乘人之危，使得对方在违背真实意愿的情况下形成的借贷关系无效。如果这种无效的借贷是因为对方引起的，你只要归还本金就行；而如果是因为你引起的，除了返还本金，还必须按照银行同类贷款利率支付利息。

（八）明确担保人和介绍人

在民间借贷关系中，介绍人并不需要承担保证责任；只有在协议中明确了保证人，并且经保证人签字确认，保证人才需要将来对债务的履行承担保证责任。

（九）对利率纠纷的处理

民间借贷最容易出现纠纷的是利率计算，根据 2020 年起施行的一年期 LPR 的 4 倍计算。

任务二　了解天使投资

工作任务一　天使投资的概念

天使投资

任务情景

党的二十大报告指出，"健全资本市场功能，提高直接融资比重。"提高直接融资比重，拓宽资金包容度和覆盖面，也是打造高质量可持续发展的资本市场，强化其功能发挥的必然要求和最终结果。

中国有许多有名的天使投资公司，如德迅投资、九合创投、青松基金、初心资本、青山资本等。

整体来看，城市集群效应明显，创业投资生态圈不断完善。行业整体呈现出东部沿海和经济发达地区集中、中部地区稳步发展的态势。北京、江苏、浙江、广东已经成为中国创业投资发展的重要区域。2021 年，四个地区的机构数量、管理资本总量、投资项目合计占全国总量的 67.4%、64.2%、64.7%，如图 4-7 所示。

图 4-7　中国创业投资地域分布情况

（资料来源：《中国创业投资发展报告 2022》）

任务描述

根据上述资料，分析天使投资的特点。

相关知识

天使投资在私募投资中投资额度相对较低，是一种非常适合种子期和初创期企业的融资模式。

（一）天使投资的含义

天使投资是指富有的个人出资协助具有专门技术或独特概念的原创项目或小型创业企业，进行一次性的前期投资。我们称这些进行投资的个人为投资天使。直至今日，投资天使不仅包括进行天使投资的个人，也包括那些进行天使投资的机构。

对于创业者来说，天使投资人就是"天使"一般的存在，因为天使投资人总是在创业者仅有一个想法时就全力支持他们。而且，天使投资人还会为创业企业提供资金以外的综合资源，如人脉、技术专利、管理经验等。

一般创业企业的规模虽然很小，但是风险却很大，所以无论是通过银行还是通过各类风险投资等获取融资都很困难，争取获得天使投资就是创业企业最佳的融资模式。

（二）天使投资的获取途径

获得天使投资对创业企业的发展是十分有利的，天使投资可以为创业企业提供必要的资金支持，使其成功起步。一般来说，寻找天使投资人主要有三条途径：朋友推荐、网络搜寻和专业孵化平台。

1. 朋友推荐

如果有人信任你，愿意将你推荐给别人，这就意味着他愿意为你的表现承担风险与连带责任。这种信任是非常珍贵的，寻找天使投资人的最好方法就是通过朋友推荐。

例如，聚美优品是徐小平最成功的投资项目之一，该项目为他带来了数百倍的回报。聚美优品创始人陈欧就是通过朋友的推荐认识徐小平的。陈欧能够借助朋友的推荐而找到他的天使投资人是极其幸运的，如果没有徐小平，谁也不知道会不会有之后的聚美优品。

如果你正在寻找天使投资人，你应当尽可能地将这一信息传播到你的人际交往圈子里。不管是你的家人、朋友还是同事，他们都有可能为你引荐天使投资人。对天使投资人来说，如果你的引荐人恰好是他的熟人，他们将会更加愿意投资，这就是信任的力量。

2. 网络搜寻

通过朋友推荐而找到天使投资人的毕竟是少数，对于大多数草根创业者来说，并没有这样的机遇。在这种情况下，创业者就必须充分发挥媒体和网络的作用了。

创业者一定要懂得营销。营销的方式有许多种，如病毒式营销、媒体采访等。如果有能力做事件营销的话，一定要试一试，谋事在人，成事在天。

例如，快走漫画 App 创始人陈安妮用一篇《只过 1% 的生活》的文章刷爆朋友圈，为快走漫画获得了几十万人的种子用户，同时也让其获得了天使投资。

另外，走传统道路也是寻找天使投资人的途径。创业者可以将项目文章发表于虎嗅、创业邦等媒体，这些媒体的曝光效果是非常好的，或许会有天使投资人在此看到你的项目，并愿意投资。媒体营销的方式多种多样，创业者通过多多尝试，可能会有意想不到的结果。

除了媒体，创业者还可以将自己的项目放到免费的推广平台上吸引种子用户，同时也能引起天使投资人的注意。目前，比较优质的免费推广平台有以下几个，如表 4-1

所示，创业者可以选择适合自己项目的平台投递。

表4-1 比较优质的免费推广平台

序号	免费推广平台	属性	网址
1	腾讯创业	腾讯旗下的创投领域综合服务平台	http://c.qq.com/
2	IT桔子	创投行业产品数据库及商业信息服务提供商	http://www.itjuzi.com/
3	Demo8	创业邦旗下的新产品分享交流平台	http://www.demo8.com/

无论是采取多种营销方式，还是利用免费的推广平台，其目的都是一样的，那就是找到适合自己的天使投资人。创业者使用的方式越多，范围越广，找到天使投资人的概率就大。

3. 专业孵化平台

朋友推荐和网络搜寻是见效较快的吸引天使投资人的方法，还有一些方法可以使创业者直接接触到天使投资人，这就要用到专业孵化平台。专业孵化平台可以为新创办的科技型中小企业提供基础设施和一系列的服务支持，从而降低创业者的创业风险和创业成本，进而提高创业成功率。例如，创业者可以带着自己的团队入驻孵化器或者联合办公场地，从而接触到天使投资人，这样就可能让天使投资人投资自己的项目。

目前，比较优质的孵化器或联合办公场地有以下几家，如表4-2所示（排名不分前后），创业者可以选择适合自己项目的孵化器或者联合办公场地并申请入驻。

表4-2 比较优质的孵化器或联合办公场地

序号	孵化器或联合办公场地	属性	网址
1	3W孵化器	创业综合服务平台	http://www.3wcoffee.com/
2	太库	创业综合服务平台	http://www.techcode.com/
3	桔子空间	以联合办公场地为主的创业服务品牌	http://www.juzilab.com/
4	科技寺	创业综合服务平台	http://www.kejisi.com/#1
5	今日头条创作空间	今日头条旗下的新媒体创业加速器	http://space.toutiao.com/space/intro/
6	NEXT创业空间	互联网孵化器机构	http://www.nextdoit.com/#1
7	优客工场	主打创业的共享办公空间	http://www.ucommune.com/

这些专业孵化平台对于创业者找到天使投资人也是非常有效的。在这些平台上，创业者可以直接接触到天使投资人，在他们面前展示自己，从而增加融资成功的可能性。不过，利用孵化平台寻找天使投资人是一个比较缓慢的过程，需要创业者耐心等候。

工作任务二　天使投资的分类

任务情景

面对机遇和挑战，深圳天使母基金积极探索寻求破题之道。深圳天使母基金董事长姚小雄在 12 月 7 日举办的 2021 年中国（深圳）天使投资峰会上，总结了深圳天使母基金成立三年以来作出的探索、尝试，以及取得的成效。他指出，随着多地纷纷设立天使母基金，全国人大代表也提议成立国家级的天使母基金，中国天使投资的春天正在到来。

任务描述

根据上述资料，讨论中国天使投资的春天对创业者有什么激励作用。

相关知识

（一）天使投资根据投资阶段分类

天使投资根据投资阶段可分为表 4 - 3 所示的四种。

表 4 - 3　天使投资根据投资阶段分类

序号	分类	特点
1	种子期投资	主要针对处于创意或原型阶段的创业企业，只有基本的商业构想或初步的产品原型，缺乏市场验证和稳定的盈利模式。 天使投资人通过提供小额资金，帮助创业者将创意转化为实际产品或服务，并初步探索市场需求。 这种投资模式风险极高，但一旦成功，回报也可能非常丰厚
2	初创期投资	初创期投资发生在创业企业正式成立后，但尚未形成稳定的收入来源和明确的商业模式时。 天使投资人在此阶段提供资金，主要用于企业团队建设、产品开发和市场推广等关键环节。 这一阶段的目标是帮助企业度过初创期的生存危机，逐步建立起稳定的市场地位和品牌认知
3	早期投资	早期投资主要针对已经有一定市场基础、开始实现初步盈利的企业。天使投资人在此时介入，旨在助力企业进一步扩大市场份额、优化产品功能和提升运营效率。 这一阶段的投资通常伴随着更加严格的风险评估和市场调研，以确保资金能够安全有效地推动企业进入快速发展阶段
4	成长期投资	成长期投资发生在企业已经具备一定规模和市场份额，且展现出强劲的增长潜力时。 天使投资人在此阶段提供大额资金支持，用于企业的技术研发、产能扩张、市场拓展和品牌建设等方面。 这一阶段的目标是帮助企业实现快速增长，提升竞争力，为未来的上市或并购打下坚实基础

（二）天使投资根据投资领域分类

天使投资根据投资领域可分为表4-4所示的五种。

表4-4　天使投资根据投资领域分类

序号	分类	特点
1	互联网领域投资	随着互联网技术的飞速发展，天使投资在互联网领域尤为活跃。天使投资人关注电商、社交媒体、大数据及云计算等新兴领域，旨在捕捉下一个独角兽。互联网项目因其快速迭代和用户规模优势，成为天使资本追逐的热点
2	科技领域投资	科技领域是天使投资的重要方向，涵盖人工智能、物联网、区块链等前沿技术。天使投资人通过资金支持，助力创业企业突破技术瓶颈，推动科技成果转化为实际应用，加速产业升级与变革
3	医疗健康领域投资	医疗健康领域因其持续增长的市场需求和政策扶持，成为天使投资的热点。天使投资人关注生物医药、医疗器械、远程医疗及健康管理平台等细分领域，旨在通过创新技术改善医疗服务，满足人民群众对健康生活的追求
4	教育领域投资	教育领域的天使投资聚焦于在线教育、智能教育、职业教育等创新模式。天使投资人看好教育资源的优化配置和个性化学习的发展趋势，通过投资推动教育公平与质量的双重提升，挖掘市场潜力
5	消费领域投资	消费领域的天使投资紧跟消费升级趋势，关注新零售、时尚电商、绿色消费等方向。天使投资人深入分析消费者行为，精准定位市场需求，助力创业企业打造差异化品牌，实现快速增长

（三）天使投资根据投资主体分类

天使投资根据投资主体可分为表4-5所示的四种。

表4-5　天使投资根据投资主体分类

序号	分类	特点
1	个人天使投资	个人天使投资人往往基于个人兴趣、行业经验和财务回报考虑进行投资。他们倾向于投资初创期的企业，尤其是那些具有创新性和高增长潜力的项目。个人天使投资人在投资决策中较为灵活，能够迅速响应市场变化，同时也可能带来丰富的行业资源和人脉支持
2	天使投资团体	天使投资团体由多个个人天使投资人组成，通过集体决策和投资分散风险。团体投资能汇聚更多资金，支持更大规模的项目。此外，团体成员间的互补性资源和经验分享，能够提升投资项目的筛选和管理能力，增加投资成功的概率

序号	分类	特点
3	企业天使投资	企业天使投资通常是大型企业或集团通过投资创业企业，进行战略布局和市场拓展。 这类投资不仅关注财务回报，更看重与被投企业间的协同效应，如技术互补、市场拓展或产业链整合。企业天使投资往往能为创业企业提供更多的业务合作机会和资源支持
4	政府引导基金	政府引导基金旨在通过财政资金支持，引导社会资本流向创新和高新技术产业。这些基金通常关注国家战略新兴产业和区域经济发展重点，通过投资创业企业，推动产业升级和经济增长。政府引导基金还能提供政策优惠和行政支持，降低创业企业的经营风险和市场壁垒

（四）天使投资根据投资方式分类

天使投资根据投资方式可分为表 4-6 所示的四种。

表 4-6　天使投资根据投资方式分类

序号	分类	特点
1	直接投资	直接投资是指天使投资人直接对项目进行投资，不仅提供资金支持，还积极参与项目的管理和决策
2	联合投资	联合投资是指多个天使投资人共同对一个项目进行投资。这种方式可以整合各方资源，包括资金、技术、市场渠道等，降低单一投资人的风险。联合投资还能实现资源共享和优势互补，提高项目的成功率
3	跟进投资	跟进投资是指天使投资人在观察到某个项目已经获得其他知名投资人的投资后，决定跟进投资。跟进投资时，天使投资人会关注项目的成长潜力和市场前景，以期在后续发展中获得更高的回报
4	股权众筹投资	股权众筹投资是指通过互联网平台，将项目融资需求面向大众进行公开募集，投资人以购买项目股权的方式参与投资。这种方式降低了投资门槛，使得更多普通民众有机会参与到创业投资中来。股权众筹投资能够迅速聚集大量资金，同时提升项目的知名度和影响力

（五）天使投资根据投资地区分类

天使投资根据投资地区可分为表 4-7 所示的四种。

表 4-7　天使投资根据投资地区分类

序号	分类	特点
1	国内投资	国内天使投资市场具有灵活性高、项目资源丰富等特点。天使投资人能够迅速响应市场变化，及时调整投资策略

续表

序号	分类	特点
2	国外投资	国外投资为天使投资人提供了更广阔的投资空间。海外市场不仅拥有成熟的投资体系和丰富的项目资源，还能够接触到前沿科技和创新理念
3	区域性投资	区域性投资强调发掘特定地区的独特资源和优势项目。天使投资人需深入了解地区经济、产业和文化背景，寻找具有地方特色的创业项目。区域性投资还有助于提升地区经济发展，实现共赢
4	跨境投资	跨境投资要求天使投资人具备全球视野和跨文化沟通能力。天使投资人需关注国际政治经济形势，分析各国政策变化和市场趋势，以制定灵活的投资策略

工作任务三　天使投资的特点

◎ 任务情景

投资回报最高的天使——徐小平投资聚美优品，4 年斩获 800 倍回报

聚美优品由陈欧、戴雨森成立于 2010 年，专注于美妆产品的网络销售。刚成立时便获得徐小平 18 万美元天使投资，2011 年又获徐小平追投 20 万美元。2014 年 5 月 16 日，聚美优品在纽交所成功上市，30 岁的陈欧以 15 亿美元的个人财富成为纽交所最年轻的中国企业 CEO。台前闪光的同时，幕后也跟着荣耀，聚美优品彼时的上市，为徐小平带来 3.4 亿美元的账面回报，即 800 倍投资回报率。

对于徐小平而言，聚美优品可能是一个不经意的邂逅，但这样的"偶然"中或许藏匿着一只巨大的"独角兽"！

徐小平曾是新东方的"三驾马车"（另两位分别为俞敏洪、王强）之一，离开新东方后不久成立"真格基金"，布局天使投资，一直被认为是一位激情四射的创业导师，深受创业者们爱戴，"拍脑袋决策"是他的风格，一个项目如果在半小时内没让他觉得"脑袋一热"，投资的可能性就基本为 0，他是"开弓没有回头箭"这句俗语的忠实践行者，只要认准了一个项目就不会有撤资之说，从世纪佳缘到 91 外教，任龚海燕怎么在创业这件事情上"折腾"，徐小平都坚定支持。

（资料来源：微信公众号"文娱"，2019 - 07 - 02）

◎ 任务描述

根据上述资料，讨论天使投资有哪些特点。

◎ 相关知识

天使投资作为创业者重要的融资途径之一，特点如图 4 - 8 所示。

天使投资的特点：
1. 单笔投资额度小；
2. 偏向风险较高的种子期和初创期的企业；
3. 投资决策快；
4. 投后干预和增值服务较多；
5. 本土化投资。

图 4 - 8　天使投资的特点

（一）单笔投资额度小

天使投资是一种分散的、个体的、小规模的投资模式，投资规模往往较小。如果你的项目暂时的资金需求为 50 万元到 100 万元，这些钱可以使你做出产品原型，开始最早的客户使用，天使投资是你不错的选择。有时候，天使投资的投资额也能达到 500 万元，使你可以进行早期客户开发。

（二）偏向风险较高的种子期和初创期的企业

天使投资人一般偏好投资种子期和初创期的企业，这两个阶段的企业单笔投资额较小，但投资风险较大。由于种子期和初创期的企业面临着"死亡之谷"问题，所以天使投资是真正的"雪中送炭"。

在企业创建的早期，尤其是在种子期，企业技术还没完全成熟，产品还没得到市场认可，经营模式还有待检验，管理团队羽翼未丰。然而，高风险意味着高潜在收益，天使投资一旦成功，收益一般可达数十倍，特别成功的，收益可达千倍以上。

（三）投资决策快

由于天使投资投入的是投资人自己的资金，对自有资金的使用不存在委托代理问题，因此，投资决策很快。

（四）投后干预和增值服务较多

天使投资人会保持与创业者的紧密联系，以随时了解企业进展。同时，天使投资人向创业者提供各方面的增值服务，帮助企业渡过难关。

（五）本土化投资

由于天使投资人需要经常与创业者会面和保持高度监管，天使投资人一般只做本地企业投资。天使投资的这一特征，使得构建天使投资网络环境成为区域创新创业吸引力的标志。

工作任务四 天使投资的模式

任务情景

"95后"和"00后"的区别你知道吗?

一位1995年出生的创业者,在大学里创业,做动漫社区。他和我分享了最近的进展。

这个创业者是在做一个动漫的手机App,有80万用户,团队两三个人,不断更新产品,非常细。他说最近在做聊天室的功能,发现不知道哪个方向走。

问题在哪儿?他说"95后"和"00后",这两代人进一个聊天室的方式是完全不一样的。我第一次听到,很新鲜,我说这个差别在哪儿?

他说"95后"进聊天室,一进去以后说"大家好""早上好""同学们好""晚上好""Hello"。

"00后"进去不这样,他观察到一个我估计全中国人民都没有发现的差别,"95后"和"00后"的差别。他说"00后"这些人都是无厘头,进来就当你们全认识。他进到一个聊天室,先说"来来来先给我点赞,加我微信,给我点赞"。

后来我们分析,非常有道理,互联网上,每个代龄都有代沟,代沟是非常深的。"00后"是出生在互联网上的,他们这个人群是没有隐私的,有非常强人的自我的意识。

这个例子说明真正的创业者,他们一定非常敏感,一定从自己的实践、产品当中找到一些很特殊的东西,创业者跟我们是不一样的。所以这个"95后"的青岛创业者做了调整,向"00后"迁移,把产品开发成让"00后"进来有宾至如归的感觉。

创业者怎么发现机会?创业者一定是在埋头在他的产品、在他的用户体验中发现真正的机会。创业这件事情是一件非常具体的事情,这些具体事情发生在哪里?就发生在产品、他们的用户、他们每天的实践当中。

作为投资人,我们不再创业,很难看到这些东西。当我们看到创业者来分享,要用很开放的心态来看这个东西,尤其是看那些新的东西,而不是一拍脑袋。

(资料来源:微信公众号"青岛创客团队",有删改)

任务描述

根据上述资料,讨论天使投资人投资需要注重考察创业者哪些方面。

相关知识

目前,我国的天使投资大体分为以下五种模式,如图4-9所示。

图 4-9 天使投资的模式

（一）个人投资模式

个人投资模式即天使投资人就是自然人，一般是成功的企业家、职业经理人、非常成功的创业者等。例如李开复、薛蛮子、雷军、徐小平等，他们主要是一些比较成功的民营企业家。

（二）团队投资模式

团队投资模式即由一些天使投资人组织起来，组成天使俱乐部、天使联盟或天使投资协会，一般由几十位天使投资人组成，可以汇集项目来源，定期交流和评估，会员之间可以分享行业经验和投资经验，例如中关村企业家天使投资联盟、上海天使投资俱乐部、深圳天使投资俱乐部、创想天使投资俱乐部等。对于合适的项目，可以对有兴趣的会员按照各自的时间和经验分配尽职调查工作，并可以多人联合投资，以提高投资额度和分担风险。

（三）天使投资基金模式

天使投资基金模式即按照私募基金形式运作的天使投资，将零星的、分散的资金集合起来，并由专业的基金投资团队进行运作。一般是由基金发起人发起，向其他天使投资人筹措资金，组织团队，寻找或者考察创业者的投资项目，进行投资决策并进行全程管理。相对于个人投资模式，天使投资基金的财力、资源、团队等实力都要更为雄厚，经验更为丰富，投资成功率也更高。目前我国比较著名的天使投资基金主要有徐小平、王强创立的真格基金，李开复创立的创新工场，唐旭东创立的联想之星，蔡文胜创立的隆领投资等。

（四）孵化器与天使投资融合模式

所谓孵化器就是一家公司，这家公司专门为创业企业尤其是科技型创业企业提供便利的配套措施、廉价的办公场地，甚至人力资源服务等，同时在企业经营层面也会给予入驻企业各种帮助。世界许多知名孵化器不仅孵化了知名企业，而且吸引了很多知名天使投资人加入，给创业者安排企业教练以及提供创业课程等创业辅导，对创业企业进行资金、场地、技术等全方位的支持。

我国目前的孵化器与天使投资融合模式具体又分为以下两种：

1. 政府主导的孵化器与天使投资的融合模式

政府主导的孵化器属于非营利性的社会公益组织，孵化器的管理人员由政府派遣，政府为创业企业提供场地、配套服务以及初始的运营经费，再以优惠的条件吸引天使投资人入场，政府成为创业企业与天使投资人的中介。这类孵化器大都设立在高新技术开发区或创业产业园。

2. 企业型孵化器与天使投资的融合模式

企业型孵化器就是按照市场化方式运作，追求保值增值，一般是孵化器直接参与天使投资或者孵化器本身主导着天使基金的设立，实现了孵化、投资、管理一体化。我国这种模式的典型代表有李开复成立的创新工场、北京中关村国际孵化器以及联想之星孵化器等。

（五）天使投资平台模式

随着互联网和移动互联网的发展，越来越多的应用终端和平台开始对外部开放接口，使很多创业团队和创业企业可以在这些应用平台的基础上进行创业。很多平台为了吸引更多的创业者在这一平台上开发产品，提升平台的价值，设立了平台型投资基金，对这一平台上有潜力的创业企业进行投资，据此形成了天使投资平台模式。

这些天使投资平台不但可以给予创业企业资金上的支持，而且可以给他们带来丰富的资源。一般来说，平台创业基金是由实力较为雄厚的企业发起的，为专门领域创业企业提供资金帮助的基金。目前，我国的平台创业基金主要有腾讯安全创业基金、联想乐基金、阿里云基金、新浪微博开发基金等。

拓展阅读

有一偏远山区，一名穷困潦倒的农夫一次喜得十女，如何养活她们成了农夫最大的烦恼。（有好项目，缺少创业资金咋办呀，愁死人）

农夫想要自己抚养女儿，所以只好去求助当地威望很高的地主，希望他能资助女儿们完成九年义务教育。（求助天使投资人）

大明湖畔的一个没啥正事干，就是整天遛狗逗鸟，到处撒么点投资买卖的地主。

（天使投资人）

听了农夫的陈述后，地主觉得他是一个很有志气和志向的"呆地"，决定资助并一次性支付给农夫 1 万元抚养费，通通认作干女儿。（融资卖股如卖子女，创业者内心复杂）

地主请最好的老师培养十个干女儿们。（天使投资人给予创业辅导，理顺资源）

（资料来源：微信公众号"利得高端咨询"）

任务三　了解风险投资

工作任务一　风险投资的概念

风险投资

任务情景

2011 年 4 月 1 日，京东 C 轮融资 9.61 亿美元，投资方 KPCB（凯鹏华盈中国）、高瓴资本、红杉中国、老虎环球基金、DST Global。据媒体估计，投资京东，为高瓴资本带来了至少 38 亿美元的收入，折合人民币 200 多亿，可以说是"暴利"了。

在高瓴投资京东当中，还有一个传奇故事。

2010 年，刘强东需要融资 7 500 万美元，但是高瓴资本张磊非要给他 3 亿美元。

按照张磊的说法，"这个生意要么让我投 3 亿美元，要么我一分钱都不投。因为这个生意本身就是需要烧钱的生意，不烧足够的钱在物流和供应链系统上是看不出来核心竞争力的，你根本就没看清楚你自己要做的这个事的困难和挑战，你就得需要这么多钱。"

事实也证明了张磊的眼光。后来，京东的自建物流，在一定程度上成了京东的强项，为用户体验加分不少。

（资料来源：微信公众号"投资分析师"，2022－06－22）

任务描述

根据上述资料，讨论什么是风险投资。

相关知识

天使投资一般是在企业初创期进行投入，风险投资则一般是在企业处于成长阶段

时介入的，所以，风险投资往往在天使投资之后，额度也比天使投资更高，它将推动企业获得更快、更大、更广阔的发展。

（一）风险投资的含义

风险投资（Venture Capital，VC）简称风投，又称创业投资，主要是指向创业企业提供资金支持并取得该企业股权的一种融资方式。风险投资是私人股权投资的一种形式。

（二）风险投资与天使投资的区别

虽然风险投资和天使投资本质上都是私募股权投资，但在实际中还是有些不同，具体如表4-8所示。

表4-8 风险投资和天使投资的区别

区别	天使投资	风险投资
投资阶段不同	在企业初创阶段投资	在企业初创成功开始向上发展阶段投资，也就是在天使投资后面
投资项目要求不同	对企业或项目没有统一的、太高的要求，只要商业计划书能打动天使投资人即可	需要被投资企业已经具有了发展齐全的团队或良好的业绩
投资额度不同	投资额度一般较低，几万元到几十万元，最多500万元以内	额度往往是"不容小觑"的千万量级
资金用途不同	用于搭建团队，初始运营	企业相对快速的扩张发展，对实际操作有更高的要求

工作任务二 风险投资的特点

任务情景

红杉资本是一家全球性风险投资公司，它是世界上最成功的风险投资公司之一。红杉资本中国主要投资于中国初创企业，投资领域涵盖科技、消费、医疗健康等。红杉中国投资的企业包括字节跳动、蚂蚁集团、小米、滴滴出行、京东等中国知名科技公司。

具体来说，红杉资本中国在投资过程中具有以下特点：

注重早期投资：红杉资本中国专注于投资早期初创企业，并提供资金、指导和网络支持，帮助这些企业快速成长。

关注中国市场：红杉资本中国注重中国本土市场，积极投资中国创新型企业，帮助这些企业满足中国消费者的需求。

注重企业价值：红杉资本中国注重企业的长期价值，并帮助企业建立可持续发展的商业模式。

红杉资本中国在过去十几年里取得了巨大成功，成为中国风险投资行业的领军者。

红杉资本中国在投资过程中具有中国背景，为中国创新型企业的发展做出了重要贡献。

（资料来源：微信公众号"环球国际市场狙击手"，2023－12－05）

任务描述

根据上述资料中红杉资本的特点，讨论风险投资的特征。

相关知识

风险投资一般适用于处于飞速发展阶段的企业，具有金额较大、可持续获得发展资金的特点，能帮助企业快速成长。风险投资的特点具体如下：

（一）适用于处于飞速发展阶段的企业

对于风险投资人来说，处于飞速发展阶段的企业是他们的目标。一般来说，产品的市场占有率越高，证明企业的发展越好，风险投资人投资的可能性就越大。那么，创业者要从哪些方面来说明其产品的市场占有率呢？

1. 说明自身产品的市场现状

分析产品的市场占有率，一方面要对行业内的市场规模大小、市场稳定程度等大范围的市场特征进行分析和总结；另一方面要对市场上的产品供给、销路、价格等具体的因素进行分析。这样，从两个方面来分析和研究产品的市场现状，能够为风险投资人了解产品的市场占有率提供基础的投资资料。

2. 分析同类竞品市场

市场上的产品都有竞品，对竞品进行分析能够从侧面反映自身产品的市场占有率。所以，创业者在向风险投资人展示自身产品的市场占有率时，加入竞品的市场分析可以为项目融资争取更多机会。

以外卖行业融资为例，根据2019年外卖市场占有率的数据对比统计，美团呈现遥遥领先的态势，力压同行业其他品牌。美团CEO王兴曾透露美团的市场占有率高达64%，如果将自身产品的市场占有率和竞品的市场占有率进行对比分析，并将分析结果放到风险投资人面前，那么风险投资人很可能会将资金投给美团。

所以，在向风险投资人进行市场占有率分析时，创业者有必要将竞品的市场占有率标注清楚。最好的做法是，将自身产品与竞品进行对比分析，使风险投资人对目标产品在市场中的占有率一目了然。

3. 用漂亮的数据说话

数据是体现产品市场占有率最直观的方式。在风险投资中，产品的数据越"漂亮"，就越能抓住风险投资人的心。所以，创业者只要做好产品的市场，扩大其市场销路，让自身产品的市场占有率越来越高，就能在一定程度上打动风险投资人。

以互联网产品为例，创业者如果想要说明自身产品的市场占有率，就需要对产品的实际用户数量、月活跃人数、日活跃人数等数据进行分析。另外，创业者还需要将企业近几年的重大项目销售业绩表或中标通知书等拿出来进行佐证，以达到吸引风险投资人的目的。

（二）金额较大、可持续获得发展资金

风险投资的对象大多是处于创业初期或快速成长期的高科技企业，如通信半导体、生物工程、医药等行业中的企业。风险投资参与的融资轮次一般为 A、B、C 三轮，如表 4-9 所示。

表 4-9 风险投资参与的融资轮次

融资轮次	公司阶段	投资人	投资量级
A 轮融资	产品有了成熟模样，公司开始正常运作并有完整、详细的商业及盈利模式，在行业内拥有一定的地位和口碑。公司当前可能依旧亏损	专业风险投资机构	1 000 万~1 亿元
B 轮融资	在 A 轮融资的支持下获得了一定的发展，公司已经开始盈利。公司的商业模式没有任何问题，可能需要推出新业务、拓展新领域	大多是上一轮的风险投资机构跟投、新的风险投资机构和私募股权投资机构加入	1 亿元以上
C 轮融资	公司的商业模式已经比较成熟，离上市不远。公司已经有较大的盈利，但还需要通过融资拓展新业务、补全商业闭环，也有准备上市的意图	主要是私募股权投资机构，有些之前的风险投资机构会选择跟投	1 亿美元以上

（三）为创业者提供除资金以外的其他支持

当下的风险投资人除提供资金支持之外，还要给创业者提供更多资金以外的东西。下面总结了出色的风险投资人会为创业企业做的四件事情。

1. 协助创业者解决战略难题

如果每月一次的董事会会议只是简单地过一遍事实和数据，那么这样的董事会会议是没有意义的。出色的风险投资人会提前要求创业者提供企业的经营状况信息，然后利用董事会会议探讨战略性难题。例如，企业应该深入一个垂直领域还是发展多个领域，是否要采取开源策略等。

例如，有一位风险投资人从来不参加被投企业的董事会会议，而只参与战略讨论会议。在战略讨论会议中，他与创业者列出十大战略难题，然后与企业高管和其他风险投资人一起进行讨论。正因如此，这位风险投资人的投资回报率才远远高于其他风险投资人。

2. 为创业企业招揽优秀人才

对创业企业来说，团队的成长是最重要的。而风险投资人的人脉资源丰富，对人才的识别能力高，可以向创业者推荐人才。

3. 促成交易、合作等

创业企业的资源有限不仅表现在资金方面，还表现在客户资源方面。如果创业者是第一次创业，那么可用的人际关系资源就非常少。让风险投资人帮助企业拓展客户

来源是一种比较理想的投资状态，有助于创业企业的长久发展。

4. 提供财务及法务指导

创业者有可能因为经验不足"栽倒"在一些琐碎但很重要的事上，包括法律契约、财务审计和专利申请等，风险投资人同样可以在这些方面为创业者提供指导。

工作任务三　风险投资的主体

◎ 任务情景

天图投资是一家专注于中国消费领域的领先私募股权投资机构，成功投资飞鹤、周黑鸭、百果园、德州扒鸡等连锁消费品牌。

◎ 任务描述

根据上述资料，分析风险投资主体是谁。

◎ 相关知识

风险投资主体是指那些积极参与风险投资活动，以获取高额回报为目的的投资人或投资机构。他们通过向创业企业、高新技术企业等具有高增长潜力的项目注入资金，以期望在未来通过企业上市、并购等方式实现资本增值。

风险投资主体大致可以分为三种，具体如图 4-10 所示。

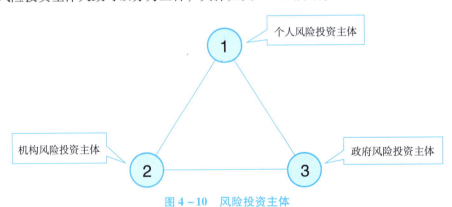

图 4-10　风险投资主体

（一）个人风险投资主体

个人风险投资主体的优势如下：

1. 决策灵活快速

个人风险投资主体通常拥有更快的决策速度，不受大型机构烦琐流程的束缚。他们能够快速识别市场机遇，并立即采取行动，这在瞬息万变的市场环境中尤为重要，能够迅速响应市场变化，抓住投资先机。

2. 对创新的敏锐感知

个人风险投资主体往往对新兴技术和创新项目有更高的敏锐度，他们更倾向于投资那些具有颠覆性潜力的项目。这种对新事物的探索和追求，为市场带来了更多创新可能，推动了科技的进步和产业升级。

3. 个人经验与资源

个人风险投资主体通常拥有独特的行业经验和资源，这些经验和资源在投资过程中发挥着重要作用。他们可以利用自己的专业知识和人脉网络，为投资项目提供有价值的建议和支持，帮助项目更好地成长和发展。

4. 较高的风险承受能力

相比大型机构，个人风险投资主体在某些情况下可能具有更高的风险承受能力。他们往往对投资失败有更为宽容的态度，愿意承担更高的风险以追求更高的回报。这种风险承受能力为创新项目提供了更多的融资机会。

（二）机构风险投资主体

机构风险投资主体包括天使投资机构、风险投资公司、私募股权投资机构、企业风险投资部门。机构风险投资通常会选择具有高增长潜力的行业进行投资，如科技、医疗、教育等，通过深入了解行业趋势和竞争格局，选择具有核心竞争力的企业进行投资，以降低投资风险并提高投资回报率。

（三）政府风险投资主体

政府风险投资的模式包括设立引导基金、搭建服务平台、提供政策支持、举办创业大赛。政府风险投资主体通过资金注入和政策引导，能够有效推动特定产业的快速发展，如高科技、绿色能源等战略新兴产业，从而优化产业结构，提升国家竞争力。政府风险投资主体为创业企业和创新项目提供资金支持，降低创业门槛，激发市场活力，培养新的经济增长点，形成创新驱动的发展模式。

工作任务四 风险投资的要素

◎ 任务情景

2021年沉寂已久的网约车行业的二次竞争，美团打车再次上线，曹操出行、T3出行获高额融资。身处第二梯队的网约车平台"摩拳擦掌"，欲分得更大的市场"蛋糕"。

以T3出行为代表的第二梯队出行企业频频扩张与发力；2023年年初，滴滴宣布App恢复新用户注册，网约车平台竞争空间更显狭窄，T3出行、滴滴出行、高德打车、曹操出行等平台在今年上半年陆续公布了新的动作，行业竞争再次变得激烈。

随着网约车市场的逐渐复苏，7月28日，洪泰基金宣布，T3出行已陆续完成由洪泰基金等机构投资的超过10亿元的A＋轮融资。甚至还传闻，T3出行正推动上市前的IPO轮融资，未来计划在融资完成后启动IPO并实现港股及A股发行上市。

来到2023年，T3出行近期已陆续完成由洪泰基金等机构投资的超10亿元的A＋轮融资，本轮融资将主要用于扩大用户及运力规模、生态产品与服务的孵化以及自动驾驶商业化运营平台研发投入。这说明资本市场仍在看好网约车出行，而且资本在向规模化平台聚拢。

（资料来源：元帅，微信公众号"融中财经"，2023－08－04）

任务描述

根据上述资料，分析风险投资要素有哪些。

相关知识

风险投资有六个需要注意的要素，如图 4-11 所示。这六个要素串联了风险投资的整个过程，需要创业者逐一把握。

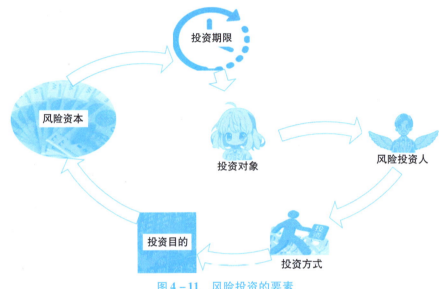

图 4-11　风险投资的要素

（一）风险资本

风险资本是指风险投资人为发展潜力巨大的创业企业提供的一种资本。这种资本一般通过购买股权、提供贷款或二者结合的方式进入企业，帮助企业成长、壮大。

例如，谷歌就曾经获得过风险资本。1998 年，拉里·佩奇与谢尔盖·布林联合创办了谷歌，专门为用户提供搜索引擎服务。当时，在没有商业计划书的前提下，谢尔盖·布林仅凭个人魅力就从一位斯坦福校友那里拿到了第一笔 10 万美元的风险资本。随后，谷歌很快受到了用户的欢迎，每天的搜索次数超过 1 万次，并因此得到媒体的关注。

拉里·佩奇与谢尔盖·布林在意识到谷歌需要扩张后，便开始寻找新的风险资本。他们首先向红杉资本的合伙人迈克尔·莫里茨表明了立场，希望可以融资 2 500 万美元，出让公司 20% 的股份，迈克尔·莫里茨决定接受他们的报价，以获得谷歌 20% 的股份。

与此同时，拉里·佩奇和谢尔盖·布林向另一家投资"大佬"KPCB 公司发出了邀约，KPCB 的合伙人约翰·杜尔与红杉资本的合伙人迈克尔·莫里茨做出了同样的决定。

两家风险投资机构的风格不同，一家比较激进，一家偏向保守，但他们都想独占谷歌20%的股份，因此十分排斥对方。但是，拉里·佩奇和谢尔盖·布林希望让这两家公司平分这部分股份，联合投资谷歌。

在谈判僵持不下的时候，拉里·佩奇和谢尔盖·布林找到另外一家风险投资机构，这家风险投资机构给出谷歌1.5亿美元的更高估值。于是，约翰·杜尔与迈克尔·莫里茨选择了妥协，答应了拉里·佩奇和谢尔盖·布林的条件，双方平分20%的谷歌股份。风险资本的进入使得谷歌的发展步入一个全新的阶段。

谷歌的案例告诉我们，在筹集风险资本时，创业者应该与多个风险投资机构或风险投资人进行接触和交谈，使其相互竞争，这样创业者就可以拿到最有利的价格和条件。

（二）风险投资人

风险投资人的类型如图4-12所示。

图4-12 风险投资人的类型

1. 风险资本家

这类风险投资人大多是从事风险投资的企业家，他们主要通过投资来获利。但与其他风险投资人不同的是，风险资本家的投资资本属于个人所有，不是受托管理的资本。

2. 风险投资公司

这类公司种类多样，其中以风险投资基金为主。风险投资基金一般以有限合伙制为组织形式。

3. 产业附属投资公司

这类公司大多是一些非金融性的公司的下属独立机构，代表母公司进行投资。这类公司一般将资金定向投到某些行业。与传统风险投资公司类似，产业附属投资公司也要对被投企业进行评估，并进行深入的尽职调查以求得到较高的回报。

4. 天使投资人

这类风险投资人一般倾向于投资创业企业，意在帮助这些企业快速起步。天使投资人通常是指公司的第一批投资人，这个时期企业的产品和业务往往只有一个雏形。

获得风险投资人的青睐是企业融资的重点。为了吸引适合的风险投资人，企业可以从以下几个方面进行突破，如表4-10所示。

表4-10　吸引风险投资人的突破点

序号	突破点
1	提前调查了解风险投资基金的特点
2	优先选择专业懂行、战略耐受性较高的风险投资人
3	市场占有率越高越有主动选择权

（三）投资对象

如果你的企业处于快速成长期，并且是高科技企业，那么风险投资就是最适合你的企业发展的融资方式。风险投资是中小型高科技企业的首选融资方式，在选择投资对象时，风险投资体现以下特点：

1. 不需要任何财产抵押

刚起步的中小型高科技企业的规模还比较小，没有固定资产和资金作为抵押担保，而风险投资是不需要任何财产抵押的，直接以资金换取创业企业的股权。因此，风险投资的投资特点与中小型高科技企业的融资需求的匹配度非常高。

2. 投资期限一般为3~5年

风险资本从投入被投企业到撤出被投企业所间隔的时间就是风险投资的投资期限。风险投资的投资期限一般为3~5年，投资方式一般为股权投资，占被投企业30%左右的股权，不需要任何担保或抵押。

3. 提供增值服务

一名合适的风险投资人不仅能给企业提供资金支持，还能在资源上为企业提供帮助。这样，无论是项目的后期发展还是后续融资，合适的风险投资人都会不遗余力地给企业出谋划策，并且为企业提供很多资金以外的东西。

4. 一般参与的融资轮次为A、B、C三轮

（四）投资期限

公司风险投资人为企业注入资金帮助其成长，但他们的最终目的是将资金撤出以实现增值。作为一种股权投资，风险投资的投资期限较长，一般为3~5年，而针对创业期的企业的投资期限一般为7~10年，后续投资通常会比这个期限要短。

（五）投资目的

风险投资人的投资目的是获得财富增值，所以创业项目的盈利模式是风险投资人特别关注的重点内容。盈利模式的本质是"利润＝收入－成本"，且盈利模式需要用简洁清晰的逻辑表达出来，即"如何赚钱"。风险投资人不是普通用户，他们深谙商业竞争的规则，不需要听常识性的解释，只希望看到创业项目中的创新点。创业者应从以下几点来体现企业的创新点：

1. 明确标出项目的独特之处

风险投资人最希望看到创业项目的独特之处，如产品的思想或服务等要素。这些独特的要素一方面能使产品为客户提供额外的价值，另一方面还能获得更多的客户。

例如，水果连锁零售商百果园，一家"卖水果"的企业，从加盟模式中获利颇丰，可以说是以"卖模式"为主要盈利点。从百果园官网的加盟模式看，一家百果园加盟店有 A、B 两种加盟模式，总投资费用在 8.5 万元至 29.7 万元之间。其中，加盟费为 3 万元，此外还包括选址评估费 1.5 万元、商品预付款 3 万元、履约保证金 1 万元等必收款目。而招牌设备费、信息设备、门店装修预估款等费用款目则可由加盟者自主选择，投资从 19.2 万元到 21.2 万元不等（只含有必收款目的为 B 模式，在必收款目基础上增加附加款目的为 A 模式）。同时，总投资费用不含店铺转让费和租赁押金。就是由于其独特的盈利模式，2023 年 1 月 16 日，第四次闯关 IPO 的百果园终于实现上市融资。

如果创业项目中具有其他项目不具备的特色，那就能使风险投资人预测出该项目良好的发展前景，并从其盈利模式中看出较高的投资回报率，这样就可以提高风险投资人投资的概率。

2. 重点突出项目的盈利核心

每家企业在其成长的过程中，都会有自身独特的盈利模式，创业者通过向风险投资人展示创业项目的盈利模式来获得投资。在这个过程中，为了将盈利模式更加清晰地展示给风险投资人，创业者需要重点突出项目的盈利核心。这些盈利核心包括很多方面，如企业在经营中所依赖的过硬的科技创新能力、产品的不可替代性、低成本下的高质量产品、对客户的真诚服务等。创业者将这些核心要素向风险投资人一一说明，可使自己的融资项目展示出清晰的盈利模式，从而获得风险投资人的青睐。

3. 自觉将盈利模式进行对比

创业者如果能够通过总结自身的盈利实践经验，将自己项目的盈利模式和其他项目的盈利模式进行对比分析，说明自己项目的盈利模式的优势，就能让风险投资人对融资项目的盈利模式有更深入的了解，从而可进一步获得风险投资人的好感，增加融资成功的可能性。

（六）投资方式

从风险投资"高风险、高收益"的性质来看，风险投资有三种投资方式：

（1）直接为被投企业注入资金；

（2）为被投企业提供贷款或贷款担保；

（3）为被投企业提供贷款的同时购买被投企业的股权。

总之，不管哪种投资方式，风险投资人都会为被投企业提供一系列增值服务，如管理技术、融资渠道等，帮助企业快速成长。

任务四　了解供应链融资

工作任务一　供应链融资的概念

供应链融资

◎ 任务情景

以供应链金融为抓手　推动实体经济发展

党的二十大报告提出"建设现代化产业体系，坚持把发展经济的着力点放在实体经济上"。金融是实体经济的血脉，供应链金融是产业链与金融的高度融合。

国有六大行正不遗余力地推动供应链金融业务发展。从各大银行发布的半年报来看，上半年中国银行累计为供应链核心企业提供超 1.3 万亿流动性支持；交通银行上半年产业链金融融资余额达 1 744.49 亿元。建设银行上半年累计为 4 113 个核心企业产业链的 7 万余户链条客户提供 4 388.88 亿元供应链融资支持。

（资料来源：微信公众号"深圳市金融商会"，2022 – 10 – 20）

◎ 任务描述

根据上述资料，说说供应链金融的重要性。

◎ 相关知识

（一）供应链融资的含义

供应链融资是指商业银行为某产业的供应链条中的一个或多个企业提供资金融通服务，将某个大型优质企业作为核心企业，在其上游供应商和下游经销商中选择资质良好的企业，通过货物或债券质押，为其提供授信额度，降低整个供应链条的融资成本，提高银行资金的利用效率，同时解决一些企业融资困难的问题，从而实现银行、企业和商品供应链的可持续发展，如图 4 – 13 所示。

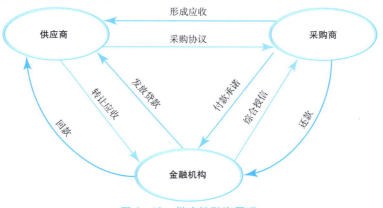

图 4 – 13　供应链融资原理

（二）供应链融资的基本模式

在商业贸易中，利用企业的商业信用向业务合作单位融通资金，是一种普遍而必需的做法，最常见的是建立在交易基础上的代销、赊销、铺销等方式。传统商业贸易中对新商户进货时实行的"一批压一批"政策（第一次进货可以不付款或者只付一部分款，第二次进货时结清上一批货款，以此类推），实际上就是供应链融资的最基本形式。

工作任务二　供应链融资的途径

◎ 任务情景

在平安银行推出的 CPS（短期融资票据化解决方案）业务中，就有一项叫"供应链金融"。它通过把供应链上的相关企业作为一个整体对待，根据交易中构成的链条关系和行业特点，具体设计融资方案，最终把资金注入相对弱势的中小企业中去，从而很好地解决了中小企业的融资难问题。不仅如此，从社会效益角度看，还能解决整个供应链中的资金分配不平衡，提升整个供应链的企业群体竞争力。

目前，平安银行的这项业务已经渗透到各行各业，如全国钢材、汽车市场，南方的能源市场，北方的粮食市场等，并且引起国外银行的高度关注。

◎ 任务描述

根据上述资料，讨论供应链企业联合起来对融资有什么好处。

◎ 相关知识

供应链融资在我国金融业中尚处于起步阶段，但发展迅速，多家商业银行都相继推出了供应链金融服务。从业务切入节点来看供应链融资的途径，涉及了订单采购、销售回款、存货保管三个阶段，从而派生出三种新的供应链融资模式，如图 4 - 14 所示。

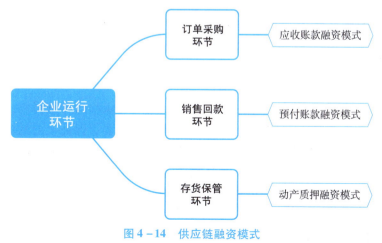

图 4 - 14　供应链融资模式

（一）适用于采购环节的应收账款融资模式

处于供应链上游的供应商向核心企业提供原材料时，形成对核心企业的应收账款债权，供应商以未到期的应收账款向商业银行申办融资业务，具体包括应收账款质押和应收账款保理。

应收账款质押是指供应商将应收账款单据出质给商业银行从而获得贷款，获得核心企业支付的采购货款后再向银行归还贷款本息；应收账款保理是指供应商将应收账款无追索权地出售给银行，从而获得贷款融资。

（二）适用于销售环节的预付账款融资模式

处于供应链下游的经销商从核心企业进货销售时，须向核心企业预先支付货款，供应商以仓单所代表的提货权向银行出质，由银行向核心企业支付需预付的款项，形成预付账款融资，经销商以销售货物的收入偿还银行贷款本息，如图4-15所示。

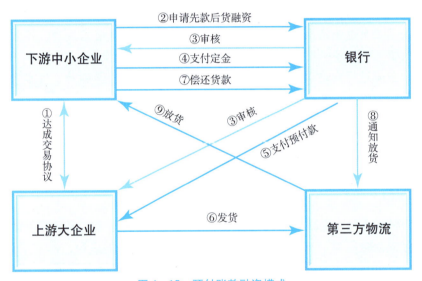

图4-15　预付账款融资模式

先款后货，顾名思义，就是先支付货款再发货的意思，这跟应收账款融资中，先发货后付款的形式正好反过来了。供应链中的核心企业对上下游企业的议价能力更强，所以，它在上游那里买东西，就可以后付钱；向下游卖东西，就要下游马上付钱。如果这个商品很抢手，还会让下游先付钱。

但下游的中小企业本来就缺钱，很多时候根本无力承担这种预付款，先款后货融资就可以为中小企业解决这个问题。其实就是下游企业要想保证上游的顺利供货，就向银行申请帮它先垫付预付款，上游企业把货发到银行指定的地方保管，下游还钱取货，大家各尽其能，调动一切资源，保证物资的顺利供应。

（三）适用于存货保管环节的动产质押融资模式

资金短缺的企业将其原材料或库存商品等流动资产交由第三方物流保管，商业银行与该企业和第三方物流共同签订融资协议，由银行为该企业提供一定额度的短期贷款，如图 4 - 16 所示。

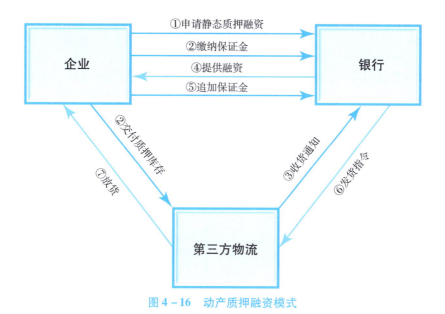

图 4 - 16　动产质押融资模式

动产质押融资就是企业把暂时不用的库存，放到银行指定的第三方物流那里，作为质押，取得银行融资，等它要用货了，再拿钱来赎。库存融资主要包括以下几种形式：静态质押融资、动态质押融资、普通仓单质押融资、标准仓单质押融资。

工作任务三　供应链融资的特点

◎ 任务情景

高端白酒行业的保兑仓融资

在我国，高端白酒通常供不应求，白酒生产商具有较为强势的谈判地位，通常要求下游经销商预付较大比例的货款甚至是全部货款。而白酒销售通常存在季节性，白酒的预订与销售之间存在 3 至 6 个月的时间差，预付款的支付影响了下游经销商的资金周转能力以及销售规模。此外，高端白酒具有较强的增值保值、耐储存、易变现等特点。

针对这种情况，金融机构通过控制白酒经销商与白酒生产商签订的购销合同项下成品白酒的未来提货权，作为融资项下的质物，提供融资支持。并且金融机构要求，资金的确定用途是向白酒生产商预付货款，并且预付款支付后所获取的提货单质押在金融机构。白酒生产商根据提货单的需求将成品白酒存入指定的第三方物流企业的仓库，第三方物流仓储企业则根据金融机构指令向白酒经销商发货。白酒经销商完成销售后取得回款归还金融机构本息。

在这种模式之下，可能存在白酒经销商无法按计划完成预定的销售量，进而产生货物滞压的问题，因此，金融机构可能要求白酒生产商承诺回购余下货物。通常，高端白酒生产商较为强势，不愿意配合金融机构做出回购承诺，金融机构则将余下货物或者剩余的提货单处置变现。

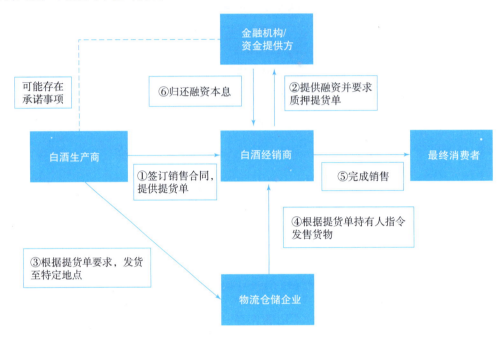

（资料来源：微信公众号"深圳市供应链云金融协会"，2023 – 08 – 16，有删改）

任务描述

根据上述资料，分析高端白酒行业的保兑仓融资有什么特点。

相关知识

商业银行为企业提供的供应链融资业务不同于传统的贸易融资，主要有以下特点：

（1）供应链融资需要有一个大型优质企业作为供应链的核心企业，其原材料采购和商品销售过程能形成稳定的供应链。

（2）供应链融资的对象并非单一企业，而是整个商品供应链条上的资质良好、符合银行融资要求的相关企业。供应商、核心企业和经销商之间形成统一的融资渠道，可降低整个供应链的融资成本。

（3）核心企业的上游供应商和下游经销商多为中小企业，通过借助核心企业良好的商业信誉和强大的履约能力，可以增大银行为部分中小企业融资的意愿。

（4）商业银行在供应链融资的运作上实行"一次申请、一次审批"，降低了融资的评级、授信、担保等信贷门槛，可简化操作流程，衔接企业的采购、库存和销售环节的资金需求。

（5）供应链融资多使用融资产品组合，形成多样化的供应链融资产品，如订单融资和国内保理相结合、预付款融资和商品融资相结合等，从而为企业提供强大的资金支持和灵活的结算手段。

项目小结

1. 民间借贷是自然人、法人、其他组织之间及其相互之间进行资金融通行为。合法利率不超过一年期 LPR 的 4 倍。分为低利率的互助式借贷、利率水平较高的信用贷款、极不规范的中介贷款、变相的企业内部集资四种类型。

2. 天使投资的主要目的是帮助创意好、有发展前景、处于蓝海市场的项目走向成功，并承担创业失败的高风险，享受创业成功的高收益。寻找天使投资人主要有朋友推荐、网络搜寻、专业孵化平台三个途径。天使投资具有单笔投资额度小、偏向风险较高的种子期和初创期企业、投资决策快、投后干预和增值服务较多、本土化投资五大特点，个人投资模式、团队投资模式、天使投资基金模式、孵化器与天使投资融合模式、天使投资平台模式五大投资模式。

3. 风险投资，简称风投，又称创业投资，主要是指向创业企业提供资金支持并取得该企业股权的一种融资方式。风险投资一般适用于处于飞速发展阶段的企业，具有金额较大、可持续获得发展资金的特点，能帮助企业快速成长。风险投资大致可以分为个人风险投资主体、机构风险投资主体、政府风险投资主体三种主体，具有六个需要注意的要素，分别是风险资本、风险投资人、投资对象、投资期限、投资目的和投资方式。

4. 供应链融资是指商业银行为某产业的供应链条中的一个或多个企业提供资金融通服务。从业务切入节点来看，供应链融资的途径，涉及了订单采购、销售回款、存货保管三个阶段。供应链融资具有降低融资成本、降低中小企业授信门槛等特点。

项目检测

一、单选题

1. 关于天使投资，下列说法不正确的是（　　）。

A. 天使投资是一种外部资金

B. 投资程序简单

C. 不是权益投资

D. 还可以提供专业知识和社会资源方面的支持

2. 民间借贷，是指（　　）之间及其相互之间进行资金融通的行为。

A. 自然人　　　　　　　　　　　B. 法人

C. 其他组织　　　　　　　　　　D. 自然人、法人、其他组织

3. 风险投资的回报是通过（　　）实现的。

A. 资本利得　　　B. 分红　　　C. 派息　　　D. 价差

4. 风险投资人进行风险投资的最终目的是（　　）。

A. 帮助中小企业融资　　　　　　B. 帮助政府发展经济

C. 以最小的投入获得最高额的收益　　D. 控制某些企业

5. 以下哪种融资模式不是建立在真实订单交易基础上的？（　　）

A. 订单融资　　　B. 预付款融资　　　C. 应收账款融资　　　D. 存货质押融资

二、简答题

1. 民间借贷利率有何特点？国家对民间借贷的利率保护上限是什么？

2. 什么是天使投资？目前我国天使投资的模式有哪些？

三、案例分析题

2010 年，农村姑娘小颜怀着对未来无限的遐想来济南读大学，大学毕业后找工作却成为难题。一次偶然的机会，她喜欢上了化妆，先是向哥哥借了 5 000 元，作为学习化妆技术的学费，又谈了一家按摩理疗合作伙伴，共同租赁经营场所，在合作伙伴的帮助下向银行贷款 2 万元，开始了创业之路。经过几年的打拼，小颜已经有了一定的积蓄和稳定的顾客群。2014 年她准备成立婚庆公司，进入婚庆行业。为取得更多的投资，她做了很多准备，想找一家合适的风险投资公司合作，目前正在寻找阶段。

根据上述材料，回答以下问题：

1. 小颜创业过程中用了哪些融资渠道？

2. 请你为小颜推荐三家以上风险投资公司，并说明各公司的特点。

3. 你认为小颜要想获得风险投资应做好哪些方面的准备工作？

项 目 评 价

学生自评表

序号	素质点自评	佐证	达标	未达标
1	融资渠道选择能力	能根据创业者所处的内外环境和创业者的自身条件选择合适的融资渠道		
2	职业道德、法律意识	能够掌握融资相应的法律法规，规避与非法集资相应的敏感内容，严格守法		
3	资源查找、整合能力	能够借助网络资源，查找相应的融资渠道		
4	协作精神	能够和团队成员协商，共同完成企业融资		
5	自我学习能力	能够运用网络资源，自我学习融资渠道的相关知识		

教师评价表

序号	素质点评价	佐证	达标	未达标
1	融资渠道选择能力	能根据创业者所处的内外环境和创业者的自身条件选择合适的融资渠道		
2	职业道德、法律意识	能够掌握融资相应的法律法规，规避与非法集资相应的敏感内容，严格守法		
3	资源查找、整合能力	能够借助网络资源，查找相应的融资渠道		
4	协作精神	能够和团队成员协商，共同完成企业融资		
5	自我学习能力	能够运用网络资源，自我学习融资渠道的相关知识		

企业评价表

序号	素质点评价	佐证	达标	未达标
1	融资渠道选择能力	能根据创业者所处的内外环境和创业者的自身条件选择合适的融资渠道		
2	职业道德、法律意识	能够掌握融资相应的法律法规，规避与非法集资相应的敏感内容，严格守法		
3	资源查找、整合能力	能够借助网络资源，查找相应的融资渠道		
4	协作精神	能够和团队成员协商，共同完成企业融资		
5	自我学习能力	能够运用网络资源，自我学习融资渠道的相关知识		

项目五

创业融资准备

学习目标

知识目标

1. 了解创业战略设计的步骤；
2. 理解创业团队设计的方法；
3. 熟悉商业模式设计的方法；
4. 了解公司估值的要素；
5. 熟悉投资人选择策略。

能力目标

1. 能根据战略设计步骤为企业设计出合适的战略；
2. 能够组建一支具有创造力的团队；
3. 能够设计出合理的商业模式；
4. 能对创业企业准确估值；
5. 能选择合适的投资人。

素养目标

1. 提升战略素养，合理做出前瞻性战略；
2. 提升谈判素养，选择合适投资人；
3. 提升团队素养，凝聚创业团队力量。

思 维 导 图

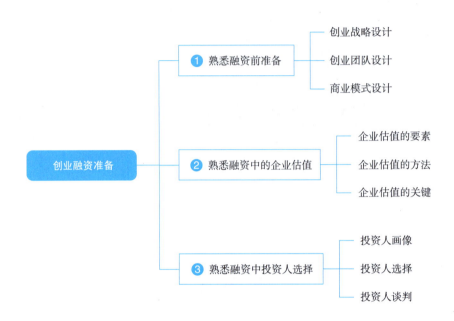

```
                                              ┌─ 创业战略设计
                         ┌─ ① 熟悉融资前准备 ─┼─ 创业团队设计
                         │                    └─ 商业模式设计
                         │
                         │                    ┌─ 企业估值的要素
创业融资准备 ─────────────┼─ ② 熟悉融资中的企业估值 ─┼─ 企业估值的方法
                         │                    └─ 企业估值的关键
                         │
                         │                    ┌─ 投资人画像
                         └─ ③ 熟悉融资中投资人选择 ─┼─ 投资人选择
                                              └─ 投资人谈判
```

案 例 导 读

马云的融资时点为什么如此精妙？

马云在创业的时候，向谁融的资？向他的学生、朋友、亲人融，终于融到了 50 万元，那时的 50 万元相当于现在的千万元吧。

当 50 万元快要用光的时候，马云又要融资了。找谁融呢？找机构，最好去找孙正义。如果一个人在很缺钱的时候去融资，就很难成功，但当马云去找孙正义的时候，并不是很缺钱，唯有如此他才会有自信，才会打动孙正义，结果是孙正义投资了。

所以说，一个企业融资的时间点不能过于紧张，在冬天没有到来之前先把冬衣准备好，可以有效地过冬，很寒冷的时候再去找冬衣就晚了。

（资料来源：界面新闻 https://www.jiemian.com/article/1194143.html）

思考：如何理解"一个企业融资的时间点不能过于紧张，在冬天没有到来之前先把冬衣准备好，可以有效地过冬，很寒冷的时候再去找冬衣就晚了"这句话的含义？

任务一　熟悉融资前准备

 工作任务一　创业战略设计

融资前准备

任务情景

晴天猫星球·猫咪咖啡

晴天猫星球·猫咪咖啡是一家结合咖啡、寄养、洗澡、售卖为一体的猫咖。一楼为猫咪寄养和售卖区，咖啡区域在二楼。周末的时候带着自己的爱猫来做个全身大保健，边喝咖啡边撸别的猫，好不惬意！

店铺定位为"萌宠休闲娱乐的治愈天堂"。为吸引投资者加入，在店名、室内设计方面都非常用心，店面虽然不是很大，但胜在猫全，性价比高，学生党过来玩也没压力。

（资料来源：微信公众号"萌派养宠"）

任务描述

根据上述资料，说说晴天猫星球·猫咪咖啡在融资前做了哪些战略设计。

相关知识

（一）创业战略设计的含义

作为创业者和企业的决策人，最重要的工作，不仅仅是定愿景、指方向，然后激励大家前行，更要懂得战略思考，画出实现路径。明确创业的具体战略和思考创业方向是创业过程中至关重要的一步。

创业战略设计是指在创业过程中，制定和规划战略方向和目标的过程。

（二）创业战略设计的步骤

创业战略设计的步骤如图 5－1 所示。

1. 创建自己的创业愿景和使命

明确创业企业的愿景和使命，需要罗列出企业的主要目标，即企业的长远目标和所追求的核心价值。

比如一款 App 应用，它可以鼓励用户养成健康的饮食习惯，同时也能更方便地分

图 5 - 1　创业战略设计的步骤

享食谱，那么它的愿景宣言就很简单——变成 iOS 和安卓系统里下载量最大的健康食谱 App 应用。

创业愿景宣言不能太长，简明扼要的好处是它能让你一下子就想起来，之后你在创业道路上所走的每一步都要符合这个创业愿景，并且努力实现目标。所以，请把你的创业愿景和使命写下来，放在所有能看得见的地方，把它深深刻在脑子里。

2. 明确客户痛点

创业企业（业务）之所以能存在，通常总是有原因的，所以，清楚地说出创业企业尝试为客户解决的一个问题。

就拿上面提到的那款健康食谱 App 应用为例，客户痛点可能是：人们想吃的更加健康，但通常需要简单实惠的食谱，同时在本地也能轻松找到食材。

3. 了解自己的优势和劣势

如果你足够诚实的话，那么就应该了解自己的缺点和问题，挖掘企业自身优势和劣势能帮助你更好地认清现实。

还是以上面的健康食谱 App 为例，你可能拥有丰富的营养学知识以及多年在零售健康食品店的工作经验，但是你从来没有真正尝试去创建过一家企业，这可能就会是你的缺点，除非你能获得更多创业经验。你必须要识别出潜在的创业"暗礁"，并且搞清楚如何克服这些困难。

4. 了解市场状况和竞争对手

创业者一般不太喜欢评估竞争环境，因为这很容易让他们失去创业激情，但是创业者必须要现实些。你需要了解自己（以及竞争对手）可能发展成多大的规模，所以，你必须了解每一个主要竞争对手。有个小技巧可以帮助你做到这一点，你可以把每个竞争对手的实际威胁都罗列出来，然后逐条进行对比、评估。

5. 明确你的市场定位

你的产品必须与众不同，在某些方面甚至要能脱颖而出。那么相比竞争对手，你可以为客户提供哪些与众不同（或更好）的价值呢？

继续以上面的健康食谱 App 为例，假如你能够定位到用户的所在地，然后帮助用户找到最方便的食材（或类似的替代食材），这就是个很不错的产品特点。

市场定位直接影响企业的战略规划、产品开发、市场推广等关键环节，是企业制定长期发展目标的基础。

6. 锁定市场进入规划

首先，你需要明确自己的客户类型，比如千禧一代的年轻人，还是繁忙的商务人士。其次，你要做好规划，如何将自己的产品或服务定位到这些目标受众身上。你需要明确产品销售渠道，以及业务延伸规划等。最后，你需要想办法给自己的产品或服务设置好定价。所以，你需要提前了解客户愿意给你的产品花多少钱。

7. 寻找愿意"尝试一下"的客户

许多创业企业之所以失败，是因为他们所开发出来的产品其实并不是消费者真正想要的。所以在你一股脑闷头向前冲之前，不妨先和别人聊聊，分享一点自己的想法。你可以记录下潜在用户的反应，他们听到你的想法之后是不是很兴奋？他们有没有咨询更多的问题？这些都是积极、正面的反馈。接下来，你需要去寻找那些愿意购买你产品或服务的客户，让他们愿意为你"买单"。

比如健康食谱 App，找到一些愿意尝试使用这款应用的人，一旦你启动业务之后，他们很可能成为你的首批客户，如果他们觉得体验不错，甚至还会帮助你进行口碑营销。

总之，上面所说的七条，其实是最基本的创业战略，如果你做得不错，可以尝试设置一些更高层次的目标和举措，这样循序渐进能帮助你一步步接近自己的创业目标，最终实现创立一家成功的企业。

（三）创业战略模式

创业战略模式如图 5 - 2 所示。

图 5 - 2　创业战略模式

1. 差异化战略模式

超过竞争对手的最好方法就是提供独一无二的产品或服务，为客户带来独特的价值体验。比如，小米公司的极客文化战略。小米在打造品牌的过程中，不只关注产品质量，还注重对消费者需求的深度理解。这一策略在小米的市场占有率和忠诚度方面都非常成功。

2. 协作合作的战略模式

通过与其他企业合作、联合等形式，以优势互补的方式协同作战，共同实现各自的目标。比如，滴滴出行的毒瘤机制战略。滴滴在管理员工方面非常严格，从源头上控制违规行为，这种严格的管理模式为公司的品牌建设提供了良好的保障。

3. 专业领导的战略模式

在行业内成为专家，掌握核心技术和理论，率先抢占市场并引领潮流。比如，华为公司的顶级品质战略。华为一直以来都是追求品质最上乘的品牌，他们在产品质量和设计方面的超群表现让消费者对其信任感爆棚，因而取得了巨大成功。

4. 细分市场的战略模式

通过细致的市场定位，专注于特定的人群和需求，以匹配合适的价值和服务获得市场份额。比如，优步的平台化战略。优步作为一家提供出租车服务的公司，却采取了共享经济模式，将车手和乘客联系起来，这种平台化的模式让优步在市场上占据非常重要的位置。

5. 价值链整合战略模式

通过控制整个价值链，实现从产业链的供应和生产到最终消费的垂直整合，为客户提供高质量的全流程服务。比如，TESLA 公司将绿色环保理念贯彻到他们的所有产品中，通过不断创新减少能源消耗，这种环保创新策略让其在市场上拥有非常广阔的发展空间。

工作任务二　创业团队设计

◎ 任务情景

"咬定目标不放松，风雨无阻勇攀登"的银座商城团队

随着新零售时代的来临，传统的经营模式已然不能满足消费者的需求，银座商城作为高端百货店，直面问题，加快改革步伐，注入新鲜血液，全力打造"银座线上直播间"。

在新思路和新模式的引领下，银座商城从总经理到普通员工，人人争当带货王，人人都是星推官，极大地促进了线上销售的提升。在今年公司直播比赛中，门店获得销售 MVP/MAX/ACE 第一名，店总直播以 210 万元赢得了"金话筒奖"，团队获得创意营销挑战赛一等奖。截至目前，银座商城在"银座云逛街"平台实现全年直播千余场，GMV 销售 2 000 万元。

（资料来源：微信公众号"银座集团资讯"，2021 - 12 - 15）

◎ 任务描述

根据上述资料，说说银座商城的员工团队有什么特色。

◎ 相关知识

创业的道路上，一个优秀的创业团队是至关重要的，因为一个好的团队可以让你的创业之路更加顺利，可以让你的创业梦想更快地变为现实。如何打造一个优秀的创

业团队？如图5-3所示。

图5-3　打造优秀创业团队的五种方法

（一）招募合适的人才

一个优秀的创业团队需要招募合适的人才，这些人才不仅要有专业知识和技能，还需要有一定的团队合作能力和创新精神。

因此，在招募人才的过程中，创业者需要充分考虑团队的整体需求，以及每个成员的个人能力和性格特点，只有这样，才能保证整个团队的协作效率和创新能力。

（二）建立良好的沟通渠道

一个优秀的创业团队需要建立良好的沟通渠道。在创业过程中，团队成员之间需要经常交流和协作，才能更好地完成任务和实现目标。因此，创业者需要建立起一个良好的沟通渠道，让团队成员之间可以随时随地交流和沟通，这样才能保证团队的协作效率和创新能力。

（三）建立良好的团队文化

一个优秀的创业团队需要建立良好的团队文化。团队文化是指团队成员之间的共同价值观、行为准则和工作方式等。好的团队文化可以让团队成员更加紧密地团结在一起，共同追求团队的目标。因此，在创业过程中，创业者需要注重团队文化的建设，让团队成员之间形成一种共同的价值观和行为准则。

（四）建立有效的激励机制

一个优秀的创业团队需要建立有效的激励机制。激励机制是指为了激励团队成员更好地完成任务和实现目标而设立的奖励和惩罚机制。一个好的激励机制可以让团队成员更加积极地投入工作中，提高工作效率和创新能力。因此，在创业过程中，创业者需要建立起一个有效的激励机制，让团队成员有更多的动力和热情去完成任务和实现目标。

（五）建立有效的决策机制

一个优秀的创业团队需要建立有效的决策机制。决策机制是指为了更好地协调团队成员之间的关系和工作，而设立的决策流程和决策方式。好的决策机制可以让团队成员更加明确自己的职责和工作任务，提高工作效率和协作能力。因此，在创业过程中，创业者需要建立起一个有效的决策机制，让团队成员能够更加有效地协作和完成任务。

工作任务三　商业模式设计

◎ 任务情景

百果园的合伙制股权分红模式

共享经济是一种通过互联网平台将资源进行优化配置的新兴商业模式。百果园作为共享经济的典型代表，通过其独特的合伙制股权分红模式，实现了快速的扩张和品牌知名度的提升。

百果园的商业模式分为线上和线下两个关键领域，它们相辅相成，共同构建了百果园的成功之路。

线下模式：合伙人分红与连锁门店。

百果园的线下模式是其成功的基石之一。该模式让员工成为合伙人，投资并参与经营店铺，为公司的扩张提供了资金和人力资源。

线上模式：私域流量运营策略。

百果园的线上模式同样卓有成效，特别是在私域流量运营方面。该模式包括以下关键策略：

（1）大规模VIP会员群体：百果园成功吸引了8 000万VIP会员，每月GMV达3亿元。这一庞大的VIP会员群体为企业提供了可触及的目标客户。

（2）多渠道运营：百果园利用微信公众号、短视频号、微信小程序等多个渠道建立了运营闭环，实现了线上线下的有机结合。

（3）精准定位和激励：通过新用户注册领取优惠券等激励方式，促使客户下单。此外，二级分销机制使老客户能够引导新客户，实现自传播。

（4）活动策划与推广：百果园通过拼团、会员折扣、促销秒杀等推广工具策划高效的活动内容，提高了客户的黏性，保持了复购率。

（资料来源：知乎 https://zhuanlan.zhihu.com/p/657656347）

◎ 任务描述

根据上述资料，说说百果园的商业模式有什么特点。

◎ 相关知识

商业模式运用得当，能带来很好的商业价值，为企业获得更多的融资。毫不夸张地说，得商业模式者，得天下。

（一）商业模式的含义

商业模式是指企业为了实现利润和增长而设计的一种运营框架和策略。它描述了企业如何创造价值、推动销售、获得收入，并构建可持续的竞争优势。

商业模式类型如图5-4所示。

图5-4 商业模式类型

1. 分拆商业模式

分拆商业模式是将原本一体的产品或服务进行拆分，以不同的形式提供给消费者，从而获取多元化的收入来源。这种模式下，企业可以根据用户需求和市场细分，将整体价值链分解为多个独立的环节，并通过各环节的有效衔接和组合，创造新的商业价值。

2. 长尾商业模式

长尾商业模式强调关注细分市场和小众需求，通过积累大量的小众市场来实现规模效应。在互联网和大数据技术的支持下，企业可以精准定位小众消费者，提供个性化的产品或服务，形成独特的竞争优势。

3. 多边平台商业模式

多边平台商业模式是指通过构建一个平台，连接多个独立但相互依存的群体，如消费者、供应商、广告商等，使他们能够在这个平台上进行交易、互动和合作。平台通过提供技术、规则和服务，促进各群体之间的交流和交易，从而创造和获取价值。多边平台的核心在于其强大的网络效应和协同作用。

4. 免费商业模式

免费商业模式是指企业以提供免费的产品或服务为基础，通过其他方式获取收入，如广告收入、增值服务收费、数据变现等。这种模式的核心在于通过免费吸引大量用户，形成用户规模和用户黏性，然后利用这些用户资源来开展其他盈利活动。免费商业模式打破了传统"一手交钱，一手交货"的交易模式，开创了新的商业思路。

5. 开放式商业模式

开放式商业模式强调资源共享、合作创新和价值共创，通过开放企业的资源、能力和平台，吸引外部创新力量和合作伙伴，共同创造和分享价值。这种模式的优势在于能够迅速汇聚各种创新资源，提高创新效率和质量，同时降低创新成本和风险。开放式商业模式还能够帮助企业更好地适应市场变化和用户需求，保持竞争优势。

（二）商业模式设计方法

商业模式设计方法如图5-5所示。

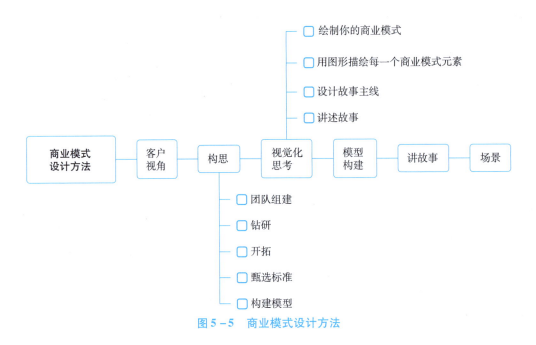

图 5 - 5   商业模式设计方法

1. 客户视角

客户视角是商业模式设计的指导性原则。客户的观点决定了我们选择怎样的价值主张、渠道、客户关系和收益来源。成功的创新有赖于对客户深入的理解，包括环境、日常工作、担忧和渴望。创新的真正挑战在于深入理解客户，而不是简单地去问他们要什么。

2. 构思

我们需要一个创造性的流程来产生大量的商业模式创意，并且能成功地识别出最佳创意，这个流程就称为构思。当我们尝试创造新的商业模式时，我们面临的一项挑战就是要忽略现状并停止对操作性问题的担忧，这样我们才能产生真正新的创意。

构思的过程有两个主要阶段：生成创意，这个阶段数量是重点；整合创意，这个阶段要把创意进行讨论、合并组合并甄选出少数可行的创意。

构思的流程包括以下内容：

（1）团队组建。为了产生新颖的商业模式创意，我们需要多样化的团队。

（2）钻研。在生成商业模式创意之前，必须经过钻研的阶段。这可能会包括总体研究、研究客户或潜在客户、详细调查新技术和评估现有的商业模式。

（3）开拓。团队尽可能多地开拓解决方案的范围，以产生尽可能多的创意。这个阶段的主要目的是数量，而非质量。

（4）甄选标准。确定我们为商业模式创意排序最重要的标准是什么。这个标准必须针对你的业务背景，同时还要涵盖以下内容：预期实施时间、潜在收入、可能的客户群体和竞争对手等。

（5）构建模型。对于每一个进入名单的创意，其完整的商业模式会是怎么样的？使用商业模式画布来勾勒和讨论每个商业模式模型。

3. 视觉化思考

商业模式是由许多模式组成的复杂概念，而且模块之间又有更复杂的关系，不把它视觉化就很难一目了然地抓住它的主旨。

通过视觉化描述的方式，人们将其中的隐含假设变成了具体的信息，使商业模式变得很明确，也使更具体的讨论和变更成为可能。

视觉化思考过程中，便利贴的使用具有重要意义。每个人在思考商业模式的时候都必须把便利贴放在手边，可以随意地添加、移除，以及在商业模式各模块之间挪动。参与者会讨论在画布上贴上哪张便利贴、移除哪张便利贴，辩论某项元素如何影响其他元素。这些讨论过程都让参与者能深入地理解该商业模式和它的动态变化过程。最终，这些便利贴就不仅仅代表了商业模式中的某个模块，它们还引导了战略讨论的方向。

解释商业模式的一种有效方法就是用一张图讲述一个故事。最好的方式就是一点接一点地介绍，可以用草图一张接一张地讲，也可以用PPT。另一种有效方法是，提前将商业模式的所有元素画在便利贴上，然后在你向观众解释商业模式的时候一张一张地贴上去，这能让观众更容易理解你是如何搭建商业模式的，具体有四步流程：

（1）绘制你的商业模式。开始时先用简单的文字填充你的商业模式模块。

（2）用图形描绘每一个商业模式元素。每次取下一张便利贴，用图形来代替它想表达的内容。

（3）设计故事主线。决定讲故事时先贴哪张便利贴。尝试不同的主线，可以从客户群体开始，也可以从价值主张开始。

（4）讲述故事。根据便利贴上的图画，一张接一张地讲述你的商业模式故事。

4. 模型构建

模型构建是一个有力的工具，可以开发出新颖、创新的商业模式。和视觉化思考一样，模型构建可以让抽象的概念具体化，有助于探索新的创意。模型存在的形态可以是一张草图，一张充分思考过的商业模式画布，或者一叠模拟新商业模式财务状况的数据表格。商业模式模型并不一定要看起来很像实际的商业模式；相反，模型是一个帮助我们探索不同的商业模式方向的工具。基于模型的互动比单纯的讨论更容易产生创意。

5. 讲故事

借助商业模式画布强大的解释能力，讲故事将有效地帮助你沟通这个模式的相关内容，能让观众暂时放下对于陌生事物的怀疑。讲故事是为了介绍新想法，向投资人推销，吸引员工，让商业模式栩栩如生。

讲故事的目的是引人入胜、栩栩如生地介绍一个新的商业模式。尽可能地让故事简单，只设计一个故事主角。根据受众不同，你可以设计不同视角的故事主角。

6. 场景

场景能够让具体和细节的内容来充实商业模式设计过程。有两种主要的场景：第一种场景是不同的用户结构，产品或服务将被如何使用，什么样的客户会用到它们，客户的担忧、诉求和目标。这些场景基于客户洞察，但通过融入我们对客户的理解描绘出了独特、具体的图景。第二种场景描述的是一个商业模式未来可能的竞争环境。

这里的目的不是预测未来，而是想想未来可能的具体细节。这样能让创业者自己体会未来各种环境下最合适的商业模式。战略研究将这种练习归为"场景规划"。

（三）不同创业阶段的商业模式

商业模式创新设计贯穿于创业的全过程。在创业的不同阶段，商业模式创新设计的要求有所差别。

1. 创业机会识别阶段

创业者在这个阶段的主要任务是识别合适的创业机会，需要考虑客户需求的真实性、客户需求的重要性、客户需求的规模等，专注商业模式的客户价值发现，不要过早考虑商业模式的其他问题。

2. 创意生成与筛选阶段

创业者在这个阶段的主要任务是将创意描述出来，并从逻辑上进行验证。首先，要明确客户本质需求、客户核心痛点以及客户目标利益；其次，要激发创意，可以如何解决客户痛点，进而获得若干个备选解决方案。最后，需要验证解决方案的有效性，是否有效解决客户核心痛点，是否能够给客户带来目标利益，是否对客户有足够的吸引力。在这个阶段，我们的目的是通过商业模式中客户价值创造原理来筛选出最佳创意。在未确定创意之前，我们既没必要考虑商业模式的方方面面，也没必要花大量功夫去深入设计。

3. 创业计划阶段

在这个阶段，我们已经开始要为创业做好准备，要考虑完整的商业模式，包括客户价值创造、企业价值获取的方面。客户价值创造包括提供什么产品或服务，采用什么方式组织生产，如何整合资源能力，如何向有效客户传递产品或服务等核心问题。企业价值获取包括明确向哪个群体收费，对哪些产品服务收费，以怎样的方式收费，如何锁定客户等核心问题。此时，我们不仅要考虑完整的商业模式，还需要进一步明确商业模式各个要素模块的详细设计。

4. 创业落地阶段

创业落地意味着我们已经成立企业，接受市场的检验。此时，我们必须进一步将商业模式运行规则进行设计，并以制度、流程等形式呈现出来。

任务二　熟悉融资中的企业估值

创业企业估值决定了创业者在换取资金时需要交给投资人多少股权。尤其是对于初创期企业，创业者往往不能直接用现有的方法对其进行具体的估值，而更倾向于选择根据企业的增长空间、增长速度、增长效率等情况来综合评估的估值方式。因此，创业者有必要了解如何在融资中进行有效估值的相关知识。

工作任务一　企业估值的要素

◎ 任务情景

假设正在创业的你要寻找在 10 万元左右的种子投资，换取你公司的 10% 左右的股权。这是典型的股权交易。那么，你的公司在投资前的估值将是 100 万元。然而，这并不意味着你的公司现在价值 100 万元。你很可能卖不出这个金额。在早期阶段的估值更多看重的是增长潜力而不是现值。

（资料来源：微信公众号"财融圈"，2022 – 05 – 04）

◎ 任务描述

根据上述资料，说说企业估值的重要性。

◎ 相关知识

在融资估值时，假如用市盈率、市净率等相对估值方法，只能简单片面地考虑单方面因素，容易掉入估值陷阱。下面总结了企业估值的五大要素，如图 5 – 6 所示。

图 5 – 6　企业估值的五大要素

（一）增长空间：有良好的前景

巴菲特的一项投资原则是企业"是否具有良好的发展前景"。一个企业能否壮大是建立在其是否拥有充足的增长空间之上的，那些拥有巨大增长空间的企业更容易受到投资人的喜爱。企业的增长空间取决于它所在行业的增长空间，一般可从用户的渗透率、人均消费水平、行业现状等方面进行判断。

例如，某通信公司用户数量占据市场比例较低，由此判断其仍有增长空间。某体育服饰公司对中国的人均运动服饰消费水平进行研究后，发现其远低于发达国家的人均运动服饰消费水平，由此判断该市场还有较大的增长空间。

总体来说，我们可以从企业的增长空间中判断其是否具有良好前景。但假如一个企业没有核心竞争力，即使其拥有巨大的增长空间，最终也只能为后来人作嫁衣。

（二）增长速度：善用市盈增长比率

增长速度是显著影响企业估值水平的因素之一，毕竟增长空间是不可预知的，而企业的收入、利润的增速却是可以被预测和证实的。许多投资人习惯用市盈增长比率（用企业的市盈率除以企业的盈利增长速度）对快速增长的企业进行估值。

（三）增长效率：以现金流为核心

假如某一家企业的利润增幅很大，但现金流却被存货、应收账款等占据了大部分；而另一家企业的利润增幅也很大，但需要将利润投回企业进行资本支出才能实现利润增长，股东无法自由支配利润；那么这两家企业的增长效率高吗？答案显而易见：两者的增长效率都不高。

一般而言，企业自由现金流＝扣除调整税后的净营业利润＋折旧摊销－资本支出－运营资本支出。上述两家企业后两项数额较大，导致自由现金流下降，增长效率也就随之下降，从而降低了企业的估值。

（四）净资产收益率：长期较高并且稳定

假如只能用一个指标来衡量企业经营得是否出色，那么这个指标非净资产收益率莫属。长期较高并且稳定的净资产收益率可体现出企业存在着某些独特的竞争优势来维持超额利润，大多数投资人对这类业绩持续优异的企业估值都偏高。

当然，也有投资人喜欢投资净资产收益率出现大幅度提升的企业。这类企业的净资产收益率原来并不优异，但因为行业周期、资产剥离、分拆等因素大幅提升，因此其股价也是一路飙升。这种投资俗称黑马股投资。

（五）风险：财务风险＋经营风险＋市场风险

风险非常容易被投资人所忽视。一个企业，即使收益情况不错，但如果承担了过高的风险，其估值也会有所下降。在通常情况下，企业的风险有三种，分别是财务风险、经营风险、市场风险。

财务风险是指由财务杠杆带来的风险。当企业还不起有息借款时，债权人就会催债，企业为了偿还这些债务，将面临现金流断裂的风险。

经营风险是指由经营杠杆带来的风险。经营杠杆过高就意味着成本较高，抵御外在市场波动的能力较弱，即企业收入的小幅度下滑会引起经营利润的大幅下降。

市场风险是指企业盈利对经济周期的敏感程度，周期性行业的企业在经济低迷时利润会减少更多。衡量企业周期性的最简单的方法是看其产品供给时间与产品使用寿命之间的时间差值。例如，2015年，某造船厂工作表排到了2022年，造出的船舶使用寿命仅为一二十年，2018年，该企业的股票一蹶不振，估值仅为全盛时期的30%。

工作任务二　企业估值的方法

◎ 任务情景

对一家企业估值，实际上就是在评判，赚钱能力如此的一家企业到底值多少钱。那怎么衡量一家企业的赚钱能力呢？

举个例子，你一个朋友开了一个卖电动车的门店，前期店面装修、采购等投了 30 万元，店铺租约还剩 5 年，目前一年能净赚 20 万元，现在这个朋友家里有人生病了，他急于把这门生意盘出去变现。他问你要不要买，愿意出多少钱买？

◎ 任务描述

根据上述资料，说说如何为这家电动车店估值。

◎ 相关知识

对企业进行估值一直是非常困难的，特别是初创期的企业估值需要采用何种估值方法非常重要。企业估值的方法如图 5 – 7 所示。

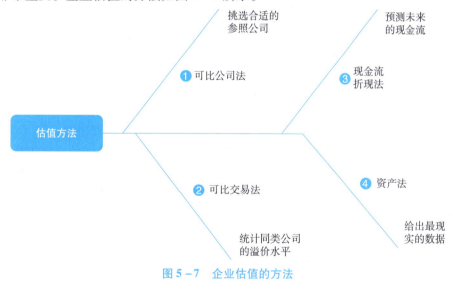

图 5 – 7　企业估值的方法

（一）可比公司法：挑选合适的参照公司

可比公司法可以提供一个市场基准，然后依照这个基准来分析目标公司当前的价值。这里的市场基准应当是与目标公司属于同行业的、可参照的上市公司，这个上市公司能为目标公司提供相关性很强的参考。

可比公司法最困难也最核心的环节就是挑选与目标公司具有相同核心业务和财务特征或风险的上市公司。可比公司法需要根据市场形势及投资人的心态来反映公司当前估值，所以在大多数情况下，可比公司法计算出的估值比较接近市场值，也就是和市场的相关性较强。

一般来说，应先从目标公司的竞争对手分析开始，因为竞争对手都具有相同的核心业务和财务特征，在市场上往往具有类似的机会或遭受着同样的风险。我们可以搜寻竞争对手中的上市公司，当然，用 5～10 个类似公司来比较是最好的。

（二）可比交易法：统计同类公司的溢价水平

可比交易法与可比公司法大致相同，它是指在融资估值过程中，选择同行业中与目标公司规模相同，但是已经被投资、并购的公司，在这些已经被投资和并购公司的估值基础上，获取与融资估值相关的财务数据，并计算出相应的融资价格乘数，以此为依据对目标公司进行融资估值。

举例来讲，A 公司在不久前刚获得融资，B 公司与 A 公司同属一个行业，并且其业务领域也与 A 公司相似，但是 B 公司的经营规模比 A 公司大三倍，那么在对 B 公司进行融资估值时，就需要在 A 公司的估值基础上扩大三倍左右。虽然实际的融资估值会出现偏差，但是在大体上，其融资估值的数据还是可以参考的。

任何一次融资交易，在估值过程中都会参考过往相关融资交易的估值，交易之后的估值则又成为后续融资交易的估值参考。可以说，估值的过程既对企业未来的效益水平进行了科学的量化，又受到了当下市场环境的影响。随着市场经济的不断发展和公司产权的日益商品化，对企业价值的评估也越来越受到重视，它正在成为衡量企业成功与否和整体质量好坏的全面而准确的指标。

（三）现金流折现法：预测未来的现金流

现金流折现法是一种对连续经营价值进行分析的方法。它是通过计算企业未来可能产生的全部现金流折现值来计算企业价值的。

在运用现金流折现法之前，应先了解两个概念：自由现金流和折现。

自由现金流是指在企业盈利后，盈利部分减去为了维持业务周转必须进行的成本投入而余下的净利润。折现是指根据企业当年的净利润和一定的折现率，计算这家企业的预期市值。现金流折现法更适合即将上市的成熟企业，对于创业企业来说具有很大的不确定性，因为对创业企业很难准确预测现金流，在不确定的现金流基础上折现出来的企业估值当然也会不准确。

（四）资产法：给出最现实的数据

资产法是指投资人不会支付超过与被投企业同等价值的投资成本。

资产法给出了最现实的数据，常以企业发展所需要的资金为衡量标准。其缺点在于投资人没有考虑企业的无形资产，也没有将企业的未来经济收益考虑在内。因此，资产法对企业估值的数据是四大估值方法中最低的。

工作任务三　企业估值的关键

任务情景

据 2022 年 9 月 15 日证券时报网消息，发端于山东济南的坚果连锁品牌"薛记炒

货"已完成 6 亿元 A 轮融资，本轮由美团龙珠、启承资本共同投资。

陆玖商业评论登录企查查发现，薛记炒货的主体公司"山东薛氏农业科技有限公司"尚未发生股权变更。"如果按照 A 轮出让 20% 的股权的行业惯例，薛记炒货的估值至少在 30 亿元以上。"投资界业内人士告诉陆玖商业评论，在经济下行周期，薛记炒货能获得如此高的估值，也表明了资本对薛记炒货前景的看好。

（资料来源：微信公众号"陆玖商业评论"，2022 – 09 – 16）

◎ 任务描述

根据上述资料，说说企业估值的关键点有哪些。

◎ 相关知识

在对企业进行估值时，创业者需要考虑很多关键问题，如估值是否越高越好，企业发展周期会对估值产生怎样的影响等。

（一）估值不一定越高越好

早期的企业估值对创业者非常重要，因为它决定了创业者在融资时需要交给投资人的股权比例。在创业初期，企业的价值接近于零，但其估值要高出许多。

比如，你需要 50 万元左右的天使投资，这笔投资可换取企业 10% 的股份。反推计算，企业的估值是 500 万元。然而，这并不意味着你的企业现在的价值就为 500 万元。在创业初期对企业进行估值，投资人更加看重的是企业的增长潜力，而不是现在的价值。

这是否意味着对企业的估值越高越好？不一定。如果企业在天使投资这一轮得到了一个高估值，那么下一轮它的估值将会更高。这意味着，在两轮之间，企业的业务规模需要明显扩大，营业利润需要大幅增长。假如做不到，你要么接受投资人苛刻的条款，再进行一次低估值融资；要么吸引新的投资人加入，愿意投入更多的资金；否则，公司的现金流将会断裂，以至于最后倒闭。所以，企业的估值并非越高越好。

（二）企业发展周期会对估值产生影响

在对企业进行估值时，由于企业特征的不同，估值的难易程度会有较大的差别。企业发展周期是对企业估值产生极大影响的一个因素。

我们将企业的发展周期一般分为四个阶段：初创阶段、成长阶段、成熟阶段、衰退阶段。随着企业所处的发展阶段的不同，其估值参数也有所变化。

1. 初创阶段

企业没有经营历史，只有少数企业可以实现盈利。它依赖私募资本成长，且多数会中途夭折。因此，对现有资产现金流、新增资产现金流、贴现率等任何一个变量的评估都极具难度，这也导致了现实中有众多不合理的估值充斥着资本市场。

2. 成长阶段

企业积累了一定的历史数据，但大部分有价值的资产依然来源于对未来资产的投资。同时，由于私募股权投资的存在，贴现率仍处于波动之中，企业对于风险的把控仍然很有挑战性。

3. 成熟阶段

企业积累了丰富的历史数据，增长率相对稳定，现金流风险也较小，这使估值相对简单了很多。但要注意的是，该阶段的企业通常会借助并购或内部重组的方式来提升生产率，从而导致增长率、资产结构等方面发生变化，进而影响到对企业的估值。

4. 衰退阶段

企业几乎没有来自未来资产的投资。衰退阶段的企业通常将现金流分配给股东，从而导致债务风险上升。因此，企业的清算价值或账面净值会比传统的估值方法更为可靠。

从操作层面来讲，初创阶段的企业估值最难，成长阶段次之，成熟阶段最容易。对于初创阶段与成长阶段的企业，绝对估值法更加适合它们。由于可比对象的缺失，相对估值法会不太准确。成熟阶段的企业则两种方法都适合。

（三）A 轮融资和 B 轮融资的估值为何会有差异

当创业企业的商业模式初步成功后，创业者就要考虑寻找 A 轮融资。只要投资人再多投入一笔资金，就可以帮助企业完善产品、扩大用户规模、提升行业排名。

对于创业企业来说，A 轮融资时的估值价格由创业者确定，之后创业者将项目价格报给数家投资机构。假如有投资机构认为其价格与项目匹配合理，就会选择投资；反之，创业者只能不断降价，直到找到合适的投资机构。

此外，处于 A 轮融资阶段的企业往往规模较小，我们难以根据运营数据判断其估值是否合理。一般而言，A 轮融资为 1 000 万~5 000 万元，也有极少数企业的融资可以达到 1 亿元。创业者转让的股权比例一般为 20% 左右。A 轮融资中的投资人会要求创业者在取得这笔资金后在多长时间内实现多少用户的增长，资金使用完后达到怎样的结果。

B 轮融资时的企业估值与 A 轮融资时的企业估值已拉开较大差距。这个时期的估值基本看项目做得好不好。用户的增长速度、盈利增长速度等数据进一步验证了企业商业模式的可行性。因此，在进行 B 轮融资时，投资人并不会去压低企业的估值，而是考虑如何帮企业争得细分领域的第一，获取 50% 以上的市场份额。自 B 轮融资开始，此后的 C 轮等上市前的融资，都会参考同等类型企业的估值。相较于 A 轮融资的创业者自行定价，B 轮融资的估值更为专业，且数据也更为精确。这就造成了 B 轮融资估值与 A 轮融资估值的差异。

任务三　熟悉融资中投资人选择

 投资人画像

投资人选择

🔵 **任务情景**

融资对创业者来说是非常重要的，一般创业企业是无法选择投资人的，但如何说服投资人投资，需要借助投资人画像，根据投资人特点，投其所好，获得投资。

◎ 任务描述

根据上述资料，说说如何获得投资人的认可。

◎ 相关知识

创业者寻找合适的投资人是一件比较困难的事。一般而言，创业者需要考虑什么样的投资人才是适合自己的，寻找投资人有什么途径。创业者只有考虑好投资人画像，才能寻找到合适的投资人。

（一）投资人画像

投资人画像是指对投资人的一系列特征进行描述或描绘。它是通过分析投资人的个人背景、目标、偏好、风险承受能力、投资经验等方面来形成的，以帮助了解他们在投资决策中的行为和倾向。投资人画像如图 5 – 8 所示。

图 5 – 8　投资人画像

1. 保守型投资人

这类投资人通常具有长期投资视角，他们更看重投资的稳定性和可持续性，而非短期的收益波动。因此，这类投资人喜欢对处于成长期的企业进行债权投资，投资额度相对较小，投资期限较长且稳定。

2. 进取型投资人

这类投资人愿意适度承担风险，追求稳定增长。他们喜欢投资于有增长潜力的创业企业、新兴行业、高成长潜力的企业或创新性项目，是创业者寻找投资人的首选。

3. 社会责任型投资人

这类投资人将社会和环境因素考虑在内，希望通过投资来实现经济效益与社会效益的双赢。他们可能会选择投资于可持续发展领域、环境友好企业或社会影响力大的项目。

4. 专业投资人

这类投资人可能是金融机构的投资专家或基金经理，具有丰富的投资经验和专业知识。他们对市场走势和企业基本面有较深入的研究，能够通过分析和评估做出投资决策。

5. 新手投资人

这类投资人可能是刚开始接触投资市场的人，对投资知识和经验相对较少。他们可能更加谨慎，也比较容易被创业者吸引，投资追求分散性，投资额相对较小，是众筹融资不错的选择。

（二）不同画像的投资人

不同画像的投资人如图 5－9 所示。

专业投资人或前企业家或种子基金

业内技术"大牛"或业内高管

专业投资机构

家人或朋友或天使投资人

图 5－9　不同画像的投资人

1. 专业投资人或前企业家或种子基金

在中国，我们有张野、祁玉伟、陈向明、徐小平等天使投资人。有一部分投资人曾经创立过企业，然后又将创业企业卖出，这些积累了一定资金的前企业家，有的是投资领域的专业投资人，有的是投资基金的创始人。

这些人的时间是很宝贵的，他们不可能每天都和你见面。不过如果你愿意付出一些费用，他们还是愿意与你聊聊天的。他们有众多的经验可以分享，而且对大部分的风险投资机构都了如指掌，甚至可以帮你引荐几家。

这些投资人就是你的"敲门砖"。单凭这些投资人的名气，风险投资机构的人员就乐意与你坐下来谈谈了，但是想要让风险投资机构成为你的投资人就很艰难了。专业投资人并非每个创业者的"守护天使"，因此假如得不到他们的投资也不用沮丧。当然，如果能获取他们的投资，那你应该为之庆幸。

2. 业内技术大牛或业内高管

你在行业内拥有强大的人际关系网吗？如果你从事零售行业，你是否认识每个地区的零售代理商和经销商？如果你是一位建筑工程师，那么你与那些建筑项目承包商有来往吗？获取投资的关键就是获取投资人对你的充分信任。在你熟悉的领域创业，好处之一就是比较容易获取信任，因为人们了解你的为人和工作能力。

虽然使业内技术大牛或业内高管成为你的投资人并非上佳之选，但你也为此省去了无人为你的创业提供帮助的担忧。有这些投资人帮助你创业，等于创业企业拥有了众多优秀的顾问与业务专家。

3. 专业投资机构

专业投资机构是最容易引起争议的一种投资人。专业投资机构中的部分机构决策缓慢，附加值低。除此之外，一些专业投资机构向创业企业提出的苛刻融资条款，会使创业企业在下一轮的风险投资融资中举步维艰。

虽然如此，但是我们不能将这些专业投资机构一棒子打死，因为在专业的天使投资机构中就有不少成功的案例。我们需要注意的是，当我们准备去寻找专业投资机构作为投资人时，应提前针对他们的声誉做一些功课。原因在于，他们在未来很可能会成为我们的合作伙伴，同时也将成为我们创业团队中的一员。

4. 家人或朋友或天使投资人

融资领域有个戏言：早期的投资人一般都是3F，即Family（家人），Friend（朋友）、Fool（傻瓜）。傻瓜是指天使投资人，这些天使投资人将钱投给素不相识的人，并且他们所投资的企业仅处于起步阶段或仅有一个创意。因此，在外人看来，他们与傻瓜无异。找家人、朋友融资在早期并不困难，因为他们爱你、信任你。《美国企业家评估》调查显示，美国创业企业获得的天使投资中，92%来源于家人和朋友，来自商业天使投资人的资金比例仅为8%。家人或朋友虽然不会像专业的天使投资人那样要求创业者有成熟的商业模式与准确的财务报表，但他们同样希望可以知晓一些事情。以下是创业者在找家人或朋友融资前需要注意的六个事项：

（1）不要害怕开口借钱，但说话要注意分寸；

（2）要乐观，要表现出对他们的尊敬；

（3）展示你的创业进度和取得的成果；

（4）不要指望筹到非常多的资金，只要能筹到维持创业所需的资金即可；

（5）要与朋友或家人沟通风险，签署协议；

（6）向朋友或家人展示增量价值。

总的来说，从家人或朋友那里融资会简单许多，但切忌把家人或朋友当作唯一的创业融资来源，专业的天使投资人也可以成为创业者的第一笔融资来源。

工作任务二　投资人选择

◎ 任务情景

企业融资时最先想到的是银行，但2020年11月23日，银保监会网站发布批复称，原则同意包商银行进入破产程序。包商银行应严格按照有关法律法规要求开展后续工作，如遇重大情况，及时向银保监会报告。

◎ 任务描述

根据上述资料，想一想创业者如何选择融资的银行？

◎ 相关知识

创业者找靠谱投资人是一项技术活。如果投资人与创业者理念相同，则可以加快项目的发展进程；如果投资人与创业者理念不同，那么企业在进行许多决策时会被掣肘，最终导致项目破产。选择靠谱投资人有两大策略：一是坐等投资人找上门，二是主动去找投资人。根据项目的不同，创业者可以选择不同的策略。

（一）坐等投资人找上门

如今，在竞争激烈的市场环境中，创业项目有很多，可真正能成功的却少之又少。每年成功融资的创业者不多，找到适合自己的投资人十分困难。创业者在寻找投资人之前要明确哪些渠道可以宣传自己的项目，只有把自己的项目推广出去，才能坐等投资人找上门。坐等投资人找上门的方法如图 5–10 所示。

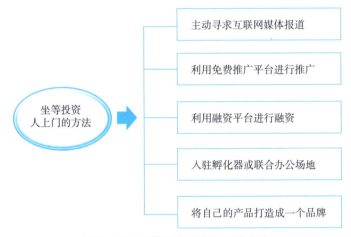

图 5–10　坐等投资人找上门的方法

1. 主动寻求互联网媒体报道

如果创业者没有接触过投资人，那么创业者可以了解一下媒体公关，这是一种让投资人找上门的好方法。一位中关村创业大街的创业者就是通过这种方法找到了投资人，并拿到了 2 000 多万元的 A 轮融资的。

因为感兴趣而找上门的投资人比那些费尽千辛万苦找到的投资人，投资项目的概率更大。现在是互联网全民阅读时代，很多投资人都有在网上看新闻的习惯。如果你能让自己的项目通过新闻的方式出现在他们的视野里，一些对项目有好感的投资人就会主动联系你。

目前，较为主流的互联网媒体如表 5–1 所示（排名不分前后），创业者可以选择适合自己项目的媒体网站投递。

表 5–1　主流互联网媒体

序号	媒体网站	所属领域	序号	媒体网站	所属领域
1	猎云网	科技新媒体	7	游戏陀螺	面向游戏行业的新媒体
2	36k	科技新媒体	8	游戏茶馆	面向游戏行业的新媒体
3	钛媒体	科技新媒体	9	触乐网	面向游戏行业的新媒体
4	雷锋网	面向硬件行业的新媒体	10	拓扑社	面向企业服务行业的新媒体
5	芥末堆	面向教育行业的新媒体	11	零壹财经	面向金融行业的新媒体
6	多知网	面向教育行业的新媒体			

2. 利用免费推广平台进行推广

除了媒体，创业者还可以将自己的项目放到免费推广平台上吸引种子用户，同时也能引起投资人的注意。目前，比较优质的免费推广平台有以下几家，如表5-2所示（排名不分前后），创业者可以选择适合自己项目的平台投递。

表5-2　免费推广平台

序号	免费推广平台	属性
1	腾讯创业	腾讯旗下的创投领域综合服务平台
2	IT桔子	创投行业产品数据库及商业信息服务提供商
3	NEXT	36kr旗下的类Product Hunt产品
4	Demo8	创业邦旗下的新产品分享交流平台

创业者可以在利用其他渠道进行推广的同时利用免费推广平台进行推广，提高被投资人发现的概率。

3. 利用融资平台进行融资

除了以上两种方法，创业者还可以利用融资平台进行融资。目前，比较优质的融资平台有以下几家，如表5-3所示（排名不分前后），创业者可以选适合自己项目的融资平台投递。

表5-3　融资平台

序号	融资平台	属性
1	华兴Alpha	华兴旗下的早期融资平台
2	逐鹿X	华兴旗下的早期融资平台
3	猎桔	IT桔子旗下的早期项目融资平台
4	天使汇	在线创业投资平台
5	创投圈	创业服务平台
6	36kr融资	36kr旗下的融资平台
7	牛投网	互联网非公开股权融资服务机构

在融资平台上，投资人可以搜索到自己感兴趣的各种项目的信息。通过这种方法找到的投资人往往更具针对性。

4. 入驻孵化器或联合办公场地

以上三种方法是见效较快的吸引投资人的方法，还有一些方法可以使创业者直接接触到投资人，这就要用到专业孵化平台。比如，创业者可以带着自己的团队入驻孵化器或联合办公场地，从而接触到投资人，让投资人投资自己的项目。

目前，比较优质的孵化器或联合办公场地有以下几家，如表5-4所示（排名不分前后），创业者可以选择适合自己项目的孵化器或联合办公场地并申请入驻。

表5-4 孵化器或联合办公场地

序号	孵化器或联合办公场地	属性
1	3W 孵化器	创业综合服务平台
2	太库	创业综合服务平台
3	桔子空间	以联合办公场地为主的创业服务品牌
4	科技寺	创业综合服务平台
5	今日头条创作空间	今日头条旗下的新媒体创业加速器
6	微软创投加速器	微软旗下的孵化器
7	氪空间	36kr 旗下的创业孵化器
8	NEXT 创业空间	互联网孵化器机构
9	优客工场	主打创业的共享办公空间

5. 将自己的产品打造成一个品牌

一些能力超常的团队有时能在找到投资人之前就获得超高名气，将自己的产品打造成一个品牌，如小米手机、"中国第一自媒体"逻辑思维等。

（二）主动去找投资人

除非项目非常优秀，否则多数情况还是需要创业者主动去找投资人。明确寻找投资人的方法是创业者首先要做的事，寻找投资人的方法如图5-11所示。

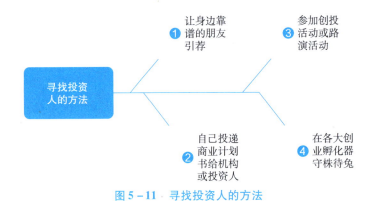

图5-11 寻找投资人的方法

1. 让身边靠谱的朋友引荐

如果有人信任你，愿意将你推荐给别人，这意味着他愿意为你的表现承担风险与连带责任。这种信任是非常珍贵的。因此，寻找投资人的最好方法就是通过朋友引荐。

2. 自己投递商业计划书给机构或投资人

一般情况下，自己投递商业计划书给机构或投资人的方法很难发挥作用，除非你的商业计划书特别出众。越是知名的机构，每天收到的商业计划书越多，所以你很难战胜海量的商业计划书，被投资人一眼看中。

例如，近几年来，经纬创投每天都会收到100多份商业计划书，一年下来有几万

份。而他们每年最多投资 60 个项目，而且有些项目并不是通过这种渠道找到的。通过投递商业计划书给机构来获得融资的概率之低，可见一斑。

如果创业者想要投递商业计划书给机构，建议选择一些知名投资人的新创基金。在这种情况下，他们会更倾向于给新人机会。目前，比较优质的知名投资人的新创基金有以下几家，如表 5 – 5 所示（排名不分前后），创业者可以选择几家合适的基金投递商业计划书。

表 5 – 5　机构或投资人

序号	新创基金	创建人
1	紫牛基金	猎豹移动 CEO 傅盛
2	峰瑞资本	前 IDG 资本合伙人李丰
3	熊猫资本	来自晨兴、启明等一线主流基金
4	愉悦资本	原君联资本 TMT 核心团队刘二海、戴汨、李潇
5	曲速资本	原梦工场创投基金董事总经理杨轩

创业者应当根据不同的投资人撰写不同的商业计划书，让投资人明白这是发送给他的，而不是统一的模板。这种方法的有效性远低于让身边靠谱的朋友引荐。然而，通过投递商业计划书来获得大笔融资的创业者也大有人在。

3. 参加创投活动或路演活动

目前，北京、上海、深圳等地的创业氛围非常好，每天都会开展各种创投活动。如果创业者有时间，可以多参加这些线下的创投活动，至于能不能拿到投资人的联系方式就要各凭本事了。

另外，由创业孵化器主办的路演活动也能为创业者提供与投资人接触的机会。路演活动一般会邀请多名大众创业导师、天使投资人作为嘉宾，创业者可自由报名参与。在路演时，创业者需要对自己项目的市场前景、商业模式、团队情况等进行讲解，创业导师、天使投资人会与创业者探讨项目的优缺点。

与商业计划书要求的全面、详尽不同，参加路演活动要求语言简短、精练。路演五大注意事项如图 5 – 12 所示。

图 5 – 12　路演五大注意事项

（1）使用 PPT 注意时间。一般情况下，路演都会用到 PPT。在使用 PPT 展示项目时需要注意三点，如图 5 – 13 所示。

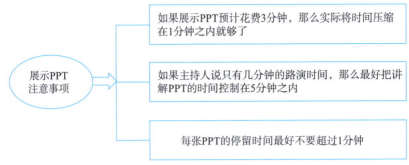

图 5 – 13　展示 PPT 注意事项

（2）讲述自己的创业故事。没有人不喜欢听故事，讲述自己的创业故事能够给投资人留下深刻的印象。与 PPT、数字之类的信息相比，故事对投资人的吸引力更大。创业者可以把自己的创业故事讲给投资人听，如果能够引起投资人的关注，就很容易引起投资人的情感共鸣，从而获得投资。

（3）突出项目的不同。在大众创业的潮流下，一些人人都可以做的项目已经无法吸引投资人的注意了。试想一下，自己的项目有什么特点是当前其他创业项目没有的，研究清楚这个问题才能保证路演的成功。

（4）自信但不夸大其词。投资人很难在短时间内了解项目，所以他们评判项目好坏的一部分依据就是创业者对项目有没有信心。创业者无须因为自己经验不足、只懂技术不懂运营而自卑，因为就算百度、阿里巴巴、腾讯等大公司也都是一步步发展起来的。

另外，自信并非让你将"最好""最棒""最吸引人"挂在嘴边，这样会给投资人留下不好的印象。自信是言谈举止自然的流露，是含蓄的。创业初期的项目都是不完善的，即使好项目也有不足之处，所以创业者要自信但不能夸大其词。

（5）提前预测投资人的提问并想好解决方案。如果投资人对项目感兴趣，但是问了一些棘手的问题，这时创业者就很容易表现慌乱，从而影响自己在投资人心中的印象。因此，创业者对投资人的提问要做到心中有数，在回答问题时要不卑不亢，只有这样才能赢得投资人的好感。

4. 在各大创业孵化器守株待兔

创业孵化器是指为创业企业提供免费或廉价的办公场地、设备，甚至是咨询意见或资金的企业。大多数创业孵化器是由非营利性组织和风险投资人创建的，它为我国的创投事业做出了很大贡献。

在中关村创业大街的车库咖啡、3W 咖啡等创业孵化器里，每天都会有一些投资人出没。如果创业者眼力好，很容易碰到投资人，并获得与之沟通的机会。当然，获得投资的前提是你要做足功课，保证言之有物。

工作任务三　投资人谈判

任务情景

与投资人谈判，既是磨合，也是对弈，是博弈的过程，也是竞合的过程。一定要建立在一个竞合、双赢思维基础上去谈判。谈判有时是对等的，绝大多数是不对等的情况，一方很强势，一方很弱势。不管自身处于强势还是弱势地位，手上一定要有两种手段、两种工具，一手硬是剪刀，一手软是针线。

例如，蒙牛牛根生，头脑特别清晰，知道自己很弱势，没什么可谈判的资本，所以他也把自己身份放低，给自己列了几个需求，其中不能变的是什么？就是控股权不能给别人，剩下什么都可以谈。所以当时牛根生给自己设计一条防线，企业做得再不好，控股权不能让给别人，但可以签对赌协议。

（资料来源：财道家塾）

◎ 任务描述

根据上述资料，想一想投资人谈判要注意哪些技巧？

◎ 相关知识

创业者与投资人进行的一系列接触、沟通活动，被称为投资人谈判。在谈判的过程中，双方会就自身的利益与对方展开协商，投资人会为自己争取更多的特权，而创业者也要积极维护自身和原有股东的利益不受损害，这是一个创业者与投资人互相助力、寻求平衡的过程。

（一）介绍项目的技巧

创业者与投资人沟通的时间可能只有几分钟，因此投资人是没有耐心听创业者讲完项目的全部细节的。对此，创业者需要掌握一些介绍项目的技巧，争取通过项目介绍在短时间内抓住投资人的心，让投资人主动延长沟通时间。介绍项目的技巧如图5-14所示。

图5-14 介绍项目的技巧

1. 通过对应物强化项目优势

每位投资人的个人背景、知识构成、喜好等各不相同，因此其所关心的问题也不一样。但是，没有投资人不喜欢具有优势的项目，所以创业者需要在这方面进行努力。通过对应物强化项目优势就是介绍项目的第一个技巧。

创业者在向投资人介绍自己的项目时，最好找一个对应物，即同行中成功或失败的案例。找对应物的目的是让投资人了解自己做的是什么，自己的企业处于创业初期还是中期，企业的年销售额是多少，自己的项目在市场中处于什么地位。另外，非常关键的一点是，创业者必须重点向投资人讲述自己和竞争对手的区别，突出自己的优势。

对应物相当于打开与投资人的话匣子的切入点。投资人的时间是非常宝贵的，他们不会浪费时间听一个不知名的创业者全方位地介绍自己的项目。所以，通过对应物来定位自己，让投资人快速、清晰地知道你现在的创业状况是非常重要的。

通常情况下，创业者第一次约见投资人往往只能给投资人留下一个粗略的印象，至于会不会有下一次的见面取决于自己的项目够不够吸引人。

2. 站在投资人的角度想问题

在与投资人打交道之前，创业者应当换位思考，想象一下如果自己是投资人会询问什么问题。站在投资人的角度想问题可以帮助创业者进行更充分的准备，在见面时更容易吸引投资人的注意。投资人经常问的问题如图 5 – 15 所示。

图 5 – 15　投资人经常问的问题

对投资人来说，如果创业者的项目中有他想要的东西，那么他自然会投入资金。从以往投资人支持的项目中不难发现，投资人最关注图 5 – 16 所示的三个方面的信息。

图 5 – 16　投资人关注的信息

（1）团队信息。投资人首先关注的是创业团队信息，所以创业者应准备详细的团队信息以应对投资人的提问。创业者应将创业团队的成员信息及之前取得的成绩进行汇总，以防在投资人提问时无言以对。

关于这一点，很多人会有疑惑。他们认为，面对潜在的投资人，介绍自己的项目才是最应该做的事。然而，虽然创业者关于项目的创意足够优秀，但是随着项目的开发、实施，或多或少会经历一些变更。相比之下，团队是比较稳定的因素。在项目后期的运作过程中，其目标市场、产品和商业模式都会有所改变，但团队是不变因素。

（2）项目细节信息。在交流中，投资人希望了解项目当前的融资金额、完成进度及资金使用情况等，创业者应提前准备对这些细节性的问题进行回答。

一些创业者可能认为，这些问题应在与投资人接触后期进行具体介绍。但事实是，投资人不仅是数量有限的潜在合伙人，还是急于锁定投资项目的风险投资人。投资人只会在他们接触过的项目中选择几个进行投资，所以他们希望在一开始就能看到项目各方面的细节信息。在短时间内将细节讲述清楚有助于创业者获得投资人的认同，最大限度地争取到投资人。聪明、经验丰富的投资人的时间很少，如果创业者没有直接阐明要点，则很可能会错失这个机会。

（3）市场信息。投资人在接触任何一个创业项目时，都会想知道创业者凭什么认定自己的产品有足够的市场。所以，创业者还需要对自己产品的市场有足够的了解，全面、准确地搜集市场信息，仅按照市场调研公司提供的表格来进行市场分析是远远不够的。

首先，创业者需要说明目前市场中存在的竞争对手有哪些，与其相比自己的优势是什么。

其次，创业者需要说明自己产品的卖点是什么，即能够让用户感觉"非用不可"而不是"用了还不错"的点。

最后，创业者需要解释自己产品的价格定位、商业模式及新产品或新服务能否被目标市场接受等问题。

通过这些代表性的问题，投资人能够了解创业者的思维方式及其对产品的了解程度。创业者是积极改善市场还是闭门造车，是努力挖掘产品的各个方面还是对产品感到不确定，这是投资人非常在意的点，而投资人也会据此判断这个项目是否值得投资。

需要注意的是，与投资人第一次会面的目的是尽快获得第二次面谈的机会。所以，创业者只要将上述三个方面的重点信息传达给投资人，让投资人对项目产生兴趣，初步目的就达到了，不必急于将项目的所有信息和盘托出。

（二）协商融资金额

融资金额代表着投资人为项目开出的价格。有时，为了降低风险，投资人会有小额投资试水的想法，而这对创业者来说就很被动。如果融资金额太小，满足不了企业的需求，创业者就需要继续寻找新的投资人，这会使创业者无法集中精力在企业经营上。

因此，融资金额不是在与投资人面谈时决定的，而是在融资前就决定好的，创业者要让投资人跟着自己的思路走，而不是顺着投资人的思路走。

1. 见面之前想好要多少钱，出让多少股权

对早期的创业企业来说，可以通过运营成本来估算需要多少融资金额。一年半的运营成本是一个比较合适的数值，可以在这个范围内上下浮动。

用一年或两年的运营成本来估算融资金额是不合理的。如果是一年，企业的融资较少，则需要抓紧时间进行融资，这会导致创业者无法将精力集中在创业上，这对企业来说有弊无利；如果是两年，那就等于用现在的估值去募集两年后需要的资金，这对企业来说是不合算的。因为如果企业发展顺利，则两年后的估值可能是现在的5倍以上，这不仅造成了企业股权的浪费，还不利于企业的发展。

所以说，用一年半的运营成本来估算融资金额可以达到较好的效果。那么一年半的运营成本该如何计算呢？大部分创业者养成了有多少钱做多少事的习惯，突然要计算一年半的运营成本，一时之间不知道该怎么做了。下面列举了三个重点：

（1）不需要计算准确数值，找到范围即可；

（2）灵活对待财务模型，不需要一定按照预算表去执行；

（3）营收或毛利的增长应大于成本的增长，否则应该检验企业的经营是否出现了问题。

计算出一年半的运营成本后，建议选择大于这个结果的数值作为融资金额。现在很容易出现这样的情况：在投资人还有兴趣加大投资的情况下，一些创业者却停止了融资。这显然是不正确的做法，因为创业者必须为企业后期的发展储备足够的资金。

那么，创业者到底应出让多少股权呢？

如果项目目前只是一个创意，还没有成立企业或企业刚刚成立不久，此时进行的融资就是种子轮融资或天使轮融资。在这个阶段，创业者应出让企业10%~20%的股权。

按照互联网企业的发展速度，企业在拿到天使轮融资后的一两年内，产品就会走向成熟，用户量也有了一定基础，此时就可以进行A轮融资了。在A轮融资中，创业者应出让企业20%~30%的股权。

企业在拿到A轮融资后，如果用户量持续增长，业务发展态势良好，再过半年或一年就可以进行B轮融资了。这时候，创业者一般出让企业10%~15%的股份。紧接着是C轮、D轮……

总而言之，在与投资人见面前，创业者要做到心中有数，想好要多少钱、出让多少股权，这样可以给投资人留下一个好印象，从而促进融资成功。当然，如果投资人对项目表现出了强烈的兴趣，那么创业者一定要抓住机会，尽量争取到下一轮融资。

2. 具体的融资金额和出让股权可以妥协

在谈判过程中，具体的融资金额和出让股权是可以妥协的，但对企业的控制权是不能妥协的。

作为创业者，不必执着于融资金额破亿和自己的占股比例必须达到50%以上。只要融资金额在适当范围内，企业股权结构健康，能够保证创业者对企业的控制权，适当妥协一下是没有坏处的；否则，创业者与投资人存在矛盾，会严重影响企业的健康发展。

从这一点考虑，创业者在融资时应该更倾向于选择以财务回报为投资目的的财务

投资人。因为战略投资人的投资目的是产业整合，他们总希望把被投企业纳入其整体战略框架内，会较多地干预被投企业的经营方向，因此对控制权的要求会强一些；财务投资人的目的是若干年后的财务回报，他们对控制权的要求较低，对利益方面的要求会比较高。

很多创业者徘徊于对融资的迫切需求与对企业控制权的舍和留之间。需要注意的是，千万不要急于求成，在控制权问题上是坚决不能妥协的。

3. 优化调整，寻找最有利的融资交易

在融资谈判的过程中，创业者和投资人都可以直接表达意见。比如，对于无理的棘轮条款、对赌协议等，创业者可以直接表示无法接受。

要想与投资人达成交易，明确表达自己的意见是非常重要的。如果创业者认为无法达到对赌条件，则明确说出理由，请求投资人降低条件；如果创业者不想按投资人的要求进入新领域，则明确说出理由，请求投资人做出让步；如果创业者觉得分期投不好，则明确提出并说出理由。

总而言之，如果达成融资交易，那么一定是双方都认可的结果，虽然双方有妥协，但都能够接受。一些创业者不懂这个道理，只要是投资人开出的条件就完全接受，但是等投资后问题就会接踵而至。还有一些创业者甚至与投资人的矛盾激化，造成无法挽回的后果，如失去企业控制权等。所以说，创业者需要学会与投资人进行谈判，通过优化调整寻找最有利的融资交易。

（三）投资人拒绝投资怎么办

融资谈判失败并不是一件罕见的事，相反，融资一次性成功的案例反而是凤毛麟角。近几年，市场形势越发严峻，投资人比以前更谨慎，创业者被拒绝的情况时常发生。但对创业者来说，被投资人拒绝也算一种宝贵的经验，创业者要学会总结失败的经验和教训，为下一次成功打好基础。

1. 问清被拒的原因，看能否找出解决方案

没有投资人愿意树立起不好相处、不易合作的形象，所以创业者在被拒后要做第一件事就是问清被拒的原因。如果项目十全十美，那么投资人当然不会错过，再说也没有十全十美的项目。因此，创业者需要特别关注投资人给出的拒绝投资的理由，其中可能包含创业者没注意的项目漏洞。

弄清投资人拒绝投资的原因，可以帮助创业者重新思考自己的创业模式，寻找解决问题的方案。

过一段时间后，创业者可以再次与投资人沟通，证明自己已经实现了之前没有达到的某些目标或已经找到了验证商业模式更好的方法，并告诉投资人自己为降低技术和市场风险做了哪些事情。

如果投资人愿意再次见面，那么创业者应向投资人展示企业在这段时间的发展变化，进一步展示项目的前景。所以，在被投资人拒绝后不要怨天尤人，而应保持耐心和战略性思考，寻找逆转的机会。

2. 调整商业计划书

如果投资人对商业计划书不满意，从而拒绝投资，那么创业者就需要重新调整商

业计划书。

调整商业计划书可能涉及改变项目的商业模式或调整市场定位。如果项目的商业模式有巨大潜力，那么投资人一定不会拒绝投资。拒绝是一面醒目的旗帜，证明项目的商业模式并不完善。作为企业创始人兼CEO，你必须对自己产品的目标市场的发展空间有充分的理解，还必须清楚用户的需求和痛点，准确把握当前和未来潜在的竞争格局。

投资人往往更愿意支持那些定位精准、有巨大发展潜力的企业。因此，在市场定位和发展潜力方面，创业者需要自上而下审视财务预测；在用户和销售能力方面，创业者需要自下而上做出财务预测。企业的市场定位也应该与财务预测相契合。因此，融资被拒可能意味着企业走到了一个转折点，创业者需要对市场定位进行调整。

3. 寻找新的投资人

在寻找投资人之前，创业者首先要将自己人际交往圈中可能对自己项目感兴趣的人员名单列出来。这个名单不仅包括潜在投资人的名字，还包括那些在企业创建和融资时试图向创业者提供帮助的人及那些对项目本身感兴趣的人。这样做有助于创业者在融资前选定融资范围，即使融资被拒也能立刻调整状态，寻找新的投资人。

精明的投资人应当具有企业目标垂直市场的专业知识，或在产品领域有丰富的技术经验。如果当前接触的投资人不是很符合这些要求，那么创业者应当积极接触新的投资人。下面是帮助创业者找到适合自己的投资人的方法：

（1）根据不同的目标选择不同类型的投资人。创业者首先要思考自己希望通过投资人实现什么目标，是需要一个更大的人际关系网络，还是更多的专业知识，或是更多的资金。不同的目标，可选择的投资人的类型也是不同的。如果创业者已经将自己的创业想法转化为现实，并希望找到联合创业者时，那么其寻找的第一个投资人应为天使投资人。因为天使投资人一般有较多的专业经验，可以为创业者提供帮助。但如果创业者想要得到更多的资源，那就应该寻找风险投资人。

在企业发展初期，天使投资人对创业者的要求较少，但风险投资人就不同了。在投资之前，创业者需要向风险投资人提供有力的数据证明企业的发展潜力。在与风险投资人见面之前，如果创业者没有将商业计划书写得完美，那么几乎不太可能获得风险投资人的认可。

当然，有一些风险投资人会在融资的早期阶段投资一些发展前景良好的创业企业，但创业者在创业之初通常先获得天使投资人的资金支持，风险投资人往往会在第二轮或后几轮融资时出现。

（2）根据资金和资源的需求选择投资人。对创业者来说，投资人的资金和资源有很重要的价值。一个有足够资金的投资人才有能力为企业投资，因此创业者要了解和掌握投资人的经济情况。另外，如果投资人具备丰富的资源，如人脉、办公场地、技术等，那么创业者也应该想方设法获得其青睐。

例如，某互联网企业缺乏云计算技术，而其投资人恰好是云计算领域的佼佼者，那么该投资人就可以为这个互联网企业提供很好的帮助，从而提高其市场竞争力。此外，技术的升级也可以促进企业业务的扩展，提升企业的服务能力。

（3）通过专业平台了解投资人。创业者在寻找投资人时，最重要的一步就是要了解投资人。如今，很多专业平台上都有一些关于投资人的信息和资料，创业者可以通过对这些信息和资料进行查询，进而了解投资人的喜好、投资习惯等。当创业者充分了解了投资人以后，融资的成功率会大大提高。

（4）考虑投资人后期能否适应企业文化。对创业企业来说，企业文化才是王道。独特的企业文化可以给创业企业精神力量，支持企业发展壮大。一旦创业者锁定了潜在投资人，那么就需要考虑他们能否适应企业文化。创业者应考虑两个问题：投资人是想参与企业的日常运营，还是不管不问？投资人的发展理念是否与自己一致？

创业者在与投资人见面时，总是处于被动地位。有时候，创业者会被投资人的各种问题"轰炸"。实际上，创业者也可以问投资人一些问题，如："若您愿意投资我们企业，那么您在我们企业中的角色定位是什么？"了解投资人对自己的角色定位，可以有效避免与投资人在未来产生冲突。

创业者需牢记，不要单纯为了资金而选择投资人，一定要思考投资人会为自己的企业带来什么。多问问题，多做研究，再决定企业需要哪种类型的投资人。找到一个理想的投资人、一个智慧的导师，可以帮助创业者获得成功。

如果创业者选择的投资人拒绝投资，那可能是项目本身不具备他们需要的某种特质。但只要创业者的创意足够新颖、项目足够优秀，总能找到志同道合的投资人。

项目小结

1. 创业战略设计是指在创业过程中，制定和规划战略方向和目标的过程。

2. 商业模式是指企业为了实现利润和增长而设计的一种运营框架和策略。它描述了企业如何创造价值、推动销售、获得收入，并构建可持续的竞争优势。

3. 投资人画像是对投资人的一系列特征进行描述或描绘。它是通过分析投资人的个人背景、目标、偏好、风险承受能力、投资经验等方面来形成的，以帮助了解他们在投资决策中的行为和倾向。

4. 对创业者来说，投资人的资金和资源有很重要的价值。一个有足够资金的投资人才有能力为企业投资，因此创业者要了解和掌握投资人的经济情况。

项目检测

一、单选题

1. 以下不属于战略设计步骤的是（   ）。

A. 创建自己的创业愿景和产品种类   B. 明确客户痛点

C. 了解自己的优势和劣势   D. 了解市场状况和竞争对手

2. 以下不属于创业战略的是（　　　）。

A. 差异化战略模式　　　　　　　　B. 协作合作的战略模式

C. 专业领导的战略模式　　　　　　D. 平分市场的战略模式

3. 以下不属于企业估值要素的是（　　　）。

A. 增长空间：有良好的前景

B. 增长速度：善用市净增长比率

C. 增长效率：以现金流为核心

D. 风险：财务风险＋经营风险＋市场风险

4. 以下属于投资人选择策略的是（　　　）。

A. 坐等投资人找上门　　　　　　　B. 被动去找投资人

C. 与投资人谈判　　　　　　　　　D. 投资人投后管理

二、简答题

1. 如何寻找新的投资人？

2. 投资人拒绝投资怎么办？

三、案例分析题

大学生小王，毕业后通过市场调研准备从事家政服务业，主要针对社区 70 岁以上老人提供上门午餐服务和卫生清扫工作。小王经过计算，前期投入大约 50 万元，于是小王开始融资。

根据上述材料，回答以下问题：

1. 小王在融资前需要做哪些准备？

2. 小王如何建立投资人画像？用什么方法寻找投资人？

3. 请你为小王的家政服务公司取一个名字并设计一个发展战略。

项 目 评 价

学生自评表

序号	素质点自评	佐证	达标	未达标
1	合理做出前瞻性战略	能根据企业内外部环境，制定企业战略		
2	谈判能力	能够找到合适的投资人，通过谈判寻找有利于自身的合作方式		
3	资源查找、整合能力	能够借助网络资源，查找相应的融资渠道		
4	团队领导力	能够组建团队，引领团队按企业战略发展		
5	自我学习能力	能够运用网络资源，自我学习融资渠道的相关知识		

教师评价表

序号	素质点评价	佐证	达标	未达标
1	合理做出前瞻性战略	能根据企业内外部环境，制定企业战略		
2	谈判能力	能够找到合适的投资人，通过谈判寻找有利于自身的合作方式		
3	资源查找、整合能力	能够借助网络资源，查找相应的融资渠道		
4	团队领导力	能够组建团队，引领团队按企业战略发展		
5	自我学习能力	能够运用网络资源，自我学习融资渠道的相关知识		

企业评价表

序号	素质点评价	佐证	达标	未达标
1	合理做出前瞻性战略	能根据企业内外部环境，制定企业战略		
2	谈判能力	能够找到合适的投资人，通过谈判寻找有利于自身的合作方式		
3	资源查找、整合能力	能够借助网络资源，查找相应的融资渠道		
4	团队领导力	能够组建团队，引领团队按企业战略发展		
5	自我学习能力	能够运用网络资源，自我学习融资渠道的相关知识		

项目六

商业计划书设计

知识目标

1. 了解商业计划书；
2. 掌握商业计划书设计；
3. 掌握商业计划书核心要素。

能力目标

1. 学会商业计划书设计；
2. 能够运用商业模式设计商业计划书；
3. 能够掌握商业计划书结构。

素养目标

1. 通过商业计划书设计树立法治观念；
2. 通过商业计划书案例树立文化自信；
3. 通过商业计划书核心要素树立社会主义核心价值观。

思 维 导 图

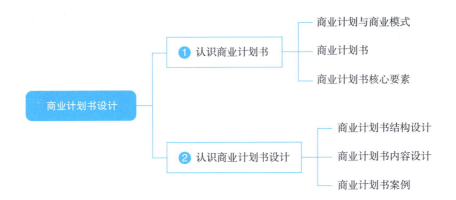

案 例 导 读

某家初创企业，通过深入的市场调研和精准的定位，成功打造了一份吸引投资人的商业计划书。

他们在计划书中详细阐述了自己的商业模式、市场前景和盈利预测，同时展示了团队的专业素养和执行力。这份计划书不仅吸引了众多投资人的关注，最终还成功获得了数百万的融资。

从这个案例中，我们可以提炼出成功融资的几个关键要素：

一是要有清晰、准确的商业模式和市场定位；

二是要展示团队的专业素养和执行力；

三是要用数据和事实支撑观点，增强说服力。

（资料来源：微信公众号"TQZ探求者"，2024 – 03 – 28）

思考：根据上述案例，讨论商业计划书的重要性。

任务一 认识商业计划书

商业计划与商业模式

🔵 **任务情景**

商业计划书设计

不加盟却开出"12 000＋"家门店，华莱士凭什么？

华莱士作为乡村"肯德基"，价格杀手，快餐界的拼多多，你可以说它没那么好吃，但无法否认它生意不好，更无法否认，它靠数量和下沉市场取胜，在麦当劳肯德基强势进军中国后，硬生生给自己劈开了一条血路出来，成为国内快餐市场上一个拥有万店规模的宝藏品牌。

华莱士用了三年多的时间，逐渐摸索出一整套适合中国国情的"平价汉堡"经营模式。把价格控制在麦当劳和肯德基一半以下；门店选址上，主动避开租金昂贵的核心商圈和一级路段；经营面积摒弃"大而全"，不设儿童乐园；门店采取统一采购、统一设计、统一流程。

华莱士能在很多城市"所向披靡"连开"12 000 ＋"家店，实现百城万店的目标，表面上看是其低价策略的成功，实际上则要归功于其独特的商业模式。即是以"门店众筹、员工合伙、直营管理"为核心的"合作连锁模式"，这种模式现在已经有一个专有的名称——福建模式。

（资料来源：微信公众号"红餐品牌研究院"，2020 - 07 - 25）

◎ 任务描述

根据上述资料，讨论商业模式对华莱士发展有什么作用。

◎ 相关知识

商业计划和商业模式是企业经营中的两个重要概念。

（一）商业计划

商业计划（Business Plan）是指企业在创立或发展过程中，对企业目标、市场分析、战略规划、财务预测等方面进行详细规划和分析的文件。商业计划可以帮助企业明确自身的定位和目标，制定合理的发展策略，规避风险，吸引投资人等。商业计划通常是一个长期的文件，以指导企业的发展和运营，通常包括如图6-1所示的内容。

图 6-1　商业计划内容

（二）商业模式

商业模式（Business Model）是指企业如何通过创造、传递和捕获价值，从而实现盈利的方式和模式。商业模式强调的是企业如何建立可持续的竞争优势，并将价值转化为收入。商业模式需要考虑到企业所处的市场环境、目标用户、产品特点等因素，以及如何从中获取利润。商业模式通常是一个较为具体和操作性强的方案，用于指导企业具体的运营活动。常见的商业模式如图 6-2 所示。

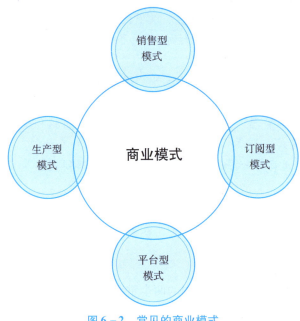

图 6-2　常见的商业模式

（三）商业计划与商业模式的关系

商业计划和商业模式是企业经营过程中相互关联的两个概念。商业计划是对企业整体发展进行规划和分析，而商业模式则是对企业盈利方式和模式进行设计和优化。商业计划提供了战略指导和长远规划，而商业模式则是具体实施的方式和路径。通过合理制订商业计划和商业模式，企业可以更好地把握市场机遇，提高竞争力，实现可持续发展。

工作任务二　商业计划书

任务情景

2024 年 5 月，为山东人服务 20 多年的统一银座超市实体店将陆续更名为"仲家汇"。仲家汇生活连锁超市将按照新的标准进行重新装修设计，便利店也会增加销售品类。位于商圈附近的便利店将增加适合上班族食用的鲜食热餐、网红食品及少量生鲜水果等品类，主打快消品质优选。而位于社区附近的生活连锁超市则会增加生鲜蔬菜、冷冻现货、日用品及优质副食品等适合居家使用的品类好物。据介绍，目前计划便利店数量为 44 家、生活连锁超市 155 家。

山东统一银座商业有限公司已于 5 月 7 日完成名称变更，变更为仲家汇商贸（济南）有限公司，该公司由滕州仲家汇商贸有限公司全资控股。该公司的法定代表人，从马云鹏变更为王维亚。

新公司正在紧锣密鼓地看址选址，本月底新开三到五家生活连锁超市，两月内预计开店 10 家以上，两年内计划投资 3.5 亿元，新开便利店 200 家，社区生活连锁超市 200 家。

（资料来源：微信公众号"新黄河客户端"，2024 – 05 – 08）

🔘 任务描述

根据上述资料，讨论"仲家汇"的商业计划。

🔘 相关知识

（一）什么商业计划书

商业计划书（Business Proposal）则是企业向潜在投资人、合作伙伴或供应商等提出的具体商业合作建议。商业计划书通常是针对特定项目或合作机会的详细计划，以便获得资金支持、合作机会或合作资源。商业计划书的内容如图 6 – 3 所示。商业计划书的目的是向潜在合作伙伴或投资人展示项目的商业价值和可行性，以促使对方与企业合作或提供支持。

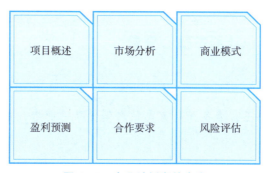

图 6 – 3　商业计划书的内容

（二）商业计划书的重要性

有好的项目却找不到投资人，这是因为投资人没有发现项目的"好"。任何产品都需要推销，创业项目也不例外，没有人会对一个现状、收益、前景不明的"三无"项目感兴趣。投资人很期待通过一份商业计划书了解项目的大致情况，缩短考察项目时间，既不会错过好项目，也不会在差项目上耽误时间。因此在投资人眼中商业计划书的重要性包括以下几个方面：

1. 商业计划书可以让投资人看到企业产品真正解决用户哪些痛点

创业者在融资时，要仔细思考用户痛点，斟酌自己是否真正抓住了用户痛点，避免陷入"痛点不痛"的创业陷阱，让投资人失去信心。

2. 商业计划书可以让投资人看到企业细分市场的切入点

通过企业细分市场切入点分析，可以看出创业者对市场的灵敏嗅觉，能在细微之处察觉市场需求，快速推出新产品占领市场，为企业创造收益的能力，有利于投资人做出投资价值判断。

3. 商业计划书可以让投资人看到企业团队的运营功力

商业计划书中体现了企业核心团队，投资人能看到核心团队成员的从业经历和擅长领域、团队成员的互补性和完整性。

4. 商业计划书可以让投资人看到预期回报率

商业计划书中的商业模式在一定程度上反映了投资人未来能够获得的回报。投资人如果在创业项目的商业模式上看到未来盈利，他会毫不吝啬地投资。

5. 商业计划书可以让投资人看到投资风险大小

对创业者来说，为了将创业风险降到最低，必须更加精准地定位自己的商业模式。如果创业者认识到项目的不确定部分，就可以计算出最大亏损范围，将创业风险数据化。这样不仅可以帮助创业者看清前路的艰辛，提前做好规划，还可以让投资人更迅速地做出投资决策。

（三）商业计划与商业计划书的区别

商业计划是一个整体的规划和分析文件，而商业计划书是特定项目或合作机会的具体建议书。商业计划为企业整体发展提供指导，而商业计划书通常用于与外部合作伙伴沟通和合作。

工作任务三 商业计划书核心要素

◎ 任务情景

今年大学毕业的小王，准备开一家类似名创优品的商店，目前正在筹备阶段，准备销售各种时尚品。

◎ 任务描述

根据上述资料，请你为小王写一份商业计划书。

◎ 相关知识

一份出彩的商业计划书应该浓缩创业者所要介绍的核心和关键点，使投资人看过之后就可以对项目的情况有一个大致的了解。商业计划书的篇幅不宜过长，内容力求精练，对项目的投资亮点应进行重点阐述，以展示项目的优势。商业计划书是投资人对投资项目的第一印象。投资人只有觉得商业计划书有足够的吸引力时，才会对后面的具体内容产生兴趣。因此，撰写人必须掌握商业计划书的编写方法，并对这一部分认真对待。

出彩的商业计划书都有一些相同点。通过分析，我们总结了一些出彩的商业计划书中相对固定的格式。通常情况下，商业计划书有八个核心内容，如图 6-4 所示。

商业计划书

八个核心要素：

1.市场概况：项目市场空间+增速；

2.用户情况：目标用户+需求；

3.解决方案：产品方案+业务模式；

4.竞争对手：与竞争对手的差异+自身优势；

5.运营状况：用数据展示企业实力；

6.未来规划：财务预测；

7.团队介绍：团队分工+优势；

8.融资计划：股权结构+融资金额+让股比例+花费方向。

图6-4 商业计划书核心内容

（一）市场概况：项目市场空间＋增速

投资人选择投资项目时肯定会关注项目的市场概况，而创业者选择创业项目时也会优先选择市场前景好的行业。全面的市场概况应当包括市场空间（市场规模）、企业的发展潜力、企业的发展速度等。

以下是手艺饰品公司撰写商业计划书时对市场概况的分析：

饰品是当代年轻人在各个节日中送礼时比较热衷的一类礼品，而且深受广大女性的喜爱，可见，人们对饰品的需求是很强烈的。饰品行业的发展劲头十足，随着饰品店的增多，饰品店间的竞争必将日趋激烈。

个体经营、分布零散式的小饰品店，因无法在竞争中求得生存，最终走上了加盟连锁的道路。同时，许多饰品存在着设计款式雷同的缺陷，在这种情况下，当代年轻人独一无二的个性需求是远远不能得到满足的。虽然现在饰品连锁店经营方式多种多样，但不管其背景如何，要想在饰品行业中找到立足之地，树起一面大旗，找对特色项目永远是关键的一步。

众所周知，产品可以复制，技术可以复制，但创意无法复制。因此，手艺饰品在市场中逐渐发展起来。手艺饰品的个性化不仅能满足当代女性爱美的需求，还能满足当代年轻人独一无二的需求，个性化的手艺饰品已成为节日送礼的理想选择。

手艺饰品的设计团队大多是由一些民间的手工制作者及热衷于设计的创意爱好者组成的。这种独一无二的设计和纯手工制作，可以对各种节日量身设计代表性作品；会员顾客还可以到店里与设计人员交流，为自己设计专属的饰品。

在个性化需求日渐明显的趋势下，该手艺饰品公司纯手工制作的特色定位产品确实符合市场需求。唯一不足的是，该计划书缺少市场调查数据，未对市场规模、企业发展速度等情况进行说明。如果再加上真实的市场调查数据，其说服力将更强，投资人很容易就能判断出其市场概况是否真正乐观。

（二）用户情况：目标用户＋需求

除了市场概况，我们还需要在商业计划书中介绍目标用户及其需求。

手艺饰品公司的商业计划书对目标用户定位及需求的说明可以转化为：

试图寻找更漂亮、更时尚的饰品来装扮自己是女人的天性，尤其是"90后""00后"女性，她们对个性化饰品的需求更是有增无减。我们手艺饰品公司正好利用了个性化这一特点，满足了"90后""00后"女性爱美的需求，更满足了年轻一代对个性、时尚的需求。这就形成了良好的供需关系。

众所周知，女性消费人群的购买力普遍高于男性，再加上"90后""00后"女性更热衷于追求个性化的手艺饰品，因此手艺饰品公司将"90后""00后"女性作为目标用户是有一定优势的。

由此可见，创业者要先精准定位目标用户及其需求，确保目标用户的需求旺盛。在此基础上，创业者才能让投资人相信该创业项目是有巨大潜力的。

（三）解决方案：产品方案＋业务模式

产品方案是指产品运营人员通过调查研究，在了解市场、客户需求、竞争对手、外在机会与风险，以及市场和技术发展态势的基础上，根据企业自身的情况和发展方向，制定出可以把握市场机会、满足消费者需求的产品的远景目标以及实施该远景目标的战略战术，通常包含市场调查、有效沟通（包括与客户、开发人员、管理人员等的沟通）、收集及分析数据、确定产品发展目标、制订中长期发展规划五项工作内容。

业务模式是企业采取的独特的、行之有效的产品或服务提供方式。比如，用什么方式能保证达到业绩，如何保证未来业绩的增长与发展，有什么相异于竞争对手的、独有的企业发展手段和思路。

（四）竞争对手：与竞争对手的差异＋自身优势

创业者要确认自己直接的或者潜在的竞争对手，找准自己的核心竞争力。比如，相比同行业其他企业，企业在市场上立足并得以发展的长久竞争力是什么，是哪些原因让企业活到现在，还活得好好的，并且未来可能活得更好。

（五）运营状况：用数据展示企业实力

企业运营状况包括生产效率、销售量、市场份额、客户数量、供应链管理、人力资源管理等。运营数据是商业计划书中比较有说服力的数据，是除产品之外比较直观的实力体现。

创业者可能会因为创业初始阶段用户量少、访问量小而不愿意引用数据。事实上，找出四五个关键数据即可加深投资人的印象，这比单用文字说明会有效很多。表6-1所示为某科技公司的部分运营数据。

表6-1 某科技公司的部分运营数据

年份	2020	2021	2022	2023	2024
销售收入/万元	6 312.15	7 057.98	14 248.86	22 049.72	34 841.64
净利润/万元	1 557.20	1 104.63	5 541.48	7 900.26	12 571.85

这样做可以使各年份的利润清晰地展示出来，而且省时、省力。这些数据可以成为投资人衡量企业运营状况的一个标杆。如果在商业计划书中向投资人展示了较好的运营数据，那将对投资人有绝对的吸引力。所以，在企业的预期收益非常不错、运营状况非常良好的情况下，不要吝啬，你可以大方地将企业的运营状况以数据的形式展示在商业计划书之中。

（六）未来规划：财务预测

在商业计划书中，详细描述预估的收入和预估的支出，甚至应该说明企业成立后前三年或前五年内，每一年的营业收入与支出费用明细表，这些预估数字的主要目的是让创业者清晰计算利润，并明了何时能达到收支平衡。

（七）团队介绍：团队分工＋优势

投资人投资时最看重的因素就是创业团队。有一些阵容强大的创业团队，在项目还是一个创意的阶段就能获得投资。因此，在撰写商业计划书时，创业者应当重视对创业团队及分工方面的介绍。创业企业可以参照表6-2和表6-3介绍创业团队成员及其具体分工。

表6-2 董事会成员名单

职务	姓名	负责业务	联系电话
首席执行官			
首席技术官			
首席财务官			
执行副总裁			
副总裁			

表6-3 公司内部部门设置情况

序号	部门名称	负责经理	人员数	联系电话
1	研究开发部			
2	生产部			
3	商务部			

续表

序号	部门名称	负责经理	人员数	联系电话
4	行政			
5	质控、质保部			
6	财务部			
7	工程设备部			
8	顾问委员会			

需要注意的是，如果创业团队成员的背景有优势，也可以进行简要说明。比如，谁是创始人？谁是企业的重要人物？企业是通过什么契机发展起来的？这样的管理团队，在同行中处于什么位置？是否优秀？能否实现企业的下一个发展目标？

当然，如果你的团队成员没有背景优势，其智商和学习能力或许非常高，此时就可以通过其他途径证明给投资人看。在介绍创业团队成员及其具体分工的时候，不妨先看看自己的成员有哪些加分项，然后做重点介绍。

（八）融资计划：股权结构＋融资金额＋让股比例＋花费方向

融资计划包含四个部分，如图6-5所示。

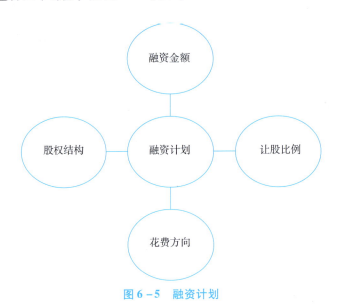

图6-5 融资计划

1. 股权结构

商业计划书需要重点说明关于企业的股权结构情况。如果投资人对企业当前的融资情况一无所知，那么投资人很难信任该企业。如果创业者将这一点介绍清楚，就可以提高创业企业及项目的信任背书，从而吸引更多投资人的关注和参与。在介绍完创业团队后，可以列表说明目前企业的股权结构，如表6-4所示。

表6-4 企业的股权结构

股东名称	出资额	出资形式	股份比例	联系人	联系电话
甲方					
乙方					
丙方					
丁方					
戊方					

如果创业团队已经搭建完整，投资人将会重点关注股权方面的信息。股权结构不仅可以反映创业企业的现在，还可以预测企业的未来。因此，创业者应当向投资人展现一个健康、合理的股权结构。

2. 融资金额

创业者的融资金额就是投资人需要投资的金额。说清初次创业钱从哪里来，应包括个人和他人出资的金额比例、项目投资等，这会影响整个企业的股份与红利分配。另外整个商业计划的资金总额的分配比例，也应记录清楚，还要说明融资的具体用途。

3. 让股比例

应说明对应融资金额的让股比例。

4. 花费方向

融资常用于三个方面：一是用于产品推广；二是建立服务标准化体系，三是建立规模优势。在有些融资案例中，创业者对资金用途的描述是"一般企业目的"，其实这是远远不够的。创业者应该详细列出每笔资金的用处。创业团队拿到的融资主要有表6-5所示三种用途。

表6-5 创业团队融资用途

序号	融资用途	融资目的
1	开展项目	融资的目的都是开展项目，将产品打入市场。这一部分应当写清楚具体的财务规划，如产品研发花费、广告投入花费、租用场地花费等
2	扩充创业团队	在开展项目的过程中，创业者会发现人才短板，此时应当舍得花钱把人才吸引到团队里。假如企业已经进入发展转折期，但是团队却没有什么变化，那么企业的发展速度就会受到限制
3	挖掘商业模式	创业者要时刻探索和优化商业模式。与此同时，创业者还需要检查新商业模式或者优化商业模式的效果，以保证资金花到实处

创业者在决定资金花费方向时，可以将投资人的需求作为出发点去考虑。如果创业者将所筹集来的资金用于投资人所愿意看到的项目，并且企业也会因此而获得不错的发展，那这将是一举两得的事。

任务二 认识商业计划书设计

工作任务一 商业计划书结构设计

任务情景

一份完美"商业计划书"的整体框架结构

封面要素
- 项目名称：品牌名称、产品名称或公司简称，并带有Logo
- 公司定位：一个短语或短句来描述公司的核心定位
- 公司名称或项目组名称
- 项目定位的表述要简洁、清晰、直接、理性

业务描述
- 是一家什么企业或服务商，核心业务是什么
- 服务什么人群，聚焦什么领域，目标用户是谁
- 解决什么问题和痛点，满足什么要求
- 采用什么方式或手段，以什么为切入点
- 提供什么产品或解决方案，打造什么平台
- "旨在"或"致力"什么，希望达到什么目的和效果

理念表达
- 公司的使命、愿景、价值观
- "初心""情怀"等理念及情感口号

优势亮点
- 成立时间、创始人、重大里程碑事件、主要成就、行业地位等

（资料来源：微信公众号"米柚营销"，2023 - 02 - 13）

任务描述

根据上述资料，说说商业计划书应突出哪几方面的特点。

相关知识

商业计划书结构设计通常包括表6-6所示的内容。

表 6 – 6　商业计划书结构

序号	商业计划书结构	具体内容
1	概述	项目背景和目标、市场机会和需求、公司愿景和使命
2	市场分析	目标市场的规模和趋势、竞争对手分析、目标客户群体描述
3	产品或服务	产品或服务的特点和优势、售价和定位策略、知识产权或专利情况
4	商业模式和盈利模式	公司的商业模式、收入来源和盈利模式、成本结构和利润预测
5	营销策略	定位策略和目标市场细分、品牌建设和推广策略、销售渠道和销售计划
6	运营计划	生产或服务流程和供应链管理、人力资源和组织结构、质量控制和风险管理
7	财务计划	初始投资和资金需求、预测的财务指标，如销售额、利润、现金流量、投资回报和退出策略
8	风险管理	识别重要风险和挑战、风险评估和应对策略、灾难恢复计划
9	实施计划和时间表	项目里程碑和关键任务、时间安排和资源分配
10	团队和合作伙伴	创始团队的介绍和背景、关键合作伙伴和供应商介绍、组织架构和人员职责
11	附件	支持文件，如市场调研数据、合同样本、财务报表等

　　商业计划书的结构设计应该清晰、逻辑性强，并注重读者的易读性和理解性。根据实际情况，可以对每个部分进行合适的调整和扩展。图 6 – 6 为商业计划书结构样表。

商 业 计 划 书

项目名称	
项目单位	
地　址	
电　话	
传　真	
电子邮件	
联系人	

保 密 承 诺

　　本商业计划书内容涉及本公司商业秘密，仅对有投资意向的投资者公开。本公司要求投资公司项目经理收到本商业计划书时做出以下承诺：

　　妥善保管本商业计划书，未经本公司同意，不得向第三方公开本商业计划书涉及的本公司的商业秘密。

图 6 – 6　商业计划书结构样表

图 6 – 6　商业计划书结构样表（续）

工作任务二　商业计划书内容设计

◎ **任务情景**

商业计划书内容设计

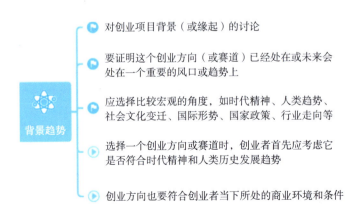

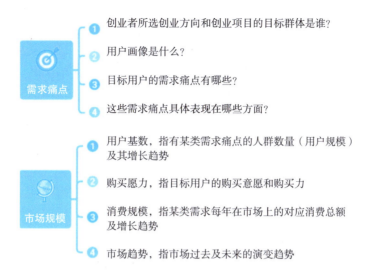

1. 创业者所选创业方向和创业项目的目标群体是谁?
2. 用户画像是什么?
3. 目标用户的需求痛点有哪些?
4. 这些需求痛点具体表现在哪些方面?

需求痛点

1. 用户基数,指有某类需求痛点的人群数量(用户规模)及其增长趋势
2. 购买愿力,指目标用户的购买意愿和购买力
3. 消费规模,指某类需求每年在市场上的对应消费总额及增长趋势
4. 市场趋势,指市场过去及未来的演变趋势

市场规模

(资料来源:微信公众号"米柚营销",2023 - 02 - 13)

任务描述

根据上述资料,讨论商业计划书的内容设计应从哪几方面入手。

相关知识

商业计划书不仅是企业融资的敲门砖,还对企业的经营发展起着重要的指导性作用。好的商业计划书,其核心内容都是相似的,只需六步就能撰写一份完美的商业计划书,具体如图6-7所示。

第一步	概括商业模式	第四步	做出未来三年的财务预测
第二步	看清与竞争对手的差异	第五步	介绍团队及其成员
第三步	描述市场营销战略	第六步	制定退出机制

图6-7　撰写商业计划书的六步

(一)概括商业模式

互联网时代的商业模式可谓多种多样。虽然有些项目的商业模式可能还不太成熟,但是这一部分依然需要详细描述,因为投资人可能会根据商业计划书所描述的商业模式的可行性做出投资判断。

下面归纳了五种商业模式,如图6-8所示,创业者可据此思考自己的商业模式属于哪一种。

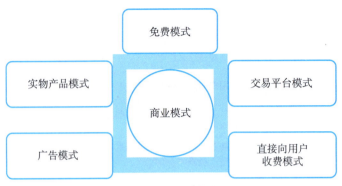

图 6-8　商业模式

1. 实物产品模式

实物产品模式是指产品为某种实物，用户可以直接购买和使用这一物品，也就是通常所说的商品或货物。实物产品模式非常简单，分为四种，如表 6-7 所示。

表 6-7　实物产品模式类型

序号	模式	特点
1	自己生产、自己销售	自己负责产品的生产和销售
2	外包生产、自己销售	把产品的生产环节外包出去，自己仅负责将产品销售给用户
3	只生产、不销售	自己仅负责生产产品，由分销商负责产品销售
4	不生产、只销售	自己仅作为分销商负责产品的销售或者为产品销售提供交易市场

实物产品模式的前提是有实物作为产品。如果产品不是实物，用户无法直接购买使用，那么就会用到其他业务模式。

2. 广告模式

自从广告成为谷歌的主要盈利渠道以后，广告模式就成为互联网行业首选的商业变现模式。广告模式如图 6-9 所示。

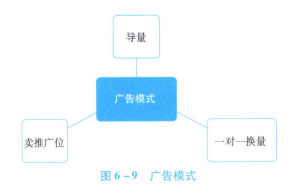

图 6-9　广告模式

（1）导量。导量的方法有很多。例如，拥有巨大用户群的超级 App 会将自己建设成一个平台，如微信。微信的"支付"功能里有大众点评、京东优选的入口，这不仅因为腾讯注资了大众点评和京东，还因为微信的平台建设需要。微信用户每一次从微信入口进入其他产品，甚至细化到无论是否产生了购买行为，这个产品都需要向微信付费或者分成。在这个过程中，微信基本主导了付费的标准。

某些本身就是平台的产品，是通过竞价排名的方式进行导量的。例如，淘宝大众点评、应用市场等平台产品，它们的盈利方式是直接给商家导量。用户打开淘宝搜索某件产品显示出来的结果并不是随机的，淘宝后台会根据自己的算法及用户对商品显示规则的限制计算排名。用户看到的产品前后展示位置及左右侧的广告位置都是商家花钱购买的。每当"双 11"狂欢购物节来临，商家将纷纷争抢好的广告位，拿下好位置的商家的销售量必将提升。

（2）卖推广位。推广位有各种各样的形式，包括用户打开 App 时的全屏广告和 App 下方窄窄的小插屏广告。广告位的收费形式也有很多，如按广告的展示次数收费、按用户的点击次数收费、按用户的下载（安装）或购买次数收费等。广告费用的高低与操作的难易程度有关。企业也可以自己操作广告平台，但一般是在 App 产品线多且用户量非常大的情况下，如腾讯旗下的腾讯广告、百度旗下的百度联盟、360 奇胜效果联盟等。

例如，一位用户结束了一局"植物大战僵尸"的游戏，在即将进入下一关的时候，突然跳出来一个其他游戏的广告。如果用户下载了推荐游戏，就能得到一定数额的奖励。这个工作不是"植物大战僵尸"的 App 自己做的，而是由第三方的移动广告平台来开展的。第三方移动广告平台全盘负责广告业务，按期结算，通过分成获取利润。

（3）一对一换量。一些用户量不是很大但是"精力充沛"的公司，会通过一对一换量模式变现。例如，美图秀秀 App 内置的推荐板块常常推荐几十款甚至上百款 App，就像一家小型应用商店。而美图秀秀推荐的 App 里也有美图秀秀的下载方式。

量级相对较小、用户群固定的 App 适合使用这种一对一换量的变现方式。这类 App 经常可以找到"志同道合"的 App 进行数量对等的用户导入。如果用户数量相差较多，就需要支付费用来弥补其中的差异。

3. 交易平台模式

交易平台模式如图 6 - 10 所示。

图 6 - 10　交易平台模式

实物交易平台模式是指为用户进行商品交易提供平台，平台方从中收取佣金的模式。阿里巴巴就是这种商业模式，佣金是其主要的收入来源。

服务交易平台模式是指为用户提供和获取服务提供平台，平台方从中收取佣金的模式。58同城、滴滴出行都是这种商业模式。

资金沉淀模式是指通过为用户保管资金而赚取投资收益回报的模式。很多互联网金融、O2O企业都寄希望于这种模式。

4. 直接向用户收费模式

直接向用户收费模式如图6-11所示。

图6-11 直接向用户收费模式

定期付费模式是指用户付费后获得一定时间内的服务。定期付费的单笔付费金额比较小，门槛较低。比如，15元购买爱奇艺VIP的用户可以在一个月内免费看会员电影。

按需付费模式是指用户实际购买服务时必须支付相应的费用。例如，从爱奇艺网址看一部付费电影需要花费5元，这就是按需付费。

5. 免费模式

免费模式是指通过免费的产品或服务来吸引用户，然后再通过增值服务等方式获取利益的商业模式。免费模式如图6-12所示。索尼和任天堂以低于成本的价格销售游戏机，然后用较高的价格销售游戏光盘就是产品免费、附件收费模式。

图6-12 免费模式

（二）看清与竞争对手的差异

如果一个创业者连自己直接的或潜在的竞争对手都无法识别出来，那么投资人是不会为其投资的。对竞争对手进行分析的目的是帮助创业者看清自己与对手的差异，然后集中全部资源，瞄准一个对手，将其打败。

在对竞争对手进行分析之前，创业者要先找到一个合适的竞争对手。

第一步，选择竞争领域。对市场进行细分，选择自己定位的细分市场。与此同时，竞争对手就被锁定在这一个细分领域中了。

第二步，选择竞争目标。企业对未来发展的预期决定了企业为之奋斗的目标。在实现目标的过程中，企业会遇到很多竞争对手。而与企业有相同目标的就是企业的主要竞争对手。

在找到竞争对手之后，创业者就可以展开分析和对比工作了。如图 6 - 13 所示，从五个指标进行竞争对手分析。

图 6 - 13　竞争对手分析指标

1. 财务指标

竞争对手的关键财务数据可以表现竞争对手的经营状况。需要注意的是，一般企业不会只做单一业务，所以创业者对竞争对手财务指标信息的分析应包括集团、部门和单位甚至更多方面的信息。

2. 产品分析

一般情况下，企业之间的竞争是在产品或服务层面展开的竞争。在生产层面，还有对有限资源的竞争。但是企业更多关注的是产品竞争。产品分析应当从产品定位、市场定位、成本及价格、广告投入、发展趋势等方面进行。如果竞争对手为专业服务类企业，那么对手的主要服务对象、服务范围及服务水平都是需要分析的内容。

3. 优势和劣势

竞品分析一定要建立在客观的基础上，尽量减少主观愿望对竞品分析的影响。在竞品分析的过程中，不能过分强调竞争对手的优势，也不要主观地扩大竞争对手的劣势，否则会让投资人抓住把柄，怀疑你的能力。例如，一家美国创业企业寻找投资人时，在商业计划书的竞品分析环节写道，"主要几家竞争对手已经濒临破产。"投资人当然不会相信这家创业企业的说法。

4. 企业经营哲学

企业的经营哲学是企业战略和经营行为的思想支撑。例如，企业董事长、CEO 的管理风格如何？企业如何控制其产品成本？这些都与企业的经营哲学有关。所有的企业都一样，竞争对手的经营哲学也会影响其企业的组织结构和管理风格。因此，在进行竞品分析时，对竞争对手的经营哲学的了解和分析也必不可少。

5. 人力资源政策

人力资源政策在很大程度上影响了企业的经营战略和业绩。例如，较低的薪酬水平不仅不能吸引和留住优秀人才，而且会影响企业的经营绩效，无法实现其长远的目标。除了薪酬制度，创业企业还要分析竞争对手员工的业务水平，以及竞争对手为其员工提供了哪些培训机会和职业生涯规划等。对竞争对手人力资源政策的分析，可以帮助创业企业改善自身的人力资源政策。

总之，对竞争对手有一个清醒的认识，不仅有利于创业企业在竞争中处于主动地位，还能给投资人留下思虑全面的印象，有助于成功获取投资人的投资。

（三）描述市场营销战略

描述市场营销战略是商业计划书的重要部分。企业要在商业计划书中详细描述市场营销战略，目的是让投资人看到企业对目标市场的深入分析和理解。

下面是描述市场营销战略的过程。

1. 市场营销战略概述

这一部分写在市场营销战略部分的开头，是对企业市场营销战略的整体描述，一般只需要两三句话即可。

例如，锤子手机采用比附营销战略打开市场。比附营销战略的操作方法是将产品或品牌与同行业内的知名品牌进行联系和比较，使用户迅速认识并接受新产品，提高新产品的知名度。在锤子手机产品发布会上，其创始人罗永浩将锤子手机系统与苹果、小米、三星手机系统进行了详细对比。他说："这么多年过去了，用户总是面对满屏的矩形圆角图标，还不腻？"比附营销战略的应用使很多用户将锤子手机与苹果、小米等手机列为水平相当的一类手机，这对锤子手机的市场推广起到了极大的促进作用。

2. 企业营销环境分析

这一部分主要是对企业面临的市场情况的总结和分析，应将企业所面临的市场环境表述清楚。从分析的主要内容来看，一般分为两大部分：一部分是从产品的市场性进行分析，包括产品的现实市场及潜在市场状况、消费者的接受程度等；另一部分是从影响产品的不可控因素进行分析，如消费者的经济条件、收入水平、消费心理等。

3. 企业营销目标

这一部分主要是为企业列出市场营销的目标，即企业执行市场营销战略后预期达到的经济效益目标，一般包括产品的总销售量、预计毛利润和市场占有率等。

4. 具体营销战略

这一部分是市场营销战略的重点，一般分为营销宗旨、产品策略、价格策略、销售渠道、销售策略五大部分。这五大部分需要针对不同的情况加以分析，从而确定营销的具体方法和手段，其中，产品策略、价格策略、销售策略是比较重要的部分。

（1）产品策略包含多方面的知识。合理的产品策略，能够让产品的销售更加顺畅。其中，产品定位、产品质量功能方案、产品品牌、产品包装、产品服务等都是产品策略中需要提到的内容。在撰写商业计划书时，需要考虑全面，以免有所遗漏。

（2）价格策略也是市场营销战略中一项较为重要的部分。恰当的价格策略能让企业实现利润最大化，帮助企业获得更加长远的发展。一般来说，企业在制定价格策略时会采用多种定价原则，如拉大批零差价、给零售商和中间商更多优惠，或给予消费者适当的折扣，鼓励他们多购买产品。此外，还可以采用成本定价法，以成本为基础、以同类产品价格为参考制定本产品的价格策略。

在描述销售策略时，需要完整地描述策略的细节，如：在选择销售人员时，是选择外面的销售代表还是选择内部职员；在选择商品售卖方式时，是选择转卖商和分销商还是选择特许商；企业将要提供的销售培训类型有哪些。把这些小细节表述清楚，可以给投资人留下一个好印象。

5. 各项费用预算

这一部分需要将在执行市场营销战略的过程中涉及的费用全部计算清楚，包括项目费用、阶段费用、总费用等。在写这一部分内容时，需要遵循以较少投入获得最优效果的原则，让投资人看到项目的利益优势。

6. 市场营销战略总结

这一部分应当给出在执行市场营销战略的过程中出现变动时所采用的解决方案。因为市场变化莫测，所以需要根据实际的市场变化进行相应的调整，以保证市场营销战略具备可行性。

以上就是描述市场营销战略的全过程。创业者在撰写市场营销战略时，可以以上面的六大部分为切入点进行分析和研究，以便撰写出优秀的、能够吸引投资人注意的商业计划书。

（四）做出未来三年的财务预测

在商业计划书中，创业者最好做出至少三年的财务预测。但对于创业企业来说，财务预测则是个大难题。一个创业企业如果拿不出清晰的财务预测，就像一个人在陌生的城市里没有地图一样，根本不清楚自己所在的位置及将要走向何方。拿不出一份像样的财务预测，投资人是不会轻易给这个企业大笔投资的。换句话说，投资人考验一个创业者能力的高低，归根到底是看他有没有精准判断未来的能力。

财务预测可以反映出创业企业的命运。那么，那些产品还没流入市场、收入为零的创业企业如何来做财务预测呢？

1. 保证流动现金储备至少可用一年半

市场变化非常快，创业者无法保证项目的进展能达到预期，更无法预测下一轮融资什么时候才能到来。所以，一定要做财务规划。要知道，计划用一年半的资金，很有可能一年多一点就用完了；但如果不做规划，有可能不到半年就没有了。

2. 目标和管理半径影响花钱节奏

一方面，企业试图达到的目标直接影响花钱节奏，因为融资的目的就是达到既定的市场份额。完成目标才有利于下一轮顺利融资，所以根据目标确定花钱节奏是没有问题的。

另一方面，管理半径影响花钱节奏，因为企业要花钱扩张就会增加管理问题。如果管理跟不上，那么花钱节奏就要放慢一些。

创业企业做财务预测的关键，是对企业未来收入做出比较现实的假设。按照以上方法做出来的预测，应对投资人绝对不是问题。但是，财务预测首先是用来监督创业企业自己的行动的，其次才是给投资人看的。

（五）介绍团队及其成员

团队介绍主要分为两部分，即创业者和创业团队。创业者部分，名校、名企的出身或知名项目的从业经历会给创业者加分。

如果没有这些背景，那么创业者至少要说明自己在相关行业的经验及成就。创业团队部分，要体现专人专用的思维。具体的岗位需要进行具体的介绍，即先进行人物介绍，再介绍其现在负责的领域。千万不要粗暴地把一群"牛人"聚集在一起，这样商业计划书的说服力会大大减弱。

另外，在团队背景部分要区分合伙人和普通员工，否则投资人会认为你的团队股权划分有问题。如果没有合伙人，投资人就会觉得你的团队实力不足，很难给你的团队投资。

（六）制定退出机制

投资的本质是"投资—退出—再投资"的循环过程。作为投资的重要环节，退出是指所投企业在发展到一定阶段后将股权转化为资本的形式而使股权持有者获得利润或降低损失的过程。资本的退出不仅关系到投资人的收益，还体现了资本循环流动的特点。因此，退出方式的选择及操作显得尤为重要。退出的方式主要有四种，具体如图 6-14 所示。创业者应当在商业计划书中制定退出机制，让投资人知道自己在什么情况下可以退出，这是投资人比较关心的部分。

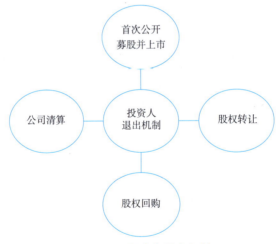

图 6-14　投资人退出机制

1. 首次公开募股并上市

首次公开募股并上市是投资人最理想的退出方式，可以实现投资回报最大化。企业上市之后，股票可以在证券交易所自由交易，投资人只需卖出股票即可退出。

股市飙升的股价和更高的估值使企业上市成为一众投资人梦想的退出方式。然而，上市虽好，但上市对企业资质的要求较严格，手续比较烦琐，成本过高。大部分创业企业不会向投资人保证企业一定能上市，但是投资人看准项目后更愿意赌一把。

2. 股权转让

股权转让是指投资人将自己持有的股权和股东权益有偿转让给他人，从而实现股权变现的退出方式。根据股权交易主体不同，股权转让分为离岸股权交易和国内股权交易两种。股权转让也是一种常见的退出方式。

3. 股权回购

股权回购是指投资人通过股东回购或管理层收购股权的方式退出。回购价格的计算方法有两种。

（1）按待回购股权占投资人所持股权的比例计算。具体计算方法如下：

待回购股权对应的投资款＋投资人完成增资出资义务之日起每年以复利率计算的投资回报＋每年累积的、应向投资人支付但未支付的所有未分配利润（其中不满一年的红利按照当年红利的相应部分计算金额）的价格。

（2）由投资人和代表公司50％投票权的股东共同认可的独立第三方评估机构评估的待回购股权的公允市场价格。如果投资人要求，则待回购股权的价格可根据红利派发、资本重组和其他类似情况经双方协商进行相应的调整。

4. 公司清算

创业者不会希望自己的公司发生清算，投资人也不希望。因为公司清算是投资人获益最少的退出方式。但如果公司经营失败或因其他原因导致首次公开募股并上市、股权转让等方式不可用时，投资人就只能通过这种方式退出。

在商业计划书中向投资人说明退出机制就像给投资人吃了定心丸，投资人也能因此知道创业者的思虑是比较长远的。

工作任务三　商业计划书案例

◎ 任务情景

字节跳动商业计划书

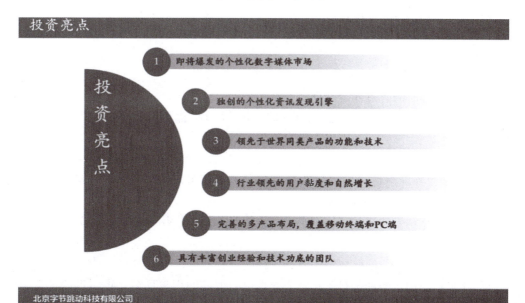

（资料来源：微信公众号"BP派"，2024－03－18）

任务描述

根据上述资料，说说字节跳动计划书的特点。

相关知识

估值百亿美元的爱彼迎（Airbnb）的早期商业计划书是高级别的商业计划书教科书。

爱彼迎主营全球特色民宿，早期的商业计划书只有14页，却清晰地阐明了其商业模式及其可以解决的问题。与如今创业企业动辄几百页的商业计划书相比，爱彼迎的商业计划书文字简练、条理清晰，使投资人看得舒服、心情畅快。

正是凭借着出色的商业计划书，爱彼迎从取得50万美元的天使轮融资开始，逐渐成长为如今估值为250多亿美元的公司。接下来，我们就来看看这家知名公司早年的商业计划书到底有何过人之处。

第1页：直接阐述Logo的设计，拒绝花哨的美化修饰。

第2页：阐述当前旅行房屋租赁市场亟待解决的痛点。

第3页：直面问题，提出爱彼迎的独特解决办法，即通过科学设计保障用户权，对房东采取监控名单制度和背景核查，并为用户入住做好充分准备。

第4页：给出相关的网站数据，表明市场可行，从市场验证角度说明用户比率。

第5页：描述当前的市场规模（后来被验证其实被低估了），全球旅行订房市场为20亿美元，在线订房市场为5.6亿美元，爱彼迎的市场规模为8 400万美元。

第6页：展示爱彼迎已上线的产品，对搜索城市、查看房间列表和订房流程做出详细说明。

第7页：以数据化的方式展示爱彼迎的盈利模式，"我们从每笔交易中收取10%的佣金。爱彼迎的市场规模为8 400万美元，平均每晚收费25美元，2016年预计收入210亿美元"。

第8页：列出爱彼迎推广的渠道，包括展示事件营销（德国十月啤酒节、德国汉诺威博览会和欧洲杯），展示合作伙伴及在Craigslist（广告网站）上同步发布房源。

第9页：列出爱彼迎面对的各个竞争对手，从价格优势和线上交易优势方面进行分析。

第10页：展示爱彼迎的秘密武器，即爱彼迎相比其他竞争者的优势，主要从房屋位置、房东积极参与、每间房屋房东只发布一次、操作方便、三次点击即可查看、设计和品牌几个方面进行详细说明。

第11页：介绍爱彼迎的三位核心成员，他们分别负责用户体验及公关、商务、产品开发。

第12页：展示爱彼迎已取得的成就，证明自身的可投资潜力。

第13页：以用户的评价打动投资人，选取爱彼迎的用户反馈，将用户评论直观地呈现在商业计划书中，这样的方式更容易打动投资人。

第14页：以图表的形式展现爱彼迎的融资条件与愿景，点明了爱彼迎的融资条件，明确提出希望融资金额能使他们维持12个月，将交易量提升至8万笔，使12个月的营业额达到 200 万美元。

爱彼迎的商业计划书够简洁吧？好的商业计划书就是如此，多运用数据与图表，尽可能简明地阐述自己的诉求。此外，PPT 一定要去掉动态播放，投资人没空也没兴趣观看哪个图片或图表怎样花式滑入屏幕。他们最为关注的是，商业计划书怎样在最短的时间内把事情表达清楚。

项目小结

1. 商业计划是指企业在创立或发展过程中，对企业目标、市场分析、战略规划、财务预测等方面进行详细规划和分析的文件。

2. 商业模式是指企业如何通过创造、传递和捕获价值，从而实现盈利的方式和模式。

3. 商业计划书则是企业向潜在投资人、合作伙伴或供应商等提出的具体商业合作建议。商业计划书通常是针对特定项目或合作机会的详细计划，以便获得资金支持、合作机会或合作资源。

4. 商业计划书不仅是企业融资的敲门砖，还对企业的经营发展起着重要的指导性作用。好的商业计划书，其核心内容都是相似的，只需六步就能锻造一份完美的商业计划书。

项目检测

一、单选题

1. 在商业计划书中，创业者最好做出至少（　　）年的财务预测。
A. 3　　　　　　　B. 4　　　　　　　C. 5　　　　　　　D. 6

2. 企业要在商业计划书中详细描述（　　）战略，目的是让投资人看到企业对目标市场的深入分析和理解。
A. 市场营销　　　B. 产品　　　　　C. 员工　　　　　D. 团队

3. 商业计划书是企业向（　　）投资人、合作伙伴或供应商等提出的具体商业合作建议。
A. 潜在　　　　　B. 现有　　　　　C. 过去　　　　　D. 合作伙伴

二、简答题

1. 简述商业计划书的核心要素。
2. 简述商业计划书的内容。

三、案例分析题

出生于彭水县郁山镇钟鼓村的王璐，2022 年毕业于重庆工程学院。2023 年，王璐回到家乡，成为一名返乡创业者。王璐参加了市人社局举办的"源来好创业"青年创业资源对接服务季活动，接受了创业专家的系统辅导，在科学选品、产品的市场化包装方面收获良多。

如今，王璐带着"郁山晶丝苕粉""郁山擀酥饼""郁山三香""烧白"等地方特色美食走入大众视野，她家乡的特色农产品搭乘着互联网的列车，逐渐走向全国。

根据上述材料，请为王璐同学的农产品直播撰写一份商业计划书。

项目评价

学生自评表

序号	素质点自评	佐证	达标	未达标
1	商业计划书设计能力	能根据创业项目合理设计商业计划书		
2	商业计划书撰写能力	能为自己的事业撰写一份完整的商业计划书		
3	资源查找、整合能力	能够借助网络资源，查找相应的融资渠道		
4	协作精神	能够和团队成员协商，共同完成企业融资		
5	自我学习能力	能够运用网络资源，自我学习融资渠道的相关知识		

教师评价表

序号	素质点评价	佐证	达标	未达标
1	商业计划书设计能力	能根据创业项目合理设计商业计划书		
2	商业计划书撰写能力	能为自己的事业撰写一份完整的商业计划书		
3	资源查找、整合能力	能够借助网络资源，查找相应的融资渠道		
4	协作精神	能够和团队成员协商，共同完成企业融资		
5	自我学习能力	能够运用网络资源，自我学习融资渠道的相关知识		

企业评价表

序号	素质点评价	佐证	达标	未达标
1	商业计划书设计能力	能根据创业项目合理设计商业计划书		
2	商业计划书撰写能力	能为自己的事业撰写一份完整的商业计划书		
3	资源查找、整合能力	能够借助网络资源，查找相应的融资渠道		
4	协作精神	能够和团队成员协商，共同完成企业融资		
5	自我学习能力	能够运用网络资源，自我学习融资渠道的相关知识		

项目七

创业融资路演

学 习 目 标

知识目标

1. 了解路演故事设计；

2. 理解路演流程；

3. 熟悉路演 PPT 设计。

能力目标

1. 能熟练应用路演设计方法；

2. 能够应用路演 PPT 设计；

3. 能看懂路演画布。

素养目标

1. 通过路演培养演说能力；

2. 培养逻辑思维能力，提升领导力；

3. 树立团队意识。

思 维 导 图

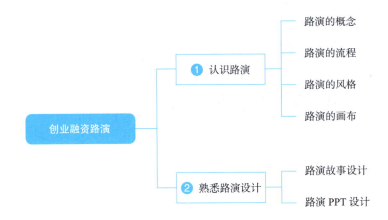

创业融资路演

① 认识路演
- 路演的概念
- 路演的流程
- 路演的风格
- 路演的画布

② 熟悉路演设计
- 路演故事设计
- 路演 PPT 设计

案 例 导 读

"壹创投"影视推荐会成都举行，给好项目被看见的机会

2024 年 6 月 28 日，《我们的名字》全片已拍摄制作完成，周劼赶赴成都参加首届"壹创投"重点影视项目投资路演推荐会，这是该片完成后期的"第一站"项目路演。"川渝的故事还是川渝人更懂，我想在这里找到发行资源和资金。"周劼说。

导演周劼刚刚走下路演讲台，便收到了好消息："三位投资人给我发微信，表示对《我们的名字》感兴趣，问这部影片后续还需要什么资源，需要投多少钱。"

（资料来源：微信公众号"红星新闻"，2024 - 06 - 29）

思考：根据上述案例，想想路演对项目融资的重要性是什么？

任务一　认识路演

工作任务一　路演的概念

任务情景

2023 震坤行工业超市全国巡回路演，正式启幕！

4 月 26 日，路演车走进吉利汽车宁波杭州湾生产基地。吉利宁波工厂现场园区员

工登上震坤行路演车，参观车内的每一个区域，了解个人防护、胶黏、润滑、仪器仪表、管泵阀等多条产线产品，专业产品专家现场对员工的疑问进行逐一专项解答。

路演车中有工厂消防、坠落防护等 VR 安全体验，利用 3Dmax 技术建立通过声音、动作触发来模拟真实场景，用先进的安全教育模式让体验者模拟亲历作业时可能遇到的危情（火灾电击、坍塌、机械事故、高空坠落等事故），从而达到安全教育、提高工厂作业人员安全意识的目的。

（资料来源：微信公众号"商业播报"，2023 - 05 - 10）

◎ 任务描述

根据上述资料，说说路演的作用。

◎ 相关知识

（一）路演的含义

路演是指通过现场演示的方法，引起目标人群的关注，使他们产生兴趣，最终达成销售。路演是在公共场所进行演说、演示产品、推介理念，及向他人推广自己的公司、团体、产品、想法的一种方式。

（二）商业计划书路演

商业计划书路演是指将商业计划书的内容以演讲形式展示和推介给投资人、合作伙伴和其他利益相关者的活动。在商业计划书路演中，企业或创业者会通过演讲和展示来向潜在的投资人传达其商业计划的核心内容和市场潜力，以吸引对方的兴趣和投资意向。

（三）路演的内容

路演的内容如图 7 - 1 所示。

工作任务二　路演的流程

◎ 任务情景

招商路演必备的六大黄金步骤

在招商过程中，成功的路演能够快速吸引投资者的关注，并最终实现合作目标。以下是招商路演的六大黄金步骤：

（1）引发兴趣，掌握关键；

（2）深挖需求，唤起兴趣；

（3）项目介绍，展示优势；

（4）信用背书，树立信任；

图 7 - 1　路演的内容

（5）方案呈现，突出价值；

（6）精准成交，达成目标。

　　在路演的最后阶段，需要明确和具体地表达你的合作意向和目标。通过与投资者进行积极的沟通和谈判，迅速就达成一致，并尽快推进合作的具体细节，确保达成共赢的合作关系。

（资料来源：微信公众号"招商思维干货"，2023 - 12 - 12）

◎ **任务描述**

　　通过上述资料，说说路演的流程。

◎ **相关知识**

　　商业计划书路演的流程可以按照以下步骤进行：

（一）准备阶段

　　路演前要做好以下准备：

（1）确定路演的目标和受众群体；

（2）对商业计划书进行深入研究和分析，明确要重点推介的内容；

（3）编写路演演讲稿，并结合幻灯片或其他视觉辅助工具，以便清晰地传达信息。

（二）演讲准备

　　创业者演讲前做好以下准备：

（1）练习演讲稿，熟悉每个部分的内容和顺序，争取流利自如地表达；

（2）审查幻灯片内容，确保它们清晰简洁、有吸引力且与演讲一致；

（3）提前预演，寻求反馈并进行修改，以确保演讲的逻辑性和吸引力。

（三）路演活动

路演活动内容如表 7-1 所示。

表 7-1　路演活动内容

序号	路演活动	活动内容
1	开场致辞	在开场时，介绍自己和公司，引起观众的兴趣和关注
2	公司介绍	简要介绍公司的使命、愿景和核心价值观，让观众对公司有一个整体的了解
3	产品或服务展示	详细介绍产品或服务的特点、功能、市场竞争力等，突出其价值和优势
4	市场分析	提供行业市场规模、增长趋势、潜在机会等关键信息，以证明市场需求和商业机会的存在
5	商业模式和盈利模式	解释公司的商业模式和盈利模式，说明如何运作和实现盈利
6	市场营销策略	介绍公司的市场推广和销售策略，包括目标客户群体、渠道选择、定价策略等
7	财务展望	提供财务数据和预测，包括销售收入、成本、利润等，以证明项目的盈利潜力
8	投资需求和回报	说明所需的投资金额、用途和预期的投资回报，吸引投资人对项目的兴趣和投资意向
9	结束语和问答环节	总结演讲内容并鼓励观众提问，回答问题并进一步沟通

（四）后续跟进

后续跟进内容如下：

（1）收集参与者的反馈和意见，以便改进和调整商业计划书；

（2）尽快与表现出兴趣的投资人或合作伙伴进行跟进，深入探讨合作可能性；

（3）继续与投资人、合作伙伴、行业专家等建立联系，扩大人脉网络。

工作任务三　路演的风格

◎ 任务情景

路演一般是在大型会议室或者报告厅进行，以投影或者电子屏播放形式，所以商业计划书的风格以及背景一定要选好。整体风格不要太花，颜色不要过多（整体颜色不要超过四种）。白底配彩色图片，字体用黑色以及红色是最不会出错的一种搭配，无论哪种投放方式均适合；蓝底配白字，红色字体标注，也是一个经典的搭配。

◎ 任务描述

根据上述资料，想想路演风格如何选择？

◎ 相关知识

商业计划书路演的风格可以根据不同的目标和受众需求进行调整，但有一些常见的风格要点可以考虑。

（一）简明扼要

在商业计划书路演中，时间通常是有限的。因此，你需要在短时间内清晰、简明地传达你的商业理念、市场机会、商业模式和预期投资回报等关键信息。精练的演讲内容能够更好地吸引观众的注意力，并帮助他们迅速了解你的商业计划。

（二）强调市场需求

投资人对市场需求的分析非常重视。在路演中，你需要清晰地展示你的产品或服务是如何满足市场需求的，并提供相关数据和调研来支持你的观点。强调市场需求的同时，也要突出你的竞争优势，说明为什么你的解决方案能够在市场上脱颖而出。

（三）数据驱动

投资人通常更加注重商业计划书中的数据和指标。在路演中，你需要使用数据、图表和案例等具体信息，来支持你的商业模型和投资回报预测。确保你的数据准确可靠，并能够清晰地解释数据背后的逻辑和意义。

（四）故事叙述

除了数据和逻辑，故事叙述也是路演中常用的技巧。通过讲述你的创业故事、项目背后的动力和使命，以及成功案例或客户故事，可以更好地吸引投资人的情感共鸣，并帮助他们理解和认同你的商业计划。

（五）自信和说服力

在路演中展示自信和说服力非常重要。你需要表现出对自己商业计划的深信和专业性，以及对市场机会和商业前景的清晰认知。同时，你的演讲技巧、语言表达和肢体语言也应该与你所提出的商业计划保持一致，并能够有效地让观众信服和相信你的能力。

最重要的是，无论选择哪种风格，都应该根据自身特点和目标受众来进行调整和展示。关注投资人的需求，并确保你的演讲风格和内容能够有效地吸引、留住他们的兴趣，并最大限度地传达你的商业计划的价值和潜力。

工作任务四　路演的画布

任务情景

路演演讲结构要求：开篇精彩，结尾有"道"。不管什么样的演讲都有其结构，融资路演演讲也是一样。归纳起来，融资路演演讲有三大结构。

任务描述

根据上述资料，想想路演如何做到开篇精彩？

相关知识

路演画布，通常是指展示商业计划或项目的幻灯片模板。表7-2所示是一个常用的路演画布结构。

表7-2　常用的路演画布结构

序号	幻灯片	内容
1	公司介绍	公司名称、使命和愿景；创始人和管理团队的背景和经验；公司成立的背景和历史
2	问题陈述	需要解决的问题或市场机会；目标客户和目标市场规模；竞争对手和市场现状的分析
3	解决方案	产品或服务的核心特点和功能；如何满足目标客户的需求和解决问题；商业模式和盈利方式
4	市场营销策略	目标客户群体和市场细分；定位和品牌战略；销售和市场推广策略
5	财务计划	资金需求和筹集计划；收入来源和预期销售额；成本结构和盈利能力预测
6	战略合作伙伴	与其他公司或组织的合作关系；推动业务增长和扩展的合作机会
7	风险和挑战	市场风险和竞争挑战；组织内部风险和管理策略；如何应对可能的不利因素和问题
8	投资回报	预期投资回报率和时间表；退出策略和投资人回报方式；对未来增长和发展的展望

路演画布结构可以帮助创业者组织和展示商业计划或项目的关键信息，确保在短时间内清晰地传达核心信息给观众。每个幻灯片要简洁明了，搭配合适的图表、图像和数据来支持说明。也要注意语言表达和演讲技巧，与观众进行互动，并回答他们的问题。

任务二　熟悉路演设计

工作任务一　路演故事设计

任务情景

阿里巴巴上市路演时，马云做了一番深入人心的演讲。马云此次路演演讲的优势主要体现在以下三大结构上。

1. 开篇精彩，吸引投资人

路演演讲的开篇往往需要创业者花费大量的时间设计。在设计开篇时，创业者要结合投资人的特点、演讲场合和演讲主题等因素，争取在一开始紧紧抓住投资人的注意力。根据我多年的演讲经验，我建议创业者可以使用"关联话题与听众"的方式开篇，因为人们一般对自己的事情都很关注，对和自己相关的事情也会格外留意。

2. 思维明确，逻辑清晰

马云在阿里巴巴上市路演时的逻辑非常清晰，先介绍自己，然后介绍企业和团队，接着介绍团队的梦想，以及这个梦想实现后对现代中国人造成的影响，最后介绍阿里巴巴的愿景以及对未来的期望。整个路演演讲的结构设计非常紧密、一步一步地向前推进，让人们跟着马云的演讲思路走。

3. 结尾要"画龙点睛"

马云在阿里巴巴上市路演时的结尾总结性强且亮眼："今日虽不易，明日更困难，不过未来是无限美好的。"一句话，总结了阿里巴巴的艰苦奋斗过程。表达了阿里巴巴上市后也许会面临更大的困难，但是他们并不怕，相信经过努力，阿里巴巴的未来将会更加美好。

（资料来源：知乎 https://zhuanlan.zhihu.com/p/115441338）

任务描述

根据上述资料，讨论从马云的路演中能得到什么启发。

相关知识

想要做一场让投资人无法拒绝的路演有两个条件：路演时间不能超过 7 分钟和将路演变成讲故事。

（一）路演时间不能超过 7 分钟

根据路演计划书的特点和适合直奔主题的模式这两个方面来考量，路演最佳的展示方式就是 PPT 形式。由于时间的限制，现在企业常用的是 7 分钟 PPT 路演。对于创业企业来说，这是非常重要的 7 分钟。那么，在这 7 分钟时间里，创业企业要向投资人展示的要素就是重中之重。一份优秀的路演 PPT 应该包含五大要素：

1. 企业概况

这一部分一定要在 PPT 中展示出来，要让投资人了解你的企业并看到企业取得的成绩，这里最重要的就是企业的联系方式，因为你必须要让投资人能够找到你。

2. 管理团队

介绍企业的核心管理团队，使投资人了解管理团队的整体实力，并使之相信企业是值得信赖的，是有发展前景的。

3. 市场分析

用图表数据来分析现在的市场情况，要让投资人看到项目的广阔市场，使之相信企业有足够的实力在竞争中取得胜利。

4. 财务状况

用报表的形式展示企业的历史财务状况和未来能达到的财务预期，让投资人从报表中看到他的投资是可以得到收益的。

5. 融资方案

向投资人展示你的融资计划、融资额度和股权比例之间的联系，说明"为何需要这个额度的资金"，要让投资人知道他的资金将用在什么地方。

由于时间短暂，PPT 路演不可能做到面面俱到，只要把以上内容展示在 PPT 中，就不失为一份优秀的路演商业计划书。

（二）把路演变成讲故事

讲故事的方式可以吸引观众的关注，并使你的路演变得令人难忘。

实际上，投资人并不喜欢 PPT 之类的商业计划书，假如他们想了解 PPT 上的信息，绝对可以很轻松地获取。因此，在投资人面前，你可以将路演变成一个讲故事的平台，将自己的创业故事告诉投资人。每个人都喜欢听好故事，即使最出色的投资人也不例外。需要注意的是，这个故事一定要精彩，而且要表述清楚。你的任务是吸引投资人的关注，达到这个目的就可以了。

《创业家》杂志总编辑兼社长牛文文曾表示："目前融资的冬天来临，最受挑战的其实是'天派'——靠融资和"烧钱"生存的创业者；而'地派'创业者则要抓住机会、脚踏实地，在更注重产业经验的重度垂直领域尽快做出成绩。"未来，会有更多拥有技术优势与盈利能力的企业，将这些优势转化为吸引投资人的"利器"，并最终完成一场使投资人无法拒绝的路演。

工作任务二　路演 PPT 设计

◎ 任务情景

大学生在融资的过程中，要不断在投资人面前路演，如何吸引投资人注意是一个很大的难题。

◎ 任务描述

根据所学知识，提出路演 PPT 制作方面的建议。

相关知识

关于路演的演示文稿（Power Point，PPT）制作，你的第一个念头可能就是去百度搜索"如何制作一份路演PPT"或"路演PPT模板"等。把网上的东西拼凑起来，最终效果却不能尽如人意。一个好的路演PPT应具备以下几个特点：一是讲述一个逻辑通顺的故事；二是以实验和研究数据作为验证的基础；三是结尾有经过充分研究得出的融资数额。下面，我们来介绍一下怎样制作一份完美的"融资路演PPT"。

（一）幻灯片1：问题或痛点

这或许是路演PPT中最重要的幻灯片之一。

我们着重强调问题而非解决方案的原因是大多数创业者在他们的解决方案上用力过猛，却难以让投资人明白他们可以解决的问题是什么。因此，在此张幻灯片中你要做的就是尽可能简洁地阐明如图7-2所示的问题或痛点。

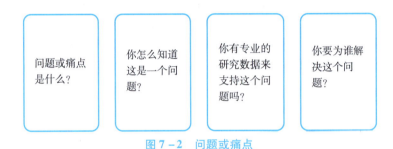

图7-2　问题或痛点

（二）幻灯片2：解决方案

在介绍完第1张幻灯片后，你已经告诉投资人，某一个群体有一个重要的问题需要解决，并且你通过对大量专业数据进行研究后验证了这一个观点，这时候你就可以讲述如何解决这个问题了。图7-3所示是你需要回答的解决方案。

图7-3　解决方案

（三）幻灯片3：数据验证

前两张幻灯片讲完后，投资人便想看到有关解决方案的数据验证。

事实上，大多数投资人对产品的细节并不是特别关注，他们更多的是凭借具体的数据参数来判断你的公司是否值得投资。因此，这张幻灯片可被视为融资路演 PPT 中的“关键幻灯片”，因为它决定了投资人是否会继续观看下去。这时，你应该思考如何回答图 7－4 的问题。

你有多少付费用户？	你每月或每年拥有多少收入？	你每月的业务增长量是多少？	你开始获得利润了吗？	你有来自用户的嘉奖或高的净推荐值吗？

图 7－4　数据验证应回答的问题

（四）幻灯片 4：产品

在幻灯片 2 中，你通过解决方案向投资人展示了你能提供的所有好处。

在本张幻灯片中，你要做的就是为投资人进行产品演示，在不透露过多细节的基础上向投资人解释产品是如何工作的，你可以用简洁的语言配上几张产品截图予以说明。

你的产品是如何工作的？	你的产品如何为你的客户带来价值？

图 7－5　产品相关的问题

你应该回答图 7－5 所示的两个问题。

你介绍以上 4 张幻灯片的核心目的是让投资人对你的业务产生兴趣，这样他们才会想要了解更多。

因此，在接下来的第 5～8 张幻灯片中，你要做的就是说服投资人，让他们认可你的项目，让他们感觉你将用一个独特的策略来切入市场。

（五）幻灯片 5：市场分析

市场可细分为市场总量、可服务市场总量与实际可服务市场总量。假如产品市场细化升级，你可以讲述怎样成为“小池塘里的大鱼”。

你应该考虑如图 7－6 所示的五个问题。

市场总量、可服务市场总量与实际可服务市场总量有多大？	用户的画像是什么？	谁是你的早期用户？	你的生命周期价值与获得成本各是多少？	你的用户流失率是多少？

图 7－6　市场细分应考虑的问题

（六）幻灯片 6：竞争分析

创业者可能最不想听到的问题之一是假如某行业巨头准备进入你的市场，并且愿意投入超出你拥有的资源，你该如何应对呢？这个问题没有标准答案，因为除非这件事真的发生，否则没人知道会出现什么结果。

这时，你要做的就是展示你在获得市场份额上的信心，并向投资人展示你当前的客户满意度与忠诚度。

你需要考虑图 7-7 所示的问题。

| 你的市场定位是什么？ | 你如何应对竞争对手抢夺市场份额这个问题？ | 你的秘诀是什么？ | 你如何变得比竞争对手更优秀？ |

图 7-7　竞争分析需考虑的问题

（七）幻灯片 7：商业模式

在这张幻灯片中，你应该展示自身企业商业模式的工作原理，以及该模式如何通过早期用户的验证。

这里需要解答图 7-8 所示两个关键问题。

| 你如何赚钱？ | 你的商业模式有没有经过实验或案例研究的验证？ |

图 7-8　商业模式需解答的问题

（八）幻灯片 8：市场推广策略

截至目前，你已经确定了目标市场与商业模式，接下来你要做的就是让投资人知道你将如何赢得这个市场。你的市场推广策略已经在小范围内通过了验证，并且你已经确定了最有效的用户获取渠道。

这里你需要回答图 7-9 所示的问题。

| 你该如何让自家产品出现在用户面前？ | 基于你当前的资源，你有哪些推广渠道？ | 你做了哪些工作来验证这些渠道的推广效率？ | 你最具备竞争力的分销策略是什么？ |

图 7-9　市场推广策略需回答的问题

（九）幻灯片 9：融资需求 + 财务数据

为了支持你在前一张幻灯片中提出的市场推广策略，你需要融资的支持。你的整

个路演都是为了这一个目的。

讲到这里，投资人应该清楚了为何你的公司会是一个良好的投资机会，现在他们想知道你需要多少资金才能实现这一点。

你需要回答图 7－10 所示的问题。

你需要多少资金来验证你的商业模式?	你手上的资金还能维持多久?	你还需要多少资金?	所融资金将如何分配?	资金将花在哪些方面?	获客成本是多少?

图 7－10　融资需求＋财务数据应回答的问题

（十）幻灯片 10：团队

在这张幻灯片中，你需要把自己的团队成员及其职务和经历介绍给投资人，并向投资人解释为何你的团队是这个商业模式的最佳选择。

你应该回答图 7－11 所示的问题。

你的团队里有谁?	团队成员有哪些相关技能和经验?	你是如何认识你的联合创始人的?	团队成员过去一起做过什么?（讲述一些能表明你们合作愉快的事情）	你有哪些顾问?他们的经验与你需要解决的问题有什么关系?

图 7－11　团队应回答的问题

（十一）幻灯片 11：愿景

你的愿景可以设置在标题幻灯片中作为宣传标语，也可以设置在 PPT 的最后，提醒你的投资人选择投资你的项目。

当你向投资人展示了所有事实、数据及检验信息后，假如这些都符合他们的标准，他们接下来就想知道你有何动力去完成这些项目，或者说为何你能完成这些项目。

你应该描述图 7－12 所示的问题。

你的愿景是什么?	是什么在激励着你实现这个愿景?

图 7－12　愿景应描述的问题

项 目 小 结

1. 路演是指通过现场演示的方法，引起目标人群的关注，使他们产生兴趣，最终达成销售。路演在公共场所进行演说、演示产品、推介理念，及向他人推广自己的公司、团体、产品、想法的一种方式。

2. 商业计划书路演是指将商业计划书的内容以演讲形式展示和推介给投资人、合作伙伴和其他利益相关者的活动。在商业计划书路演中，企业或创业者会通过演讲和展示来向潜在的投资人传达其商业计划的核心内容和市场潜力，以吸引对方的兴趣和投资意向。

3. 路演分为准备阶段、演讲准备、路演活动和后续跟进四个阶段。

4. 路演风格应简明扼要、强调市场需求、数据驱动、故事叙述、自信和说服力。

5. 路演画布，通常是指展示商业计划或项目的幻灯片模板。

6. 想要做一场让投资人无法拒绝的路演有两个条件：路演时间不能超过 7 分钟和将路演变成讲故事。

项 目 检 测

一、单选题

1. 以下不属于商业计划书路演内容的是（   ）。

A. 公司介绍　　　　B. 市场分析　　　　C. 产品或服务说明　D. 市场调研

2. 以下不属于路演流程的是（   ）。

A. 准备阶段　　　　B. 演讲准备　　　　C. 路演定位　　　　D. 后续跟进

3. 风险投资的回报是通过（   ）实现的。

A. 资本利得　　　　B. 分红　　　　　　C. 派息　　　　　　D. 价差

4. 以下（   ）不是路演风格要考虑的要点。

A. 简明扼要　　　　B. 强调市场需求　　C. 数据驱动　　　　D. 业绩叙述

二、简答题

1. 简述路演的流程。

2. 影响路演风格的因素有哪些？

3. 路演故事设计的要点有哪些？

三、案例分析题

为深入开展"学习弘扬焦裕禄精神干部能力大提升"行动，选拔一批"懂招商、善招商、爱招商"的招商推介尖兵，5 月 15 日，博山区举办以"博采众长谋突破　聚智招商谱新篇"为主题的招商路演"大比武"活动。区委常委、副区长宋传伟出席活动并讲话，各产业链牵头部门负责人参加活动。

围绕高端装备制造、汽车智造、健康医药、新材料四条产业链，首批 11 名选手精心选定我区头部目标企业作为模拟推介对象，以 PPT 形式从产业、配套、人才等多方面，突出展示我区在项目招引中的优势。

通过此次活动，在招商实战中培养锻炼一批优秀招商人才，为下一步招商引资工作选好人才、打好基础，助力我区"招大引强"工作实现新突破。

根据上述材料，回答以下问题：

1. 分析路演对招商的重要性。

2. 分析路演需注意的要点。

3. 请你为这次招商制作一份路演 PPT。

项 目 评 价

学生自评表

序号	素质点自评	佐证	达标	未达标
1	路演能力	能根据投资人需求进行路演		
2	职业道德、法律意识	能够掌握融资相应的法律法规，规避与非法集资相应的敏感内容，严格守法		
3	资源查找、整合能力	能够借助网络资源，查找相应的融资渠道		
4	协作精神	能够和团队成员协商，共同完成企业融资		
5	自我学习能力	能够运用网络资源，自我学习融资渠道的相关知识		

教师评价表

序号	素质点评价	佐证	达标	未达标
1	路演能力	能根据投资人需求进行路演		
2	职业道德、法律意识	能够掌握融资相应的法律法规，规避与非法集资相应的敏感内容，严格守法		
3	资源查找、整合能力	能够借助网络资源，查找相应的融资渠道		
4	协作精神	能够和团队成员协商，共同完成企业融资		
5	自我学习能力	能够运用网络资源，自我学习融资渠道的相关知识		

企业评价表

序号	素质点评价	佐证	达标	未达标
1	路演能力	能根据投资人需求进行路演		
2	职业道德、法律意识	能够掌握融资相应的法律法规，规避与非法集资相应的敏感内容，严格守法		
3	资源查找、整合能力	能够借助网络资源，查找相应的融资渠道		
4	协作精神	能够和团队成员协商，共同完成企业融资		
5	自我学习能力	能够运用网络资源，自我学习融资渠道的相关知识		

项目八

创业融资常见问题

学 习 目 标

知识目标

1. 理解投资人密集约见；
2. 理解投资人的不合理要求。

能力目标

1. 能进行投资人问题处理；
2. 能合理设置一票否决权。

素养目标

1. 提升专业素养，用法律手段维护投资人权利；
2. 提高管理能力，合理配置股权结构。

思 维 导 图

```
                                              ┌─ 财务预测设计
                          ┌─ ① 了解投资人中途撤资处理 ─┼─ 投资人密集约见
                          │                   └─ 约定赔偿方案
                          │
创业融资常见问题 ──────────┤                   ┌─ 投资人的投资金额与股权比例
                          ├─ ② 了解投资人要求一票否决权 ─┤
                          │                   └─ 设置一票否决权的合理范围
                          │
                          │                   ┌─ 要求创业者提供私人帮助
                          └─ ③ 了解投资人其他不合理要求 ─┤
                                              └─ 过度插手公司管理
```

案例导读

投资人撤资怎么办

公司在面临投资人撤资的困境时，企业首先需要冷静应对，并积极寻找解决方案。以下是一些建议：

1. 企业可以尝试继续寻找新的投资人。尽管这可能需要一定的时间和努力，但如果企业拥有吸引人的项目、理念和商业模式，仍有可能吸引到其他投资人的关注。

通过寻找新的投资人，企业可以弥补撤资带来的资金缺口，并为未来的发展奠定坚实的基础。

2. 企业可以与现有的投资人进行沟通，了解撤资的具体原因，并尝试寻找解决方案。

如果撤资是由于投资人对企业的发展前景或管理团队存在疑虑，企业可以积极回应这些疑虑，展示自身的实力和潜力，以争取投资人的重新信任和支持。

3. 企业还可以考虑采取其他措施来缓解撤资带来的负面影响，如优化内部管理、提高运营效率等。这些措施有助于增强企业的竞争力和稳健性，为未来的发展创造更好的条件。

（资料来源：微信公众号"智慧投融资法律"，2024　06－05）

思考：根据上述案例，分析投资人撤资的应对方式。

任务一　了解投资人中途撤资处理

本来已经签订了投资协议，而投资人却中途撤资了，这无疑会给创业者造成极大的困扰。面对投资人的中途撤资，创业者该如何解决，是极力挽留还是忍痛分离？这需要创业者提前想好应对措施。

工作任务一　财务预测设计

投资人中途撤资处理

任务情景

2023年曹县汉服销售额超70亿元，2024年春节期间，以马面裙为主的龙年拜年服销售额超3亿元。曹县农商银行作为农村金融主力军，积极落实支持电商的各项政策要求，服务辖内近2万家汉服电商，累计授信39亿元，有效满足电商企业和个体工商户的金融需求，助力汉服商户规模发展壮大。

（资料来源：微信公众号"中国新闻周刊"，2024－03－07）

📀 任务描述

根据上述资料，说说曹县汉服电商应如何进行年终大促的财务预测。

📀 相关知识

财务预测可以帮助创业者制订和执行各种计划，有助于企业的成长。在创业阶段，成本预测和收入预测是一门必修课。许多创业者认为对企业进行精准的财务预测会花费大量时间，还不如将这些时间用于寻找投资人。然而，如果没有一套周密的财务计划，当投资人中途撤资时，则创业者很可能会陷入危机。

创业者可以从图8-1所示三个方面进行财务预测。

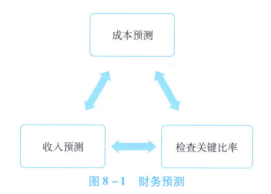

图8-1　财务预测

1. 成本预测

在创业初期，成本预测工作比收入预测工作更简单。创业的固定成本包括租金、水电等公共费用，法律、保险、许可费用，以及技术成本、营销费用、工资等；可变成本包括商品成本、材料和供应成本、直接人工成本等。

创业者在进行成本预测时应遵循的原则如图8-2所示。

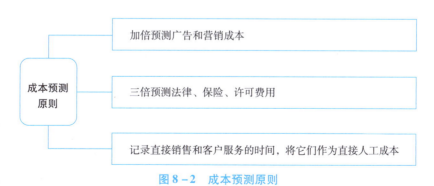

图8-2　成本预测原则

2. 收入预测

忽略理想主义、完全基于保守的设想来进行收入预测是不合理的；相反，创业者应当积极设想，至少制订一份理想的收入计划。因此，在进行收入预测时，创业者可以在保守的设想基础上，根据积极的设想放宽收入计划中的一些条件。

例如，一份保守的收入计划是这样的：投资人中途撤资、产品价格低、营销渠道只有两条、没有销售人员、前两年每年推出一种新产品。而另一份积极的收入计划是这样的：基础产品的价格低、高端产品的价格高；营销渠道有四五条；聘请两名销售人员；第一年推出一种新产品，第二年推出两种新产品并逐年增多。一份雄心勃勃的收入计划，可能会带给创业者更多突破性的想法。

3. 检查关键比率

很多创业者致力于达到理想的收入目标而忽视成本。积极的设想可能会帮助创业者增加销售额，但对于减少成本没有丝毫帮助。平衡收入计划和成本计划最好的办法就是检查各种关键比率。

（1）毛利率＝（主营业务收入－主营业务成本）/主营业务收入×100%。

创业者要重视那些能让毛利率提高的假设条件。如果目前客户服务成本和直接销售成本很高，那么将来有可能会更高，因此创业者必须加以重视。

（2）营业利润率＝总营业利润/全部业务收入×100%。

创业者应该采取积极的举措提高营业利润率。不少创业者认为随着业务收入的增加，管理成本占总成本的比率越来越小，而营业利润率将越来越高。但在实际操作中，不少创业者并没有做到这一结果，其根本原因是他们没有全面考虑可能出现的开支变化。

（3）客户总数与员工总数的比率＝客户总数/员工总数×100%。

创业者要思考这个比率的合理性，试想每个员工管理的客户数是否与员工的工资成本相对应。

为创业企业制订一份精确的财务计划是需要时间的。有些创业者在创业之初将计划制订得很粗糙，他们认为企业的商业模式总在变化，因此不需要太精确的财务计划，但之后他们都为此而后悔。因此，创业者应该每个季度更新一次企业的财务计划，以保证自己随时保持清醒、客观，避免陷入过度乐观的状态。

工作任务二　投资人密集约见

任务情景

投资不是那种"几分钟搞定投资人的故事"

四川在媒体里，总能看到那些"几分钟搞定投资人"的故事，而庄明浩主讲内容的第一页PPT与此相关，却以"别扯了"开始。作为投资人，他偶尔能看到听到"只要让我见到马化腾！我能让腾讯股价上涨100倍！""今天给我一百万，明天还你一百亿"的豪言壮语，甚至有希望和投资人签保密协议，担心投资人把想法告诉马化腾、马云、李彦宏的人。"这些东西其实正常的或者说逻辑思维好的人都会觉得是瞎扯。"这些都不是正常的投资故事。

在庄明浩看来，对投资的解释可以借用同行张亮在《AKB48为何这么火？》中的回答——投资其实跟所有事情都是一样的，正确的人（正确的团队），以创新性的产品，通过强有力的执行，满足一个已经存在的庞大需求。这里面有四个维度——人、产品、执行和需求，这是投资人关注创业项目都要关注的。同时在"需求"前面有一个很强大的定语，那就是"已经存在的"，在他看来，一些产品满足的需求可能是臆想出来的。

在认定投资不是靠同坐电梯的 2 分钟打动投资人、明白投资人在关注什么的情况下，庄明浩为创业者准备了与投资人接触，见面前、见面中及见面后的意见。

◎ 任务描述

根据上述资料，说说与投资人见面时应讲些什么。

◎ 相关知识

国内外的投资机构和投资人非常多，为了应对投资人中途撤资的情况，创业者应当密集约见投资人，不要设定限制。

（一）列出投资人清单

大部分项目每轮融资平均都要谈几十个投资人，因此创业者可以列一张投资人清单。投资人清单应包括资金实力较强的朋友、同行创业者、同职业之人、公开的投资人名单等。

（二）找出专业投资人

在与投资人广泛接触之后，创业者就能判断出哪个投资人更专业了。有了初步的判断后，创业者就可以从中筛选出 3~5 个有真正投资意向的投资人进行深入的接触和沟通。

（三）确定投资人

创业者需要选择其中一个投资人，与之签订投资条款清单。此时一定要注意：签署投资条款清单并不意味着投资人一定会投资，有的投资人轻易就签署了投资条款清单，但是最后并没有投资。对于这种情况，协立投资创始合伙人瞿刚说："你很难区分究竟是项目本身在尽职调查时被发现问题，还是他们从一开始就没有打算投。"

魔方金服创始人凌骏的做法是在拿到正式协议前，一刻都不能放松，随时准备新的融资。凌骏在为魔方金服寻找 A 轮融资时，一刻都不敢放松，直到凯泰资本和戈壁创投的 9 500 万元投资资金到账，他才稍微放松了警惕。

因此，对创业者来说，在资金到账之前，始终不能放弃寻找投资人。即使钱到手了，投资人也可能中途撤资。因此，在融资前密集约见那些有投资意向的投资人是非常重要的。

工作任务三　约定赔偿方案

◎ 任务情景

张先生向 A 公司投资 100 万元，因 A 公司未按公司章程进行经营，给公司和股东造成损失。如何给股东进行赔偿？

◎ **任务描述**

根据上述资料，说说如何约定赔偿方案。

◎ **相关知识**

投资人中途撤资肯定是有目的的，一般来讲，投资人中途撤资的原因如图 8 – 3 所示。

图 8 – 3　投资人中途撤资的原因

如果创业企业经营不善，那么投资人的损失将会进一步扩大，因此投资人选择撤资是一种及时止损的行为。但是，投资人中途撤资不能违反《中华人民共和国合伙企业法》第四十六条的规定："合伙协议未约定合伙期限的，合伙人在不给合伙企业事务执行造成不利影响的情况下，可以退伙，但应当提前三十日通知其他合伙人。"

在这种情况下，如果投资人仍选择退出，并给企业造成了实际损失，那么创业者大可以要求这位"不负责任"的投资人赔偿损失。为了防止出现不负责任的投资人，创业者可以进行一些技术处理。比如，在早期沟通时与投资人就中途撤资等问题进行协商，对因中途撤资而造成的损失明确好违约责任，提高投资人撤资的成本，并写入书面的投资协议中。当中途撤资的代价太大时，投资人就不会随便做出撤资决定了。

任务二　了解投资人要求一票否决权

工作任务一　投资人的投资金额与股权比例

◎ **任务情景**

G 公司、Q 公司、Y 公司签订《投资协议》共同设立 A 公司。《投资协议》约定：G 公司以现金出资人民币 300 万元，占公司注册资本 30%；Y 公司以现金出资人民币 150 万元，占公司注册资本 15%；Q 公司以现金出资人民币 550 万元，占公司注册资本 55%。并约定公司注册资金 1 000 万元和投资 6 000 万元全部由 G 公司负责筹集投入。

◎ **任务描述**

根据上述资料，说说 A 公司股权应怎么分配。

相关知识

投资人拥有一票否决权实际上就是拥有了对企业重大决策的控制权，如果创业者不希望投资人过多地干涉企业的事务和决策，那么当投资人提出想要一票否决权时，创业者应当慎重考虑。

（一）对于是否接受投资人提出的这个请求，创业者要先看投资人的投资金额和股权比例

如果是种子轮或天使轮较小额度的融资，投资人一般不会要求一票否决权，因为此时其投资金额较小、股权比例较低，所以投资人坚持用一票否决权来保护自己是不合理的；如果是 A 轮及后续轮次的融资，大多数投资人都会坚持要求一票否决权，因为此时其投资金额较大、股权比例较高，所以这一要求也是合理的。

（二）创业者应尽量避免将一票否决权单独赋予各个投资人，尤其是投资金额较小、股权比例不高的跟投人

比如，股权比例为20%的领投人要求一票否决权，而股权比例为3%的跟投人也要求一票否决权，那么建议创业者只答应领投人的要求，等跟投人在下轮融资中领投时再答应他这个要求。

此外，投资人的股权比例较高时，如占股超过33.34%时，他实际上就已经拥有了一票否决权。这是建议创业企业分散投资人的一个重要原因，这样可以避免单个投资人股权比例过高带来的控制权旁落的风险。

工作任务二 设置一票否决权的合理范围

任务情景

甲公司系由张三设立的一人有限公司，张三担任执行董事、法定代表人。2019 年 10 月，张三与乙公司订立《股权转让协议》，约定张三将其持有的 66.67% 股份以 0 元价格转让给乙公司。同日，甲公司作出股东会决议，一致通过公司新章程，规定股东会会议由股东按认缴出资比例行使表决权，公司设执行董事，由股东会选举产生，执行董事为公司法定代表人。后甲公司完成了工商变更登记。

2020 年 5 月，张三与乙公司订立《股东合作协议》，约定"公司运营重要事项双方协商决定，张三具有一票否决权和最终决定权"。此后，双方在公司经营过程中对具体的经营活动产生分歧。2020 年 7 月，甲公司召开股东会，对执行董事及法定代表人由张三变更为李四进行表决，乙公司同意，张三反对并行使一票否决权。因张三以决议未通过为由拒不交接工作，乙公司向法院起诉，请求判令张三、甲公司配合办理工商变更登记手续。本案中，张三能否依据一票否决权主张股东会决议不成立，存在不同的观点。

◎ 任务描述

根据上述资料，说说企业一票否决权应如何界定。

◎ 相关知识

创业者应该了解一票否决权的范围，下面所列举的公司重大事项，都在一票否决权的范围内。

（一）关于公司最重大事项的股东（大）会决议

融资导致的股权结构变化；公司合并、分立或解散；涉及股东利益分配的董事会及分红。股东（大）会决议通常涉及公司章程的变更。

（二）关于公司日常重大事项的董事会决议

终止或变更公司的主要业务；高层管理人员的任命与免职；对外投资等预算外交易；非常规借贷或发债；子公司股权或权益处置等。

从整体来看，股东（大）会决议的范围仅限于涉及股东权益的最重大事项，而董事会决议的范围则涵盖了公司日常运营中的各种问题。了解清楚一票否决权的范围后，你会发现这一条款有很大的谈判空间。比如，接受投资人拥有一票否决权，但是限定投资人在特定事项上使用一票否决权的条件。

例如，当公司以不低于特定估值的价格被收购时，投资人不可以使用一票否决权，这样可以避免投资人对投资回报的期望太高，阻止公司被收购。另外，创业者甚至可以将一票否决权的范围限制为对投资人利益有重大损害的事项。

任务三 了解投资人其他不合理要求

◎ 任务情景

甲、乙、丙三人于 2019 年 3 月签订《合作合同》，约定合伙经营酒店项目，公司注册资本 5 000 万元，甲方出资 1 500 万元（占 30%）、乙方出资 1 500 万元（占 30%）、丙方出资 2 000 万元（占 40%）。每年进行利润分配，亏损则由股东弥补。

项目一开始由乙方和丙方负责运营，甲方并不参与，但不久便发生巨额亏损，乙方和丙方不再履职，甲方接管运营且继续垫资。乙方和丙方向甲方提起诉讼，以自身从未被登记为项目公司股东的事实，要求解除《合作合同》，甲方须向乙方退还投资款或赔偿损失 1 500 万元，向丙方退还投资款 2 000 万元，并支付相应的利息。

概括来讲，甲方认为既然约定"亏损共担"，新"股东"就必须承担亏损；作为新"股东"的乙方和丙方则认为连工商登记都没有办理，必须退回投资款，且亏损与其无关。

◎ 任务描述

根据上述资料，你认为乙方和丙方的要求合理吗？

◎ 相关知识

投资人可以在合理范围内向创业企业提出请求，但有些时候投资人的请求并不合理甚至让创业者无法接受，如要求创业者提供私人帮助或过度插手公司管理。对于投资人提出的不合理请求，创业者可以用一些巧妙的方法进行化解。

工作任务一　要求创业者提供私人帮助

投资人要求创业者提供私人帮助，创业者是否答应要看两点：

（一）这种私人帮助是否在投资协议规定的权利与义务范围内

如果是投资协议范围内的帮助，创业者自然要提供；如果是投资协议范围外的帮助，且对公司没有坏处，创业者可以酌情提供。但是，需要明确一点，这些只是私人意义上的帮助，这些帮助虽然有助于拉近双方的距离、增进双方的感情，但是不适用于作为交易筹码。

（二）这种私人帮助是否威胁公司利益

如果这种私人帮助是一种对公司有害的行为，那么创业者不仅要拒绝，还应尽可能远离这种投资人。对公司有害的行为包括挪用公司资源、违反公司竞业限制等，创业者需要擦亮双眼辨别这种行为。

有时候，投资人遇到麻烦，创业者主动提供私人帮助，可以获得投资人的好感，有助于拿到投资。

例如，红杉·布洛杰特本来是音乐、娱乐领域的工作者，由于生了一场大病，无法继续原来的工作，于是她决定创业。在得知蒂姆·德雷珀发起了创业指导项目"英雄学院"后，她非常想参加学院的创业课程，因为她知道，这个课程肯定有利于自己日后创业。

然而，英雄学院的学费非常高，一个7周的课程要花费近1万美元。由于支付不起昂贵的学费，所以她想通过众筹来筹集学费。然后，她开始打电话给朋友和曾经的同事，希望得到他们的帮助。一个朋友告诉她，自己大学实习过的某个电台节目负责人正在做一档火爆的电台节目，她可以上节目试试。

于是，她想到了一个方法，如果自己和英雄学院的学员一起出现在这个节目上，这样不仅可以为自己众筹学费，还能帮助英雄学院提升知名度。令她想不到的是，英雄学院的创始人蒂姆·德雷珀居然找到自己，提出要与自己一起上节目。在此之前，她根本没有见过蒂姆·德雷珀。两周之后，她和蒂姆·德雷珀到了那家电台，完成了一期非常成功的节目，他们之间的关系也因此亲近了很多。随后，她成功进入英雄学院学习创业课程，并拿到了蒂姆·德雷珀的投资。

红杉·布洛杰特认为自己之所以能拿到蒂姆·德雷珀的投资，是因为自己为他提供了一些东西，而这些东西正好可以帮到他。红杉·布洛杰特称："如果想获得投资，有时候仅有商业计划书是不够的，你需要想想自己能为投资人提供什么额外的价值，在这个基础上再去认识投资人，就会容易得多。"

红杉·布洛杰特的案例告诉我们，在接触投资人之前，可以了解投资人当前是否遇到一些麻烦及自己是否可以为其提供一些帮助。总之，创业者额外为投资人提供一些必要的帮助是与投资人打交道的好方法。

工作任务二 过度插手公司管理

◎ 任务情景

大部分股东投资后，希望能插手公司管理，但这又是法律不允许的。应该如何解决这个矛盾？

◎ 任务描述

想一想，如果你的股东插手公司管理，你该怎么办？

◎ 相关知识

投资人成为公司股东后，可以监督创业者的经营管理活动，提出意见或建议。在大多数情况下，投资人适度的监督可以督促创业者进行学习，帮助公司成长。但有些投资人过度插手公司管理，就会激化和创业者的矛盾。这时候，创业者需要与投资人进行充分的沟通。创业者可以直接向投资人说明自己不希望他这样做，并依据投资协议中规定的权利与义务对其加以警告和限制。

如果沟通无效，很可能是因为投资人已经开始怀疑创业者的能力了。此时，创业者需要用公司的财务数据来说服他，向他证明公司发展平稳，并且可以发展得更好。敌视投资人或与投资人对着干的行为是非常幼稚且不可取的。

如果投资人与创业者已经水火不容或双方的矛盾已经阻碍了公司的发展，那么创业者就可以想办法让投资人退出了。创业者可以从以下两步入手让投资人退出：

（一）与其他合伙人及公司高层管理人员沟通

一方面，向他们说明自己的看法；另一方面，向他们征询意见。如果大多数高管做出决定让这个投资人退出，创业者就可以付诸行动了。

（二）与投资人摊牌，商定其股权退出的问题

这时，如果其他股东能优先回购投资人的股权是最好的。如果投资人不愿意退出，那就只能考虑稀释其股份了。

股份稀释的办法有很多，如在之后的融资中不再允许该投资人认购新股，而其股份会随着新投资人的加入逐渐被稀释，融资轮次越多，其股份被稀释得就越多。

项 目 小 结

1. 财务预测可以帮助创始人制订和执行各种计划，有助于企业的成长。在创业阶段，成本预测和收入预测是一门必修课。

2. 在与投资人广泛接触之后，创业者就能判断出哪个投资人更专业了。有了初步的判断后，创业者就可以从中筛选出 3~5 个有真正投资意向的投资人进行深入的接触和沟通。

3. 如果创业企业经营不善，那么投资人的损失将会进一步扩大，因此投资人选择撤资是一种及时止损的行为。

4. 投资人拥有一票否决权实际上就是拥有了对公司重大决策的控制权，如果创业者不希望投资人过多地干涉公司的事务和决策，那么当投资人提出想要一票否决权时，创业者应当慎重考虑。

项 目 检 测

一、单选题

1. 以下不属于一票否决权范围的是（   ）。

A. 关于公司最重大事项的股东（大）会决议

B. 关于公司日常重大事项的董事会决议

C. 非常规借贷或发债

D. 常规借贷或发债

2. 投资人可以在（   ）范围内向创业企业提出请求，但有些时候投资人的请求并不合理甚至让创业者无法接受，如要求创业者提供私人帮助或过度插手公司管理。

A. 合理   B. 不合理   C. 任何   D. 个人

二、简答题

1. 简述如何约定赔偿方案。

2. 简述如何确定投资人股权比例。

三、案例分析题

2023 年 7 月 4 日，桑园公社作为山东省丝绸集团桑蚕文化研学基地成功名列《济南市中小学研学基地地图（一）》。这时股东们也从中获益，有股东提出增资扩股并安排自己的亲戚去公社工作。

根据上述材料，回答以下问题：

1. 股东提出增资扩股的要求合理吗？

2. 股东提出安排自己的亲戚去公社工作的要求合理吗？如果你认为不合理，应如何回应？

项 目 评 价

学生自评表

序号	素质点自评	佐证	达标	未达标
1	股东意见应对能力	能根据企业实际情况，对股东做出正确回应		
2	职业道德、法律意识	能够掌握融资相应的法律法规，规避与非法集资相应的敏感内容，严格守法		
3	资源查找、整合能力	能够借助网络资源，查找相应的融资渠道		
4	协作精神	能够和团队成员协商，共同完成企业融资		
5	自我学习能力	能够运用网络资源，自我学习融资渠道的相关知识		

教师评价表

序号	素质点评价	佐证	达标	未达标
1	股东意见应对能力	能根据企业实际情况，对股东做出正确回应		
2	职业道德、法律意识	能够掌握融资相应的法律法规，规避与非法集资相应的敏感内容，严格守法		
3	资源查找、整合能力	能够借助网络资源，查找相应的融资渠道		
4	协作精神	能够和团队成员协商，共同完成企业融资		
5	自我学习能力	能够运用网络资源，自我学习融资渠道的相关知识		

企业评价表

序号	素质点评价	佐证	达标	未达标
1	股东意见应对能力	能根据企业实际情况，对股东做出正确回应		
2	职业道德、法律意识	能够掌握融资相应的法律法规，规避与非法集资相应的敏感内容，严格守法		

序号	素质点评价	佐证	达标	未达标
3	资源查找、整合能力	能够借助网络资源，查找相应的融资渠道		
4	协作精神	能够和团队成员协商，共同完成企业融资		
5	自我学习能力	能够运用网络资源，自我学习融资渠道的相关知识		

项目九

创业融资风险及控制

知识目标

1. 了解创业融资风险的概念；
2. 了解融资风险的类型；
3. 了解股权融资风险控制；
4. 了解债权融资风险控制。

能力目标

1. 能运用风控方法控制融资风险；
2. 能够根据经验防范融资诈骗。

素养目标

1. 培养法律合规意识；
2. 培养风险辨别能力；
3. 提升风险防范意识。

思 维 导 图

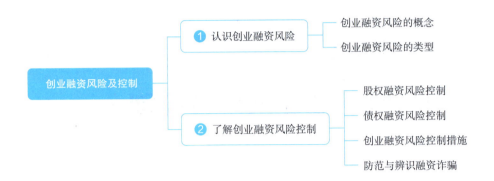

案 例 导 读

小心身边的创业贷

大学生小李在城镇一网吧上网时浏览到一网址名为"大学生创业贷款"网页，该网页详细介绍了大学生创业贷款申请条件及相关证书，小李信以为真，按照网页上面的要求，将申请的 30 000 元贷款的利息总计 1 450 元汇到银行账户上。后对方又提出要其支付 4 000 元的安全费，小李才意识到自己被骗。

（资料来源：微信公众号"河北经贸大学就业指导服务中心"，2024 – 06 – 17）

思考：如何避免上述案例中的贷款诈骗？

任务一 认识创业融资风险

工作任务一 创业融资风险的概念

创业融资风险的
类型

任务情景

小刘是一名大二学生，每天用抖音直播带货创业，由于他用小额贷款高息融资，致使无法按时还贷。

任务描述

根据上述资料，说说小刘遇到的是什么融资风险。

相关知识

创业融资风险是指在创业过程中，寻求外部资金支持时所面临的各种不确定性和可能的损失。以下是一些常见的大学生创业融资风险。

（一）资金风险

大学生创业一般都是通过熟人、天使投资和创投公司等方式获取资金。但创业者需要明确的是，融资不是创业成功的唯一因素，大量的资金流入企业中也并不意味着取得了成功。在没有建立有效的商业模式、缺少市场需求等因素下，即使有大量资金的支持，企业也可能会失败。因此，创业者需要深入了解市场、调研客户需求、完善商业计划等，在获得足够的资金之前确保项目可行性。

（二）市场风险

在大学生创业初期，一些创业者没有深入了解市场，盲目进入市场，往往带来了很多风险。当市场潜力不及预期的时候，创业者可能会面临资金短缺和生存危机。因此，在进军市场之前，创业者应该在深入调查市场需求的同时，分析竞争对手的市场份额和利润，了解市场趋势，以便更好地为自己的产品制定定位策略。

（三）管理风险

创业还需要管理经验和管理能力，这在大学生创业的初期会显得缺失。如果没有足够的管理经验和能力，企业很可能会在管理上出现问题，影响最终的经营成果。因此，创业者应该创建一个合适的组织结构，并招聘拥有相关技能和经验的员工，以确保企业的日常管理和业务运营顺利进行。

（四）法律风险

在创业过程中，法律风险也是一个需要注意的指标。在大学生创业的过程中，有很多法律需要注意，比如知识产权法、税法和劳动法等。如果没有法律意识，在很多情况下，创业者可能会不知不觉地触犯法律。因此，在创业过程中，应该尽可能地了解相关法律知识，并与合适的律师合作。

总之，大学生创业者可以参加相关的创业活动，结交更多志同道合的朋友，拓展人脉。通过创业活动，创业者可以深入了解更多的信息，建立更广泛的合作网络和商业模式，使自己在创业过程中更加有信心和动力。

工作任务二 创业融资风险的类型

任务情景

小王经营着一家小型服装公司。2023年8月，小王的公司资金周转遇到了困难。为了渡过这一难关，经中介介绍，他认识了某借贷公司的老板张某，对方表示可以借给他5万元，一个月的利息是1万元，小王答应了。

双方签订合同时，合同金额标注的是 8 万元，并注明违约金比例为每天 20%。这 8 万元中，小王实际借到的只有 5 万元，剩下的 3 万元分别为中介费、保证金和提前扣掉的利息。

◎ 任务描述

根据上述资料，说说小王融资过程中遇到的是什么风险。

◎ 相关知识

创业者通过融资行为获取资金的过程中，以及获得资金后进行投资都会伴随各种风险。根据融资过程将创业融资风险分为以下几种：

（一）融资渠道受限的风险

大学生在创业过程中，融资渠道单一。资金难筹几乎是每一位大学生创业者都会遇到的难题。融资渠道受限导致项目无法扩大，并由此带来资金链断裂风险较大。从融资角度要拓宽融资视野，除了银行贷款、自筹资金、民间借贷等传统方式，还可以充分利用风险投资、创业基金等融资渠道。

（二）融资成本较高的风险

金融机构是否贷款，以及贷款额度大小是根据借款人的信用等级来评定的。信用越高，贷款越容易，贷款额度越大，且贷款利率也越低；当信用较低时，金融机构出于自身风险的考虑，会提高贷款利率，并且会缩减贷款额度。大学生创业者在银行贷款时，贷款额度会受到极大限制，且融资成本较高。

（三）融资信用缺失的风险

信用缺失的风险主要是指融资项目进行过程中存在的欺诈和违约的可能。对于不同的融资方式，信用缺失风险的表现也不同。

1. 从银行获取贷款后的信用缺失风险

大学生创业者在取得银行贷款后，经营等多方面原因，导致创业者不能按合同约定还款，造成违约，这会对个人及企业信用产生影响。

一般地，创业企业内部往往尚未建立健全严格、规范的管理制度，管理模式全靠创业者的工作热情带动。由于缺乏系统、有效的管理，企业内部缺乏监管和财务制度等，问题会慢慢地凸显出来。在创业发展初期，矛盾不明显，但随着企业发展规模的扩大，问题会越来越严重，主要表现在资金的收支程序不规范、预计资金回收与业务进展不同步、无法按期归还贷款本息，直接激化了企业融资信用缺失风险。

2. 利用众筹方式融资可能面临的信用缺失风险

（1）众筹平台与筹资人具有共同利益关系。也就是说，众筹平台的佣金来源于筹资人成功筹资后所筹资金的比例，所以众筹平台并非独立的第三方，对筹资人信息审核的真实性、公正性存在疑点，从而为欺骗式的众筹埋下伏笔。

（2）筹资人筹到资金后，在投资时不能有效控制资金用途和流向，可能出现不经

投资人同意，擅自变更资金用途的行为。

（3）筹资人事先承诺的回报并无法律约束，筹资人后期经营管理不善会导致投资人无法收回资金。这些风险虽然直接后果是坑了投资人，但从长期看，也使筹资人信用丧失殆尽，这次众筹相当于"一锤子"买卖，以后很难再获得资金支持。

3. 利用股权融资可能面临的信用缺失风险

当企业由于发展需要，对短期资金的使用极为迫切时，可能会通过低价转让股权和技术创意兜售来获取资金。因为低价转让股权或技术专利，所以很容易出现事后的毁约，从而使创业企业在发展初期就面临诚信和责任问题。如果出现这种情况，就难以树立企业品牌，给市场开发也带来困难，随之而来的后果是融资渠道被截断，企业也就无法立足于市场。

（四）非法集资的风险

1. 非法集资的界定

根据国务院〔1998〕247号令《非法金融机构和非法金融业务活动取缔办法》规定，非法集资是指单位或个人未依照法定程序经有关部门批准，以发行股票、债券、彩票、投资基金证券或其他债权凭证的方式向社会公众筹集资金，并承诺在一定期限内以货币、实物及其他方式向出资人还本付息或给予回报的行为。

2. 非法集资有以下几个特点

（1）未经有关部门依法批准，包括没有批准权限的部门批准的集资以及有审批权限的部门超越权限批准的集资。

（2）承诺在一定期限内给出资人还本付息。还本付息的形式除了货币形式，还包括以实物形式或其他形式。

（3）向社会不特定对象即社会公众筹集资金。

（4）以合法形式掩盖其非法集资的性质。

3. 非法集资的具体形式

（1）通过发行有价证券、会员卡或债务凭证等形式吸收资金。

（2）对物业、地产等资产进行等份分割，通过出售其份额的处置权进行高息集资。

（3）利用民间会社形式进行非法集资。

（4）以签订商品经销等经济合同的形式进行非法集资。

（5）以发行或变相发行彩票的形式集资。

（6）利用传销或秘密串联的形式非法集资。

（7）利用果园或庄园开发的形式进行非法集资。

（8）利用现代电子网络技术构造的虚拟产品，如"电子商铺"、"电子百货"投资委托经营、到期回购等方式进行非法集资。

（9）利用互联网设立投资基金的形式进行非法集资。

（10）利用"电子黄金投资"形式进行非法集资。

大学生在创业筹资时，可能会因为对相关融资方式的规定了解不够透彻，导致在操作中违反规定，从而面临非法集资的风险。一般来讲，大学生作为筹资人，主要在采取众筹和股权融资时容易因操作不当造成既定事实的非法融资。

任务二 了解创业融资风险控制

工作任务一 股权融资风险控制

◎ 任务情景

京东数科是中国电商巨头京东集团旗下的金融科技公司,提供支付、消费金融、供应链金融等服务。京东数科 2020 年在香港上市,募集资金达 3.9 亿美元。京东数科的成功是由于其在金融科技领域的专业能力和领先地位,以及京东集团在电商领域的强大支持。

(资料来源:腾讯网 https://news.qq.com/rain/a/20230510A090MS00)

◎ 任务描述

根据上述资料,说说在股权融资过程中如何控制风险。

◎ 相关知识

对于融资人来讲,企业在引入外来资本进行股权融资时,防止控制权的旁落(不一定体现为股权比例,有时,哪方占有董事会成员的比例多少也会成为控制与否的关键问题)成为控股股东应考虑的首要问题,具体措施如图 9-1 所示。

图 9-1 股权融资的风险控制措施

(一)要认识协议对公司的影响

一般来讲,风险投资机构在向一家公司注资时,为保护其自身利益,投资人一般会要求与融资人签订投资协议,约定融资人要向投资人提供业绩保证或者董事会人员安排保证等。公司控股股东在签订协议前,一定要充分认识到这些协议对公司控制权的影响,要客观估计公司的成长能力,不要为了获得高估值的融资额,做出不切实际的业绩保证或不合理的人员安排保证。

(二)要了解协议的对赌性

控股股东在与投资人签订业绩保证协议之前,要正确认识到该协议的对赌性,即业绩达到一定条件时,融资人行使一种权利;业绩未达到一定条件时,投资人行使一种权利。不能仅仅考虑赢得筹码时所获得的利益,而更应考虑输掉筹码时是否在自己能承受的风险范围之内。

（三）要保证人员安排

在以董事会为核心的法人治理结构中（股份公司尤为重要），投资人要求融资人进行董事会人员的安排保证时，融资人一定要首先保证自己的人员安排以及人员安排是否能代表自己的利益，并能使上述人员服从自己的利益安排；融资人应详细规定在公司章程或投资协议中，对董事会如何获得授权、获得何种授权、在怎样的条件下获得授权、行使权利的期限以及对董事会行使权利不当时的救济等条款。

工作任务二　债权融资风险控制

◎ 任务情景

记者从中国银行间市场交易商协会（以下简称"交易商协会"）获悉，为积极推动大规模设备更新和消费品以旧换新（简称"两新"领域），加快构建新发展格局，交易商协会创新推出了"两新"债务融资工具。截至 7 月 2 日，首批 70 亿元"两新"债务融资工具成功发行，其中 54 亿元专项用于"两新"领域，涉及供热、纺织、化工等重点行业技术升级、设备更新改造。

（资料来源：微信公众号"金融时报"，2024 – 07 – 07）

◎ 任务描述

根据上述资料，说说债权融资如何控制风险。

◎ 相关知识

我国民间金融活动非常活跃，但相关法律法规并不完善。为了控制债权融资中民间借贷的风险，保护民间借贷双方的权益，要做好以下环节的控制：

（一）签订书面借贷合同

根据法律规定，自然人之间的借贷合同是不要式合同，当事人可以使用书面、口头或其他形式签订借贷合同。为了给日后可能产生的纠纷提供依据，在进行民间借贷时，出借人和借款人最好签订书面合同。

（二）写全借贷合同的内容

书面借贷合同要按照法律规定写清借款种类、用途、数额、期限、担保、利率等信息，还要写明还款的方式及不能还款时担保人要承担的连带责任。

（三）遵守国家法定利率规定

最高人民法院发布的《关于人民法院审理借贷案件的若干意见》第六条规定："民间借贷的利率可以适当高于银行的利率，各地人民法院可根据本地区的实际情况具体掌握，但最高不得超过银行同类贷款利率的四倍（包含利率本数）。超出此限度的，超出部分的利息不予保护。"因此,出借人和借款人在约定利息时,要注意利率不得超过国家有关规定的限制,即不能超过银行同类贷款利率的四倍,另外也不能约定复利。

(四)落实好借贷担保对象

民间借贷有时会面临借款人偿还能力有限或因环境变化导致其突然失去偿还能力的问题,因此出借人最好要求借款人提供担保,而且要保证担保人有足够的偿还能力。

(五)重视还款期限届满时的债权保护

债权的有效期就是债权的诉讼时效,债权的诉讼时效分两种情况:

(1)有具体还款日期的诉讼时效为三年,自还款日期届满之日起开始计算。

(2)有约定具体还款日期的债权,诉讼时效为二十年,自债权债务发生之日起计算。

工作任务三 创业融资风险控制措施

任务情景

大学生通过手机 App 借款 2 000 元创业,1 年后催还 6 800 多元

中国某大学学生小李想开一家快餐店,但缺少资金。小李用手机下载了闪银 App,注册账号后通过网络平台借款 2 000 元。双方约定按月还款,12 期付清本金及利息。小李认为,借款 2 000 元,按时还款的话,本金和利息约 2 500 元。因快餐店经营不善,小李未按时还款。他分别于 4 月、5 月登录闪银 App,得知未及时还款会产生滞纳金,但是他没有找到滞纳金的收取方式。他以为,如果一年不还款,还款金额最多会翻倍,便做好了还款 4 000 元的准备。结果小李收到闪银公司的报案通知,通知称:小李借款经多次催缴未还,已涉嫌诈骗。接到通知后,小李立即登录闪银 App,面对账单,他傻了眼。本来月还款金额为 209 元,现变为 913 元,其中滞纳金为 704 元。滞纳金占应还款额的 77%!小李与闪银 App 的客服联系,客服没有就小李的利息问题进行明确答复,而是一再强调:30 天以内的逾期,每天按照万分之八收取利息,超过 30 天的,每天按照千分之一收取。值得注意的是,闪银计算逾期的本金并不是每期的应还款额,而是按借款总金额计算的。这样,在借款将近一年后,小李借入本金 2 000 元,最终闪银要求小李偿还本金、利息及违约金总计 6 840 元,偿还额是借入本金的3.42 倍。

(资料来源:http://jiangsu. sina. com. cn/news/s/2016 - 03 - 20/detail - ifxqnski7752206. shtml)

任务描述

根据上述资料,说说融资风险如何控制。

◎ 相关知识

创业过程是一个整合资源进行创新的过程，创业者应有一个合理的融资计划或规划作为指导，确保创业企业健康发展。大学生创业前必须对自身能力做客观评价，充分发挥专业特长，明确风险，并掌握一些防范融资风险的策略，从而把风险控制在自己能应对的范围内。

（一）市场风险控制措施

大学生创业往往对市场需求把握不够精准。

（1）可能出现所推出的产品或服务不符合市场主流喜好，导致无人问津。

例如开发一款 App，若没充分调研用户需求，功能不实用，就难以吸引下载量。

创业者应在创业前期，通过问卷调查、实地访谈、焦点小组等方式，深度了解目标市场的痛点与期望，依据调研结果优化产品或服务。

（2）市场竞争激烈，同行可能凭借优势迅速抢占份额。

比如在校园周边开饮品店，周围已有的成熟品牌会挤压客源。这就需要找准自身差异化定位，像主打健康低脂、特色口味或独特包装等，打造独特竞争优势，吸引特定消费群体。

（二）资金风险控制措施

资金短缺是常见难题，一方面初始资金有限，另一方面运营中资金回笼可能不及预期。例如在拓展业务时资金链断裂，导致项目停滞。

为规避此风险，创业前要制定合理的资金预算，明确各项开支，包括场地租赁、设备采购、人员工资等。积极寻找多元化的资金来源，像申请创业贷款、争取天使投资、参与创业竞赛赢取奖金等，并且做好资金使用规划，预留一定的应急资金，确保在资金紧张时有缓冲余地。

（三）技术风险控制措施

若创业项目涉及技术研发，可能面临技术难题无法攻克、技术更新换代快等风险。比如开发智能硬件产品，可能因技术瓶颈导致产品性能不达标。对此，要提前对技术难度进行评估，储备技术人才，加强与高校、科研机构的合作，及时跟进行业技术动态，以便在技术出现问题时能快速找到解决方案，让项目持续发展。

（四）团队风险控制措施

大学生创业团队成员大多缺乏经验，且可能因性格、理念不合产生矛盾。例如在项目决策时，成员各执一词，无法达成统一意见，影响项目推进。要降低团队风险，组建时需挑选志同道合、能力互补的成员，明确各成员职责和分工，制定合理的团队规章制度。定期开展团队建设活动，增强成员间的沟通与信任，遇到分歧时，通过民主协商、投票等方式来解决，保证团队高效协作。

工作任务四　　防范与辨识融资诈骗

◎ 任务情景

校园套路贷

重庆某大学的大学生小张想创业，无奈手头资金紧张。一天，他接到了推销办理贷款的电话，对方称"不需要征信，手续简单，秒批到账"。抱着试试看的心态，小张借款 3 000 元，约定一个月内还清。签完合同，对方以"周息 30% 和手续费 100 元"的理由扣除 1 000 元，小张实际拿到 2 000 元。4 天后，对方要求小张还清 3 000 元借款，要挟称"不按时还款，就骚扰你的同学和朋友"，并提出若资金不足可以从其他贷款公司借款填平债务。于是，小张陆续找了 13 家借贷公司，"借新债还旧债"，贷款十多次，最终债务高达 10 万余元。此后，借贷公司的催款方式不断"升级"，发送一些不雅信息，并打电话骚扰小张的亲朋好友，小张只好报警求助。原本创业借款 3 000 元，最后竟背上了 10 万余元债务，小张就是掉进了"套路贷"的陷阱。

（资料来源：李爱华，曹灵芝，杜金玲，《创业融资管理》）

◎ 任务描述

根据上述资料，说说大学生如何防范校园套路贷。

◎ 相关知识

在创业过程中，资金起着举足轻重的作用。创业融资是一个很艰难的过程，于是有一些不法之徒就此进行诈骗。

（一）高利贷性质的校园贷款

一些民间非法高利贷机构利用创业者急于融资的心理，把自己包装成投资机构，对企业普遍"撒网"，用"无抵押快速贷款"做诱饵吸引创业者的眼球，待创业企业上钩之后，就对创业者放款，要求企业在较短时间内还款并支付高额利息。

高利贷性质的校园贷款大都具有以下几个特征：

（1）借贷门槛低。以"不看信用积分、审批极快、迅速放款"为诱饵，吸引急需用钱的高校学生借款。

（2）巧借名目扣款。通过骗取借款人签订所谓"正式"合同，制造民间借贷假象，再以利息、手续费等名义收取各类费用，导致实际放款金额远低于合同借款，例如借款 3 000 元可能只能拿到 1 500 元。

（3）肆意违反合同，要求借款人立即偿还"虚高借款"，对无法偿还的借款人层层转贷，垒高债务。

（4）刻意制造逾期陷阱，随后以违约的名义收取高额滞纳金、手续费。

（5）使用软暴力手段催收，例如使用软件群发带有侮辱性的信息，达到勒索的目的。

（二）网络贷款陷阱

目前网络贷款平台众多，真假难辨，往往导致创业者上当受骗。网络是虚拟环境，创业者一定要选择正规平台，融资前要问清楚利息、违约金等如何收取，以免掉入高利贷的陷阱。签订合同后，务必及时还款，保护个人良好的征信记录。

项目小结

1. 创业融资风险是指在创业过程中，寻求外部资金支持时所面临的各种不确定性和可能的损失。

2. 非法集资是指单位或个人未依照法定程序经有关部门批准，以发行股票、债券、彩票、投资基金证券或其他债权凭证的方式向社会公众筹集资金，并承诺在一定期限内以货币、实物及其他方式向出资人还本付息或给予回报的行为。

3. 信用缺失的风险主要是指融资项目进行过程中存在的欺诈和违约的可能。对于不同的融资方式，信用缺失风险的表现也不同。

项目检测

一、单选题

1. 以下不属于创业融资风险的是（　　　）。

A. 融资渠道受限的风险　　　　　B. 融资成本较低的风险

C. 融资信用缺失的风险　　　　　D. 非法集资的风险

2. 以下不属于创业融资风险控制方法的是（　　　）。

A. 制订明确的商业计划　　　　　B. 寻找单一的资金来源

C. 控制资金使用　　　　　　　　D. 建立有效的团队

二、简答题

1. 简述创业融资风险的类型。

2. 简述融资风险如何防范。

三、案例分析题

2023 年，小鹅通获得腾讯数亿元 C 轮融资。同时，正式升级为"知识产品与用户服务的数字化工具"，助力各行各业企业把生意的场景搬到线上，实现数字化升级。本轮融资资金主要用于持续加大产品和核心技术的研发投入，进一步完善服务体系建设等。

根据上述材料，回答以下问题：

1. 小鹅通实现融资的同时要防范哪些融资风险？

2. 防范融资风险的方法有哪些?

项 目 评 价

学生自评表

序号	素质点自评	佐证	达标	未达标
1	防范非法集资	能根据创业者所处的内外环境和创业者的自身条件防范非法集资		
2	职业道德、法律意识	能够掌握融资相应的法律法规,规避与非法集资相应的敏感内容,严格守法		
3	资源查找、整合能力	能够借助网络资源,查找相应的融资渠道		
4	协作精神	能够和团队成员协商,共同完成企业融资		
5	自我学习能力	能够运用网络资源,自我学习融资渠道的相关知识		

教师评价表

序号	素质点评价	佐证	达标	未达标
1	防范非法集资	能根据创业者所处的内外环境和创业者的自身条件防范非法集资		
2	职业道德、法律意识	能够掌握融资相应的法律法规,规避与非法集资相应的敏感内容,严格守法		
3	资源查找、整合能力	能够借助网络资源,查找相应的融资渠道		
4	协作精神	能够和团队成员协商,共同完成企业融资		
5	自我学习能力	能够运用网络资源,自我学习融资渠道的相关知识		

企业评价表

序号	素质点评价	佐证	达标	未达标
1	防范非法集资	能根据创业者所处的内外环境和创业者的自身条件防范非法集资		
2	职业道德、法律意识	能够掌握融资相应的法律法规,规避与非法集资相应的敏感内容,严格守法		

序号	素质点评价	佐证	达标	未达标
3	资源查找、整合能力	能够借助网络资源，查找相应的融资渠道		
4	协作精神	能够和团队成员协商，共同完成企业融资		
5	自我学习能力	能够运用网络资源，自我学习融资渠道的相关知识		

参 考 文 献

[1] 严行方. 中小企业融资72法 [M]. 北京：中国纺织出版社，2018.

[2] 李爱华，曹灵芝，杜金玲. 创业融资管理 [M]. 北京：清华大学出版社，2021.

[3] 李旭升. 一本书搞懂融资尝试 [M]. 北京：化学工业出版社，2022.

[4] 王旭良. 创业融资 [M]. 北京：电子工业出版社，2023.

[5] 胡华成. 企业融资 [M]. 北京：电子工业出版社，2023.

[6] 星本投资. 小企业内源融资：如何实现财务稳健发展[EB/OL]. [2023-09-16]. https://www.xingbenvc.com/xinwenzhongxin/130708.html.

[7] 黑洞菜鸟. 创业公司融资之路：天使轮、A轮、B轮、C轮的条件与分析[EB/OL]. [2023-04-18]. https://baijiahao.baidu.com/s? id = 1763480034643301296&wfr = spider&for = pc.